“亚东教育基金”资助项目　　　　策划人：许嘉

2012年世界重要安全文件汇编

唐笑虹◎主编

时事出版社

图书在版编目（CIP）数据

2012年世界重要安全文件汇编/唐笑虹主编．—北京：时事出版社，2013.5

ISBN 978-7-80232-606-4

Ⅰ．①2… Ⅱ．①唐… Ⅲ．①国家安全—文件—汇编—世界—2012 Ⅳ．①D815.5

中国版本图书馆CIP数据核字（2013）第075626号

出 版 发 行：时事出版社
地　　　址：北京市海淀区巨山村375号
邮　　　编：100093
发 行 热 线：（010）82546061　82546062
读者服务部：（010）61157595
传　　　真：（010）82546050
电 子 邮 箱：shishichubanshe@sina.com
网　　　址：www.shishishe.com
印　　　刷：北京百善印刷厂

开本：787×1092　1/16　印张：25　　字数：270千字

2013年5月第1版　2013年5月第1次印刷

定价：65.00元

（如有印装质量问题，请与本社发行部联系调换）

编者序

《2012年世界重要安全文件汇编》一书选录、翻译了2012年度美国、英国、日本、印度、澳大利亚以及北约等6个主要国家与国际组织发布的与安全事务密切相关的11份官方文件。本书覆盖的国家和国际组织均为国际安全研究关注的重点，也是对我国安全具有重要影响的行为体，它们发布的这些文件有助于我们更好地把握相关各国的战略动向以及国际战略格局的走势。

本书选译的文件，其原文均可通过国际互联网这一公开途径获得，每份译文都以脚注形式标出了原始文件的来源。日本的国防白皮书直接依据日文而非英文版本进行翻译。为方便读者，我们在译文中以译者注形式提供了若干背景知识。此外，我们还以附录的形式提供了英语及日语的专业术语对译表。

本书译文中所包含的所有数据、事实及观点，只是对原始文件的忠实译介，未做任何删改，但这种做法并不代表我们曾检验过其数据和事实的准确性，更不代表我们同意原文件的观点。我们的初衷仅仅是要秉承客观的学术研究精神，以便使读者更好地理解相关国家政府和国际组织在国际安全领域的认知和行为。因此，读者需坚持正确的政治立场，以审慎和批判的眼光来使用本书，以免混淆是非。

由于水平有限，书中错漏难免，恳请广大读者批评指正。

编　者

2013年2月 洛阳

目 录

《维持美国的全球领导地位：21世纪防务优先事项》*

2012年1月

白宫，华盛顿，2012年1月3日

我们的国家正处于转型时刻。这得益于我们军中男女将士特别突出的牺牲，我们负责任地结束了在伊拉克的战争，使“基地”组织踏上了不归路——包括让奥萨马·本·拉登受到了惩罚——并且在阿富汗取得了重大进展，使我们可以将责任转移到阿富汗人身上。与此同时，我们必须理顺国内的财政状况，重振我们的长期经济力量。为此，《2011年预算控制法》授权减少联邦支出，包括国防开支。

作为武装部队总司令，我决定要以负责任的方式迎接此刻的挑战，我们还要做到更加强大，能够保持美国的全球领导地位，保持我们的军队优势，并且践行对我们的部队、军人家庭和老兵们的承诺。因此我下令开展这次评估，以确认我们在下一个十年中的战略利益，并且指导我们的防务优先事项和国防开支。

该评估由美国长久的国家安全利益塑造。我们追求本国、盟友和伙伴的安全。我们追求开放且自由的国际经济体系所带来的繁荣。我们还追求一个公正和可持续的国际秩序，在这个秩序中国家和人民的权利和责任得到尊重和遵守，尤其是每一个个人的基本权利。

* 原文出自http://www.defense.gov/news/Defense_Strategic_Guidance.pdf。

实际上，随着我们逐步结束今天的战争，我们将聚焦于关注更加广泛的挑战和机遇，包括亚太地区的安全和繁荣。随着新一代中东和北非地区人民要求得到自己的普世权利，我们正在支持政治和经济改革，并且深化伙伴关系，以确保地区安全。与一些暴力极端分子凶残的看法相反，我们正在与全世界的盟友和伙伴联手，打造他们促进安全、繁荣和人类尊严的能力。盟友和伙伴日益增长的能力，正如在保护利比亚人民的任务中所展现的那样，为我们创造了分担负担的新机会。

迎接这些挑战不能单单是军队的任务，这就是为何我们要加强美国所有的力量手段，包括外交和发展、情报以及国土安全。在向前迈进时，我们同样也会牢记历史的教训，避免重复过去的错误，当时我们的军队完全还没有准备好应对未来的挑战。我们在结束今天的战争并且重塑武装力量时，将确保我们的军队足够敏捷、足够灵活，完全准备好了应对全方位的紧急事态。尤其是我们将继续投资于建设对未来成功特别关键的能力，包括情报、侦察和监视；反恐；反击大规模杀伤性武器；在反介入环境中作战；以及在包括网络在内的所有领域取得压倒性优势。

最重要的是，我们的部队、军人家庭和老兵们的承诺，承担了十年战争的重任，使我们的军队成为世界上最好的军队，因此我们将继续践行对他们的承诺。虽然我们不得不作出艰难的财政选择，但我们仍将继续优化努力，集中关注受伤的战士、精神健康和军人家庭。随着最近我们的老兵重新回归平民生活，无论是作为一个政府，还是作为一个国家，我们将继续拥有一种道义上的责任，给予我们的老兵他们应该拥有的照拂、利益和工作机会。

我们所面临的财政选择是艰难的，但我们仍将保持使我们的武装部队成为史上训练最为有素、领导最为有力、装备最为精良的战斗队。对此，无论是在美国还是在全世界，人们都不应有所怀疑。这是一个充满变革的世界，急需美国的领导。因此美国将继续成为人们所知的自由和安全的最大力量。

巴拉克·奥巴马

国防部长，五角大楼，2012 年 1 月 5 日

我发布了这份新的国防部战略指南，以清晰地说明我们 21 世纪的防务的优先重点，这些优先重点能够维持美国的全球领导地位。该指南反映了总统对国防部的战略指导，也深受国防部的文职和军人领导层的启发，其中包括参联会、各军种部部长和作战司令们。

经历了十年战争后，我们的国家已经走到一个战略转折点，因此我们正在为未来塑造一支联合部队，该部队规模更小、更精干，但却更为敏捷、更富灵活性、准备更为充分、技术上更为先进。它将拥有最先进的能力，充分利用我们的技术、联合和网络化的优势。它将由质量最高、经受过战斗考验的专业人士领导。它将保持全球存在，重点是在亚太地区和中东地区，同时仍然确保我们维持对欧洲的防务承诺，加强在所有地区内的联盟和伙伴关系。它将保持我们的能力，以推进自己认为对保卫核心国家利益最为重要的使命：击败“基地”组织及其追随者，并在当前的冲突中取得成功；阻止并挫败敌手的侵略，包括那些寻求阻止我们投射力量的人；反击大规模杀伤性武器；有效地在网络空间、太空并跨越所有领域作战；保持可靠、有效的核威慑；以及保卫国土。

该联合力量将时刻准备应对并挫败世界上任何地区的侵略。通过对人员和强大工业基础的投资，这支联合力量将能够喷薄而出，并将重新产生力量和能力，确保我们能够应对未来的威胁。它将仍然是世界上最为精良的军队。

一、引言

在过去65年中，美国在改造国际体系方面扮演了领导角色。美国与志同道合的国家一起，为美国人民、全球盟友和伙伴创造了一个新世界，这个世界比第二次世界大战以前存在的世界更加安全、稳定和繁荣。在过去十年中，我们在伊拉克和阿富汗进行了扩展作战行动，以给这两个国家带来稳定，并保卫我们的利益。随着我们负责任地逐步撤出这两场战争，采取措施来保卫我们本国的经济活力，以及保卫我们在一个加速变化的世界中的利益，此时我们正面临着一个转折点。我们需要根据日益变化的地缘政治环境，以及根据不断改变的财政环境，评估美国的防务战略。该评估反映了总统对国防部的战略指导，也深受国防部的文职和军人领导层的启发，其中包括参联会、各军种部部长和作战司令们。依据这项评估，我们提出一种防务战略。该战略将我们的国防界从强调目前的战争，转向强调准备应对未来的挑战，保卫了范畴广泛的美国国家安全利益，促进了国防部的再平衡和改革努力，支持了通过更低水平的防务开支，并且在国家安全方面为赤字削减提供了必要的支持。

本战略指南文件说明了突出的安全环境，以及国防部将为之作好准备的军事使命，旨在为2020年的联合部队提供蓝图。本文件提供了一些观念，以在后续的项目和预算周期中，能够帮助形成与美军规模和结构有关的决策，并且特别说明了与提出的战略相关的某些战略风险。

二、富有挑战性的全球安全环境

全球安全环境带来了一系列日益复杂的挑战和机遇，必须把美国国家力量的所有元素都加以运用才能加以应对。

奥萨马·本·拉登的覆灭以及许多其他“基地”高级领导人的被俘或被杀，使该组织的能力大为削弱。然而，“基地”组织及其追随者在巴基斯坦、阿富汗、也门、索马里及其他地区仍然十分活跃。更广泛地讲，暴力极端分子仍将继续威胁到美国的利益、盟友、伙伴以及本土。这些威胁主要存在于南亚和中东地区。由于毁灭性技术的扩散，这些极端分子拥有了制造灾难性威胁的潜能，能够直接影响到我们的安全和繁荣。在可预见的将来，美国仍将通过监视世界范围内的非国家威胁的活动，通过与盟友和伙伴合作建立对未管辖领土的控制，以及通过在必要时直接打击最危险的组织和个人，继续采取积极办法来反击这些威胁。

从西太平洋和东亚延伸到印度洋地区和南亚这道弧形地带内的事态发展，已经和美国的经济和安全利益建立起了密不可分的联系，也带来了不断演变的挑战和机遇。相应地，虽然美国的军队仍将继续对全球安全作出贡献，但我们将非常必要地向亚太地区再平衡。我们与亚洲盟友和关键伙伴之间的关系，对该地区未来的稳定和增长至关紧要。我们将重视现有的联盟，因为它们为亚太地区的安全提供了至关重要的基础。我们还将扩大与亚太地区内新兴伙伴的合作网络，以确保拥有保卫共同利益的集体能力和力量。美国还在投资于与印度建立长期的战略伙伴关系，支持其在更加广泛的印度洋地区内发挥地区经济支柱和安全提供者的作用。而且，我们还将维持朝鲜半岛的和平，办法就是与盟友和其他地区国家进行有效合作，阻止并防御来自北朝鲜的挑衅，该国正在积极推进其核武器计划。

在这个充满活力的地区保持和平、稳定、商业自由流动以及美国的影响力，将部分取决于美国的军事能力和存在的基本平衡。从长远来看，中国作为一个地区性大国的出现，可能会在多个方面影响到美国经济和安全。美中两国在保持东亚地区的和平与稳定以及打造合作性的双边关系方面，有着很大的共同利益。然而，为避免在该地区引起摩擦，中国在发展其军事力量的同时，必须进一步澄清其战略意图。美国将继续进行必要的投资，以确保能够继续进入该地区，并且在信守条约义务和遵守国际法律时，保持我们自由行动的能力。我们将与盟友和伙伴网络密切合作，继续促进一种基于规则的国际秩序，这种秩序能够确保根本稳定，并且鼓励新兴大国的和平崛起、经济活力和建设性的防务合作。

在中东，“阿拉伯觉醒运动”既带来了战略机遇，也提出了战略挑战。政权转换以及改革压力之下的国家内部和彼此之间的紧张状态，都为未来带来了不确定性。但它们也可能会产生这样一种结果，即从长远来看，其政府能够对人民的合法要求作出更加积极反应，并成为美国更加稳定和可靠的伙伴。

我们在中东的防务努力旨在反击暴力极端分子和破坏稳定的威胁，以及支持我们对盟友和伙伴国家的承诺。我们尤其关注的是弹道导弹和大规模杀伤性武器的扩散。美国的政策是强调海湾地区的安全，在必要的时候与海湾合作委员会国家一道，阻止伊朗发展核武器的能力，并且反击其破坏地区稳定的政策。美国在这样做时，将坚决挺身而出捍卫以色列的安全和全面的中东和平。为达成这些目标，美国将继续高度重视美国和盟友的军事存在，这些军事存在部署在该地区内部和周边的伙伴国家之中，并向其提供支持。

欧洲是美国某些最坚定的盟友和伙伴的家园，其中许多国家与美国部队一道在阿富汗、伊拉克和其他地区作出了牺牲。在寻求全球和经济安全时，欧洲是我们的首要伙伴，并且在可预见的将来仍将是这样。与此同时，安全挑战和未解决的冲突在欧洲和欧亚大陆的某些地区持续存在，而美国却必须在这些地区继续促进地区安全和欧洲—大西洋一体化。美国对支持欧洲的和平与繁荣，以及加强北约的力量和活力具有持久的利益，这对欧洲及其以外地区都十分关键。绝大多数欧洲国家目前都是安全的生产者，而非消费者。从伊拉克和阿富汗的逐步撤离，创造了一个战略机遇，使美国得以对自身在欧洲的军事投资进行重新平衡，从关注当前的冲突转向关注未来的能力。为了与这种不断演进的战略景象保持一致，我们在欧洲的态势也必须改进。在作出这些努力时，美国将保持自己依据第五条款对盟友承担的义务，① 促进提升联盟行动的能力和互通性。在当前这个资源有限的年代，我们还将与北约盟友一道发展一种“巧防务”途径，以集中、共享和专门化应对21世纪挑战所需的能力。此外，我们与俄罗斯的接触仍然十分重要，将继续在双方有着共同利益的领域内建造更加紧密的关系，并且鼓励俄罗斯在广泛的问题上作出贡献。

对于分担全球领导地位的成本和责任来说，在世界其他地区建立伙伴关系能力仍然十分重要。在全球范围内，我们将寻求成为出类拔萃的安全伙伴，寻求与更多的国家建立新的伙伴关系，包括非洲和拉丁美洲的国家，它们的利益和观点正在融合成为一种对自由、稳定和繁荣的共同观念。只要有可能，我们将通过演习、轮换存在和磋商能力发展出一种创新的、低成本的和不着痕迹的办法，来实现我们的安全目标。

为了促进经济增长和商业发展，美国将与全世界的盟友和伙伴一道，寻求保卫对全球公地的自由进入，这些公地是国家管辖之外的地区，构成了国际体系的关键联系组织。全球的安全和繁荣日益依赖于空运或海运产品的自由流动。无论是通过反对现有规

① 第五条款是《北大西洋公约》最为关键的条款，它要求签署国承诺“针对任何一个成员国发动的武装攻击应被视为对全体成员国发动的武装攻击”。该条款自北约成立以来，首次动用是在2001年的“9·11”事件后。——译者注。

范，还是通过其他的反进入途径，国家和非国家行为体对全球公地的进入构成了潜在威胁。而且国家和非国家行为体拥有进行网络间谍活动的能力和意图，并且可能对美国发动网络攻击，可能会对我们的军事行动和国土安全造成严重的后果。从事航天活动的国家数目不断增长，导致太空环境日益拥挤，争夺激烈，从而危及到其可靠性和安全。通过加强有关负责任行为的国际规范，以及通过保持关系密切和通用性强的军事能力，美国将继续领导与有能力的盟友和伙伴共同开展的全球努力，以确保对全球公地的进入和利用。

核、生物和化学武器技术的扩散可能会放大地区性国家行为体所造成的威胁，使它们拥有更大的行动自由来挑战美国的利益。恐怖分子哪怕只是掌握了一些简单的核装置，也会对美国造成毁灭性的后果。因此，国防部将继续与一系列的国内和国外伙伴共同行动，提升他们有效反击大规模杀伤性武器扩散行动的能力。

三、美国武装力量的首要使命

要在此种环境中保卫美国的国家利益，并且达成2010年《国家安全战略》所确立的目标，联合部队需要重新评估其能力，有选择地进行额外投资，以达成其如下使命：

● **反击恐怖主义和非常规战争**。美国的军事力量必须与其他国家的力量方式协调行动，继续对“基地”组织及其追随者和信奉者施加持续高压，不管他们身在何处。要实现这项努力，关键是要达成我们的核心目标，即扰乱、瓦解和挫败“基地”组织，防止阿富汗再次成为安全避难所。随着美国部队逐步撤出阿富汗，我们在全球的反恐努力将分布得更加广泛，并且将突出表现为直接行动和安全力量援助的混合运用。我们将反思过去10年的教训，继续并维持为反击恐怖主义和非常规战争而量身打造的能力。我们还将对诸如“真主党”等其他特定恐怖组织制造的威胁保持高度警觉。

• **阻止并挫败侵略**。美国部队将能够阻止并挫败任何潜在敌手的侵略。对实现可靠威慑来说，使侵略者无法达到其目标，与能够对侵略者造成不可承受的代价，二者是相辅相成的。我们是一个在多个地区内拥有重要利益的国家，因此我们的部队必须要能够做到，即便在另外的地区进行大规模作战时，仍然有能力在一个地区内阻止并挫败一个机会主义敌手的侵略行为。按照我们的规划设想，我们的部队能够通过进行一场跨越各个领域的综合军事行动——在陆上、空中、海上、太空和网络空间，在一个地区内完全挫败一个能力较强的国家的侵略目标。这包括能够以较小的规模，在有限的时间段内，使用常设部队来保卫领土和人民，并且有利于向稳定统治的转换；当然，在必要的时候，也可以在较长的时间段内使用动员起来的部队。美国部队计划在任何可能的时候都与盟友和联盟部队共同作战。我们的地面部队将随时作出反应，并利用平衡的投送、存在和重新部署来保持灵活性。这种灵活性对我们做好准备，以应对冲突即将在几个地区内同时发生的情况，十分必要。

• **在面临反介入/地区拒止（Anti-Access/Area Denial，A2/AD）挑战时投送力量**。美国为了可靠地慑止潜在敌手，并防止其达成目标，必须要保持自己在进入和作战自由受到挑战的地区进行力量投送的能力。在这些地区中，狡猾的敌手将运用不对称的能力，包括电子和网络战、弹道和巡航导弹、先进的防空能力、布雷和其他方法，来复杂化我们的作战计算。诸如中国和伊朗等国家，仍将继续追寻以不对称的方式来反击我们的力量投送能力，同时尖端武器和技术的扩散还将扩展至非国家行为体。因此，美国军队将按照需求进行投资，以确保其在反介入和地区拒止的环境中有效作战的能力。这将包括执行《联合作战介入概念》，维持我们的水下能力，开发新的隐形轰炸机，提升导弹防御，以及继续提供关键的空基能力的恢复力和有效性。

• **反击大规模杀伤性武器**。美国部队从事了一系列的活动，旨在防止核、生物和化学武器的扩散和使用。这些活动包括执行《合作威胁减少项目》[（纳恩—卢加计划，*Cooperative Threat Reduction*（Nunn-Lugar)]，规划并采取行动来定位、监视、追踪、阻止和保障大规模杀伤性武器及与其相关的组件，以及制造它们的方式和设施。这些活动还包括一种积极的全政府努力，来阻止致力于发展大规模杀伤性武器的国家的野心，包括阻止伊朗对核武器能力的追求。因此，如果预防性措施失效，国防部将与美国政府其他部门合作，继续投资于建设侦测、阻止并对大规模杀伤性武器使用作出反应的能力。

• **在网络空间和太空有效作战**。如果没有可靠的信息和通信网络，无法确保进入网络空间和太空，现代武装部队就不能进行快节奏的有效作战。今天，太空系统及其支持性基础设施正面临着一系列威胁，这些威胁可能会降低、扰乱或破坏我们的资产。因此，国防部将继续与我们国内及国外的盟友和伙伴密切合作，继续投资于建设先进能力，以保卫其在网络空间和太空的网络、作战能力和复原能力。

• **保持可靠、安全和有效的核威慑**。只要核武器继续存在，美国就将保持可靠、安全和有效的核武器库。我们将部署能够在任何环境下，对敌手造成不可接受的损失的核部队，其目的一是要慑止潜在的敌手，二是要让美国的盟友和其他安全伙伴确信，他们能够依赖美国的安全承诺。我们的威慑目标完全可以通过一支规模更小的核力量来得以实现，这样就既可以减少我们核储备中的核武器数量，又可以降低其在美国国家安全战略中的地位。

• **保卫国土并向民事官员提供支持**。美国部队仍将继续防卫美国领土免受来自国家和非国家行为体的直接攻击。我们还将在发生防御失败或是发生自然灾难时，向国内的民事官员提供帮助，尤其可能是对非常重大、甚至是灾难性事件作出反应。国土防御或向民事官员提供支持，需要部队保持力量强大、状态稳定的戒备状态，包括强有力的导弹防御能力。美国在海外与敌手交战时，对国土的威胁可能会达到峰值。

• **提供起稳定作用的存在。**美国部队将在海外继续进行可持续的存在行动步伐，包括轮换性部署和双边及多边的训练演习。这些活动能够增强威慑，帮助美国及盟友和伙伴的部队建设用于内外防御的能力和技能，增强联盟的团结性，并加强美国的影响力。资源的减少要求找到一些创新性和创造性的解决方案，要保持我们对盟友和伙伴互通性的支持，并打造伙伴能力。然而，在资源减少的情况下，关于这些行动的地点和频率，我们需要作出一些深思熟虑的选择。

• **进行稳定和反叛乱作战。**伊拉克和阿富汗战争结束后的一段时期内，美国将强调通过非军事手段和军队对军队的合作来解决不稳定问题，减少对美国部队承担大规模稳定行动义务的需求。然而，美国部队将准备应对有限反叛乱和其他稳定行动的不时之需，在任何可能的地点与盟军并肩作战。因此，美国部队将保持并继续精炼，过去十年中在伊拉克和阿富汗的反叛乱和稳定作战中所学到的教训、所发展的专业知识和专门能力。然而，美国部队的规模不会再扩大到进行大规模、拖长的稳定行动。

• **进行人道主义、灾难救援及其他行动。**我们的国家经常召唤其武装部队对一系列的情况作出响应，这些情况威胁到了本国和其他国家人民的安全与福祉。美国部队拥有能够迅速部署的能力，包括空运和海运、侦察、医疗撤离和治疗以及通信等。通过向国内和国外的自然或人为灾难受害者提供帮助，这些能力在对领导救援机构起补充作用方面价值不可估量。国防部将继续开发联合条令和军事反应选项来防止大规模暴行，并在必要时作出反应。美国部队还将继续保持能够在紧急情况下，在海外对美国公民进行非战争撤离行动。

上面提到的这些使命将在很大程度上决定未来的联合部队的形态。然而，美国部队的整体能力仍将建立在以下这些使命集合所要求的需求基础之上：反击恐怖主义和非常规战争；威慑并挫败侵略；保持可靠、安全和有效的核威慑；以及保卫国土并支持民事官员。

四、迈向 2020 年的联合部队

要确保这些使命能够取得成功，我们将依据几条原则来指导部队和规划发展。第一，鉴于我们没有绝对的把握来预测战略环境将如何演变，我们将保持一套广泛的军事能力组合，这些能力合计起来对执行上述使命用途广泛。国防部在上述的各种关键规模和塑形使命之间，以及这些使命领域及国防计划的其他领域之间，都将作出清晰的区隔。根据历史性和突出的对美国军事力量的运用，以及由于我们不能预测未来，整体性抛弃进行任何使命的能力都是不明智的。同样地，国防部将以能保护其再生能力的方式来管理部队，可能需要这种再生能力来应对未来不可预测的需求，同时还要保持智力资产以及等级结构，未来可能需要运用这些东西来扩大力量的某些关键成分。

第二，我们还在寻求区分当前就应进行的投资以及可以推迟的投资。这包括统计我们的能力，以作出路线更改。这种更改可以由许多因素所推动，包括战略、行动、经济和技术领域内的重大发现或渐进演变。因此，在我们的决策考量中，“可逆性”就是一个非常重要的部分，包括一些重要的向量因素，我们将自己的工业基地、人民、现役和储备成分平衡、态势和伙伴关系重心都放置在这些向量因素之上。

第三，即使我们在减少自己的整体能力，但仍决心要保持一支准备充分、能力充足的力量。我们要抗拒以牺牲准备程度来保持部队结构的诱惑，并且事实上却是要重建某些领域内的准备程度，而在过去十年，这些领域由于某种必要性而不受重视。一支准备不足的部队的士气、招募和持续力都特别容易受到侵蚀。除非我们准备好将充分自信、训练有素、装备精良的男女将士派遣到战场上去，否则我们国家最重要的军事优势——一支全志愿部队的健康和质量——就将处于风险之中。

第四，国防部必须继续降低“干活的成本”。这就需要降低人力成本的增长速度，在达到战略的要求时，在冒进一步的风险之前，就找出方法来进一步提升总部和司令部、公务活动和其他支持活动中的效率。国防部在采取措施减少其人力成本时，包括降低补偿和保健成本增长时，我们将信守对这些正在服役人员的承诺。

在过去十年中，组成全志愿部队的男女将士们表现出了极大的全能性、适应性和责任感，承受了两场同时进行的冲突所带来的持续紧张和压力。他们还承受了延长的和反复的部署。其中一些人——超过4.6万人——受伤，并且还有其他人——我们武装部队的6200多名成员——失去了生命。国防部在缩小部队规模时，会对这些牺牲表现出足够的尊重。这就是说，除了其他事情外，我们要采取切实的步骤来方便那些即将离开部队的人实现转变。这些措施中包括一些支持性的计划，来帮助老兵将其军事技能转化为民用力量，并且帮助他们找到工作。

第五，考察本战略将如何影响到现有的战役和应急作战计划，以便使更加有限的资源能够更好地适配于其要求，这是非常必要的。这包括要重新重视一种全球范围内的网络化的威慑和战争路径。

第六，国防部将需要考察能够最好地适应战略的现役和后备部队的融合。在过去十年中，国民警卫队和预备部队在对国家安全作出持续贡献方面经常都展示了其戒备和能力。美国当前和未来所面临的挑战，都要求我们继续部署国民警卫队和预备部队。在决定现役和预备役部队的融合，以及预备役部队的战备水平方面，未来十年内所预期的作战步伐将是重大的驱动因素。

第七，随着我们在伊拉克交权和逐步撤出阿富汗，我们还将采取额外的措施来保持并且加强网络化战争中的关键进展，在这种战争中，联合部队最终实现了真正的相互依赖。这种必要性将塑造许多的国防部规章，从建立作战要求到我们部队协同训练的方式。

最后，调整我们的战略及随之而来的部队规模时，国防部将尽最大努力维持足够的工业基础，以及我们对科学和技术的投入。我们也将鼓励作战概念的创新。在过去十年中，美国及其联盟盟友和伙伴学到了许多酸楚的教训，并且将一些新的作战方法运用到反恐、反叛乱和安全部队援助领域之中，多数情况下是在不存在争议的海洋和空中环境中。因此，还需要做类似的事情，来确保美国、其盟友和伙伴能够在反介入/区域拒止、网络和其他受到挑战的环境中作战。为此，国防部将既鼓励变革文化，又会极为慎重地对待其“种子基金”（seed corn)，在由于资源压力所带来的削减和保持至关重要的创新流的必要性之间求得平衡，这种创新流可能会在未来较长时期内带来重大回报。

五、结论

美国面临着深远的挑战，要求我们必须拥有强大、灵活和能力高强的军事部队，并且部队的行动能够与美国国家力量的其他元素协调一致。我们的全球责任巨大，因此承受不起失败。我们当前面临的可得资源和安全需求之间的平衡变得前所未有地微妙。国防部在作出部队和计划决策时，将与本文件中所说明的战略路径保持一致。制定本文件的目的，也是要保证我们的武装部队能够以可接受的风险，来达到《美国国家安全战略》提出的要求。

（译者：解放军外国语学院副教授 李洪波）

美国《联合作战介入概念》* 1.0 版

美国　国防部

2012 年 1 月 17 日

前　　言

《联合作战介入概念（JOAC）》从广义上阐述了我的构想：作为对反介入和区域拒止等新兴安全挑战的回应，联合部队将如何作战。鉴于全球反介入和区域拒止能力的增长、美国海外防御态势的不断变化、太空与网络空间作为竞争领域的出现这三大趋势，美国未来的敌人，不管是国家还是非国家，都会把反介入/区域拒止战略视为抗衡美国的行动方针。

《联合作战介入概念》阐述了在面对这类战略时，未来联合部队将如何实现作战介入。其核心理念是跨域协同（Cross-Domain Synergy），是对不同领域的能力进行互补利用而非累计添加，以此提高每种能力的效能并弥补其他能力的不足。其目的是在建立某种联合领域优势，提供完成任务所需的行动自由。和以往相比，《联合作战介入概念》设想的跨域整合程度更高，覆盖更多更低层级上的作战单位。实现更低层级上的跨域协同对行动节奏的生成十分必要，只有快速行动才能把握局部地区稍纵即逝的机会，而这往往是破坏敌军系统的关键。《联合作战介入概念》还设想了一种更灵活的整合方式，把太空作战和网络空间作战融入传统的陆海空战场。

---

* 原文出自 http：//www. defense. gov/pubs/pdfs/JOAC_ Jan%202012_ Signed. pdf。

各军种在确保联合作战介入方面都起着重要作用。来自各军种和联合参谋部的代表，与作战指挥官、多国伙伴和其他利益攸关方共同协作制定了这份《联合作战介入概念》。它的制定受到了一系列实验活动的支持，这其中包括一次多想定军演、数次由多军种共同推行的作战事件以及其他一些用于发展概念的场所。

联合部队所面临的战略挑战非常明显：必须保持行动自由，以完成任何指派任务。为确保联合部队拥有这么做的必要能力，《联合作战介入概念》迈出了关键的第一步。

参谋长联席会议主席
美国陆军上将
马丁·E·邓普西（Martin E. Dempsey）

实施摘要

本文提出了一个概念：在不同环境下，面对各种潜在对手的武装抵抗，联合部队将如何实现作战介入。作战介入（operational access）是指有能力向作战区域投送兵力并享有完成任务所需的行动自由。作战介入本身并不是目的，但却服务于我们更为宏大的战略目标。不管这目标是确保通行自由，还是通过海外驻兵的方式展示美国管理危机并预防战争的决心，又或是击败战争中的敌手。作战介入的目的是协助联合部队确保介入（assured access）。所谓“确保介入”是指国家不受阻碍地使用全球公共领域，以及特定的领土、水域、太空和网络空间。

兵力投送的持续要求。作为拥有全球利益的世界大国，美国必须保持向全球任意地区投送兵力的可靠能力，以支持这些全球利益。虽然任何一种任务都有作战介入的要求，但是最大的介入难题是由武装抵抗造成的。因此，如何在这种情况下实现作战介入便成了本概念的主题。

反介入和区域拒止之间的区别。在本文中，反介入（antiaccess）是指那些在远距离，阻止敌对力量进入作战区域的活动和能力。区域拒止（area-denial）则是指那些在较近距离，限制敌对力量在作战区域内自由行动的活动和能力，而非阻止其进入作战区域。

先决条件的重要性。作战介入所面临的挑战在很大程度上取决于战斗行动开始之前的既有条件。因此，战斗的胜利往往有赖于事先创造有利的介入条件，这就要求各部门协调行动。联合部队将试图借助各种安全和接触活动，提前塑造冲突发生地的作战区域。《联合作战拱顶石概念（CCJO）》对这些活动进行过描述，如举行多国军演、签订介入与支援协议、建立并完善海外基地、预置补给和在前沿部署兵力。

日益凸显的趋势。在作战环境方面，有三种趋势使美国联合部队面临更加复杂的介入问题：

（1）反介入/区域拒止武器性能和技术水平的大幅提升与扩散。

（2）美国不断变化的海外防御态势。

（3）太空与网络空间成为日益重要的争夺领域。

敌手采用反介入/区域拒止战略。近几十年来的作战事件表明，美国联合部队只有在畅通无阻地进入作战区域后，才能发挥决定性作用。然而，很少有对手认识到它们拥有通过武装抵抗拒绝美国介入的能力，因此在那段时间里，美国的作战介入根本没遇到过抵抗。上述三种趋势极大地改变了这种情况。那些日益强大的未来对手，将把反介入/区域拒止战略看作抗衡美国的行动方针。这种在未来确保作战介入的能力正受到挑战，而这有可能是美国在未来几十年里所要面临的最大难题。

军事难题。未来联合部队在介入方面所受的根本挑战，是在美国海外防御态势发生不断变化，太空与网络空间成为日益重要的争夺领域时，能够顶住强大对手的武装抵抗，向作战区域投送并维持兵力。

核心理念：跨域协同。为了迎接这一挑战，未来联合部队将利用跨域协同建立某些联合领域优势，以便提供任务所需的行动自由。所谓“跨域协同”，是指对不同领域内的能力进行互补利用而非累计添加，以此提高每种能力的效能并弥补其他能力的不足。随着形势的变化，主要是敌手能力和任务要求的不同，这些联合领域优势也会发生变化。没有哪种领域优势是普遍通用且永久存在的，它们常常是局部优势、暂时存在而已。

利用跨域协同来克服未来的介入挑战，需要进行比以往程度更高的整合。此外，该整合必须发生在更低的指挥层级，以便生成所需的行动节奏，把握局部地区稍纵即逝的机会，破坏敌军的武器系统。该整合还需要把太空作战和网络空间作战完全融入传统的陆海空战场。

基本原则。至于未来联合部队在遭遇武装抵制时，该如何实现作战介入，以下几条基本原则对此进行了详尽的阐释：

- 基于更宏大的任务需求实施介入作战，同时设计后续行动以减少介入挑战。
- 事先在作战区域做准备以方便介入。
- 考虑多种设立基地的方案。
- 在多条独立战线上进行部署并采取行动，以掌握主动权。
- 充分利用一个或多个领域的优势，干扰或摧毁敌军在其他领域的反介入/区域拒止能力。
- 破坏敌军的侦察与监视活动，同时保护友军的相关活动。
- 建立局部领域优势以渗透敌军的防御系统，保持完成任务所需的领域优势。
- 从战略距离外直接针对关键作战目标机动。
- 深入打击敌军的反介入/区域拒止防御系统，而不是从其防御圈周边逐层推进。

• 通过欺骗、隐蔽和模糊等战术干扰敌军的瞄准系统，实现突袭效果最大化。

• 保护太空和网络资产，同时攻击敌军的网络和太空能力。

所需的能力。本概念确定了未来联合部队在反介入环境下，赢得作战介入所需的 30 种作战能力。创建并维护这些能力有着深远的意义。

本概念将为我们理解反介入问题建立一个通用的认知框架。随后我们将推出相应的联合概念和军种概念，并将其落实到条令、体制、训练、物资、领导、教育、人员和设施（DOTMLPF）上。

一、引言

本文提出了一个概念：在不同情况下，面对各种潜在对手的武装抵抗，联合部队将如何基于更宏伟的国家目标，实现作战介入。

作战介入：有能力向作战区域投送兵力并享有完成任务所需的行动自由。

确保介入：国家不受障碍地使用全球公共领域以及特定的领土、水域、太空和网络空间。

全球公共领域：不属于任何一国的天空、海洋、太空和网络空间领域。

作战介入是指有能力向作战区域投送兵力，[①] 并享有完成任务所需的行动自由。由于战争是政治通过其他方式的延伸，所以作战介

① 兵力投送：有能力从美国或其他战区投送国家军事力量，以响应军事作战的需求。——原文注。

入本身并不是目的。它为我们更宏大的战略目标服务，不管这个目标是确保通行自由，还是通过海外驻兵方式以展示美国管理危机并阻止战争的决心，又或是在战争中击败敌人。作战介入的目的是协助联合部队确保介入。所谓“确保介入”是指国家不受障碍地使用全球公共领域，以及特定的领土、水域、太空和网络空间。全球公共领域是不属于任何一国的天空、海洋、太空和网空领域。虽然通过投送兵力可以实现作战介入，但是确保介入却要通过投送各种国家力量[①]方能实现。

作为拥有全球利益的世界大国，美国必须维持向全球任意地区投送兵力的可靠能力，以支持这些全球利益。这不仅包括为确保使用全球公共领域而向其投送兵力的能力，还包括按要求向他国领土投送兵力的能力。此外，拥有这种可靠能力不仅可以使美国的盟友更加放心，而且可以有力地阻止那些威胁美国利益的行动。几十年来，美国向作战区域投送兵力的能力基本没遇到过什么阻碍。例如在1990—1991年的海湾战争期间，联军从集结到执行“沙漠风暴行动”的6个月里，都可以畅通无阻地向作战地区投送兵力。同样地，在2001年的“持久自由行动”和2003年的“伊拉克自由行动”期间，联军都可以不受阻拦地向阿富汗和伊拉克投送兵力。

本文认为，未来作战介入不会如此畅通无阻，因为潜在的敌手正不断开发有效阻止对手进入的武器和其他系统，它们将制定反介入战略来对抗美军。为应对反介入这个新兴挑战，特制定本概念。这种挑战可能会是联合部队未来几十年里将要面临的最大难题之一。倘若不能实现作战介入，一支军队也就失去了作为一种国家力量存在的价值。

① 力量投送：国家有能力使用其政治、经济、情报和军事等力量，从多个分散地点迅速有效地部署并维持部队，以响应各类危机、进行威慑并增强地区稳定。——原文注。

二、目的

本概念描述了未来联合部队将如何克服反介入难题，其目的是为部队建设提供以下建议：

• 为军事专家、决策者和其他对反介入挑战感兴趣的人员建立一个通用的认知框架。

• 鼓励一代军事领导人研究作战问题，近些年来他们把精力集中在其他任务上，不必考虑这个问题。

• 为后续的联合概念与条令、军种概念与条令奠定基础。

• 明确在武装对立环境下实现作战介入所需的能力。

• 推动后续的研究、评估、推演和实验工作，以便将来落实到条令、体制、训练、物资、领导、教育、人员和设施的具体变化上。

三、范围

本概念适用于各作战司令部、各联合特遣队和各级下属司令部，处理的是在未来行动环境下的作战介入问题。据《联合作战拱顶石概念》所述，未来行动环境的特点是复杂、不确定和变化快。针对这些特点，《联合作战拱顶石概念》建议启用作战调整程序。该程序不断变化战斗、安全、接触、救援重建这四类军事活动的组合方式，而本概念就存在于这个调整程序里。

这是一个战斗性概念，处理的是对立环境下的介入问题。在这种环境下，敌人试图以武力抵制我介入，我方则需要使用武力达到介入目的。虽然有些出于善意的任务也会存在介入问题，如对外人道主义援助，但是本概念认为，最难处理的是对立环境下的介入问题，而非对立环境下的介入问题则没那么难处理。这也就是说，本概念中的很多非战斗内容可能适用于非对立环境，如在某些交通不便的地区实施救灾行动。此外，鉴于最大的介入难题是由那些实力强大、能力先进的敌人所造成的，因此本概念特别强调与那些拥有多领域反介入/区域拒止能力的敌人作战。尽管本文并没大谈特谈大规模杀伤性武器，但是我们仍将对其所能产生的影响给予高度重视。

本概念认为，联合作战需要动用所有国家力量，为更宏大的国家战略服务。一国和多国的综合努力固然重要，但不属于本文的讨论范畴。此外，本概念适用于单方联合作战和多国行动，与后者的契合度更高。[①] 跨域协同是本概念的核心理念，可以是国内联合互动的结果，也可以是与国外军事力量进行整合的结果。

本概念只从概念层面分析对立环境下的介入问题，并不提供具体的战术、技巧和程序压制反介入和区域拒止系统，但它的确有意为后续的工作计划提供思路。虽然本概念确实指明了全面实施这种计划所需的能力，但却没有提出具体的项目要求。

这是一个总体性概念，我们可以在此之下制定出其他概念，应对更具体的反介入/区域拒止挑战，如正在发展中的“空海一体战”概念、“进入作战”概念和“滨海作战”概念等。可以预计的是，这类概念在具体处理各自主题领域的同时，还会保持和本概念的兼容并济。

---

① 多国行动：两个或两个以上国家以联合体或联盟形式所采取的军事行动。——原文注。

空海一体战

由于认识到反介入/区域拒止能力对联合部队的行动方式日益形成挑战，国防部长指示海军部和空军部共同制定了“空海一体战”概念。其意图在于进一步整合海、陆、空、天、网等作战力量，为指挥官提供所需和必要的能力，威慑并摧毁对手的反介入/区域拒止系统。这一概念的重点是，确保未来联合部队有能力投送维护并捍卫美国利益所需的兵力。

“空海一体战”概念既是对美国传统兵力投送概念的延续，又是支撑美国21世纪国家安全战略的重要内容。但是需要注意的是，“空海一体战”毕竟是个有限作战概念，它只强调在反介入/区域拒止的威胁下进一步整合空军和海军。这个概念不但确定了击败这些威胁所需采取的行动，而且明确了这些行动所需耗费的物资和非物资投入。

“空海一体战”概念旨在加强空军部门和海军部门的合作，主要涉及以下三方面的内容。首先是在制度方面，通过发展经久不衰的组织模式确保各部门机构之间的正式协作，以便在很长一段时间内应对反介入/区域拒止挑战。其次是在概念方面，通过联合确保以适当的方式整合各军种能力。最后是在计划方面，通过制定条令、体制、训练、物资、领导、教育、人员和设施等环节的联合计划，确保做到环环相扣、互为补充，实现按需采买、有效列装，并在满足力量需求的前提下保留适当冗余。

四、作战介入的性质

自第一支越洋作战部队出现以来，美国就一直存在对作战介入的要求。对于美国来说，由于两洋屏障将其与世界多数国家隔离开来，所以作战介入一直是其历史上的关注重点和普遍要求。

美国投送兵力肯定需要通过国际水域、国际空域、非主权网络空间、太空和电磁波谱进行。美国在这些全球公共领域中的介入能力和行动自由对其国家利益极其重要，因为美国的生活方式要求能自由进入全球市场，而且这也是向敌对领土投送兵力的一种办法。在后面这种情况下，如果敌人试图向国际空间推行武装对抗以获得战略纵深的话，那么在全球公共领域中实施行动可能会起到决定性作用。实际上，围绕作战介入展开的竞争可以主宰其他需要考虑的战争因素，就像在第二次世界大战中那样，整个太平洋战区和争夺北大西洋地区的战役都是如此。

在武装对抗的情况下获得并维持作战介入，涉及两项密不可分的任务。第一项任务是利用战斗力量抵消敌人的反介入和区域拒止能力。第二项任务是在所需范围内机动并支持必要的战斗力量，这也就是说后勤任务本身也面临挑战。这两项任务相辅相成，任何涉及对立环境下的作战介入概念都必须协调好这两项任务。

和所有的战斗行动一样，在挫败反介入的作战行动中，时间因素也相当关键。从时间维度上来看，这种行动不仅涉及时限极短的政治要求，也涉及前线部队抵挡不住时提出的增兵要求，更有定位并破坏反介入和区域拒止武器的战术要求。此外，还有很多敌人试图以空间换时间，通过在对手行进过程中给其造成损失拖延时间，以达到阻止对手介入的目的。

反介入：在远距离阻止敌对力量进入作战区域的活动和能力。

区域拒止：在较近距离限制敌对力量在作战区域自由行动的活动和能力，而非阻止其进入作战区域。

在本文中，反介入是指那些在远距离阻止敌对力量进入作战区域的行动和能力。反介入行动的目标往往是那些从空中和海上过来的部队，但也可以是支援它们的网络、太空和其他部队。区域拒止是指那些从较近距离限制敌对力量在作战区域自由行动的行动和能力，而非阻止其进入作战区域。区域拒止行动的目标是所有领域的部队，包括地面部队。反介入行动和区域拒止行动的区别不大，很多能力既可以用于前者，也可以用于后者。例如，同样一艘潜艇既可以在滨海地区执行区域拒止任务，也可以通过执行巡逻任务发挥反介入能力的作用。

在开放的海洋和空域推进以攻克敌人早有准备的防线，这从本质上来说是一种极具挑战力的战争形式，通常会给进攻方造成更大的损失，因此需要有决心接受这些损失。任何想要挫败反介入努力的概念都必须接受这个现实。

> 建立作战介入可能需要强制进入，即在面对武装抵抗的情况下，向敌占区投送地面部队。后续的地面作战从小规模突袭到持久战，在范围和持续时间上都有所不同。

出于各种原因，维持并扩大作战介入可能要求地面部队强制进入敌占区。[①] 之所以这么做，可能是要发动目标有限的进攻，如为友方的空军和海军部队消除陆基威胁而进行的突袭，也可能是占领某一据点便于继续实施地面部队。然而，这些都不意味着要建立传统意义上的静态滩头堡和空军前进基地。尽管在这种情形下实现介入，最终可能需要强制进入，但是强制进入行动本身在某种程度上却要依赖其他领域中存在的介入状况。

在某些情况下，敌人也必须从遥远的本国基地向作战区域投送兵力。在这种情况下，为了获得于己有利的作战介入形势，可以利用自身的反介入能力来阻止敌人的兵力投送。

作战介入的困难在很大程度上取决于在实际行动开始之前就已

---

① 在本文中，“强制进入”是指在面对武装抵抗的情况下，向敌占区投送陆地部队。但在《国防部军事术语词典》中，“强制进入”是指在面对武装抵抗的情况下，占领并坚守某一军事据点。——原文注。

存在的条件。己方或对手在危机形成之前或形成期间的活动会对这些条件产生影响。地理因素特别是距离，比其他因素更能影响介入问题，因为从古到今向来都是距离越远，军事力量越弱。虽然在空中力量和远程武器方面所取得的进展，可以在某种程度上抵消距离造成的影响，但却不能彻底消除这些影响。网络能力则不受距离因素的影响。这些进展不仅适用于攻击方，也适用于防守方，后者可以利用这些能力在更大范围内与敌人交战。

根据历史经验，一种消除距离因素影响的重要手段是在预期作战区域建立前沿基地，如此便可以在较远地点维持某些母国基地的能力。一支军队在其前沿基地部署的能力越多、力量越雄厚，距离因素对其造成的影响就越小。此外，长期或永久性的前沿基地不但可以让伙伴放心，还可以威慑对手。其他的威慑手段还有建立新的远征基地或改善已有的基地。相对应地，前沿基地这个资源同样需要保护和维持，甚至会成为某种政治责任，因为它时常会在当地引发摩擦或与东道国发生摩擦。

在缺乏现代化设施的艰苦环境下，也会发生某些介入行动。特别是在那些反介入的情况下，即便目标地区的基础设施非常发达，但最适合的途径恐怕还是异常艰险。在区域拒止的情况下，有很多冲突发生在已陷落或陷落中的国家，其境内普遍缺乏应有的基础设施。在这种情况下，进攻部队别无选择，只有在艰苦条件下实施行动。与此同时，在这种条件下采取有效行动的能力会给进攻部队带来好处。由于部队不用驻守各大港口、机场和其他基础设施，其作战灵活性得到提升，敌人搜集情报的难度则更大。

政治环境也可以降低或加大介入难度。有些国家愿意提供军事和政治支持，包括设施、水域或空域的准入权，拥有这样的伙伴很重要。在危机尚未形成的时候便允许部队与这些国家接触，可以鼓励对方成为既有能力又有意愿的地区伙伴，这对行动的成功来说非常重要。相反，如果对手已经在周边地区成功建立了牢固的关系网，那么作战介入的难度将超乎想象。

在危机刚发生的时候，如果在其周边地区驻有前沿部队或其他战斗部队，则可以为作战介入提供便利条件，有时甚至可以对挑衅行为形成威慑。海军几乎可以无限期地在国际水域站点驻留，因此特别适合执行这类任务，它们还可以作为特种作战部队暗中插入。空军和太空部队则可以利用其速度优势和全球感知能力，快速向目标位置部署。这也就是说，像前沿基地这样的前置部队容易遭受攻击，尤其是在缺少前沿预警部署的时候。

联合部队指挥官预先创造的有利条件越多，介入行动就越容易获得成功。然而，尽管这类预备活动十分重要，指挥官们通常也会特别重视，但是需要牢记的是，这些指挥官的活动范围会受到诸多因素的制约，如政治、战略、资源和法律等因素。此外，军事接触所能取得的效果也很有限。即便是长时间的盟友，也会出于某些政治原因，拒绝为某项特定行动提供准入便利。最后，不管初始条件如何，联合部队必须能够使用武力，获得完成任务所需的作战介入。

美国必须在全球范围内投送并维持兵力，为此它需要保护与母国基地之间的交通线。[①] 相对而言，那些活动范围仅限于本国的对手大多都没有这些负担。美国联合部队常常需要横跨国际水域和空域，但是很多对手却没有这种需要。相反，这些对手还会在上述领域攻击美国部队。以上这些要求给美国部队造成的潜在劣势是其他对手所没有的。

五、未来行动环境中的作战介入

虽然作战介入本身并非新鲜事物，但是联合部队将面临的未来

① 交通线：连接某一作战部队和某一基地的路线，或者是部队与补给的机动路线，可以是陆路、水路或航线。——原文注。

行动环境却有一些是前所未见的。《联合行动环境2010》构想了一个充满复杂性、不确定性和快速变化的未来，所有这些都会对未来的联合作战介入产生影响。此外，在作战行动环境中有三大趋势，势必会让美国联合部队的介入问题变得更加复杂：（1）反介入/区域拒止武器性能和技术水平的不断提升与扩散；（2）美国不断变化的海外防御态势；（3）太空与网络空间成为日益重要的竞争领域。

第一大趋势是反介入/区域拒止武器性能和技术水平的不断提升与扩散主要有两个原因：一是技术先进；二是创新性地运用基本能力甚至是原始能力。

主要的反介入能力包括：

• 各种面射、空射、潜射的弹道导弹和巡航导弹。它们可以精确打击1000海里以内的前沿基地、部署中的美国部队及其后勤保障系统。

• 远程侦察与监视系统。它们可以提供卫星、飞机、陆基与舰载雷达等目标的必要信息。

• 动能和非动能反卫星武器。它们可以瘫痪对美国兵力投送非常重要的太空系统。

• 潜艇部队。它们可以在境内水域和国际水域，封锁美国基地与作战区之间的海上交通线。

• 网络攻击能力。它们旨在破坏美国的指挥控制系统和重要设施。

• 恐怖分子。他们有意在美国本土或其他地区攻击美国及其盟友的基地和所部署的部队。

• 特种作战部队。它们有能力在作战区域附近直接实施行动并发动非常规战争。

由于这些反介入能力的不断改进，处于部署状态的部队将发现自己身边的危险范围在不断扩大。过去这几十年里，美国联合部队根本无需考虑部署期间遭遇攻击这种问题。但是现在，那些曾被认为比较安全的后方人员、补给和装备将逐渐成为对手的袭击目标。

主要的区域拒止能力包括：

• 空军和防空系统。它们或固定或机动，目的是抵消美国在局部地区的空中优势。

• 短程反舰导弹和潜艇。它们装备了先进鱼雷，可在目标区域内抵消美国的海上优势。

• 制导火箭、大炮、导弹和迫击炮（G-RAMM）。与“愚蠢烦人”的上一代产品相比，它们拥有更高的精准度和更强的杀伤力，以水面目标为攻击对象，包括登陆部队。

• 生化武器。它们可以阻止进入选定区域。

• 计算机和电子攻击能力。它们可以削弱、抵消或破坏美国在作战区域的指挥控制系统。

• 大量的地雷和水雷。它们能够快速封锁海峡、机场、陆上通道或漫长的海岸线。

• 小艇和快艇。它们可携带武器或爆炸物，出没于人员密集或不对外开放的沿海水域和海峡地带。

• 陆地机动部队。

• 特种作战部队。它们有能力在目标区域直接行动或发动非常规战争。

• 无人系统，如无人机和无人潜水器。它们可以在目标区域盘旋游弋，提供火力支持或搜集情报。

以前只有那些强国方可拥有这些能力，但是现在却有越来越多的弱小国家，甚至一些非国家行为体也能拥有这些能力。有些敌人可能会拥有这些能力里的很少一部分，但是有些敌人却可能会部署先进的反介入/区域拒止系统。该系统由空中、海上、陆地、太空与网络部队组成，受制于同一个指挥控制系统。在这个高度集成的多层次系统里，各种能力相互支持，如果进攻方企图破坏某种能力，那它必将遭到其他能力的攻击。

有些敌人不仅拥有多层次、多领域的反介入系统，而且具备运用这一系统的地理纵深优势。在美国部队抵达目标区域之前，这些敌人可能会试图阻止美国部队前进。还有一些敌人虽然没有机会把美国排斥在行动区域之外，但会试图给美国造成难以承受的损失。

影响未来作战介入的第二大趋势是美国不断变化的海外防御态势，这由多个相关因素造成。第一个因素是同时对美国全球军事基地网络的支持有所下降。在这个日益全球化的世界里，围绕地区影响力和介入而展开的国际竞争不断加剧。冷战结束后不久，大部分国家除了选择与美国合作之外别无他法，但是今天却有很多日渐崛起的国家可供它们选择。不管是出于其他国家的利诱还是威逼，反正已经有很多国家不愿再像冷战期间那样，为美国提供设立基地的长期权利。目前，为美国的远征行动获得设立基地的权利，已经成为其军事策划人员和外交人员的首要关注事项，这种趋势可能还会愈演愈烈。

第二个因素是资源大幅缩减所造成的影响。即便国际社会请求美国在全球设立戍守基地，以应对各地可能存在的威胁，美国也根本负担不起，特别是在这个变幻莫测、防不胜防的时代。

第三个因素是兵力防护。在这个恐怖主义日渐猖獗、精确武器日趋普及和国家主权问题日益敏感的时代，美国在他国领土上的戍守基地已经成为摩擦的起因和易受攻击的目标。美国人民对伤亡的敏感，特别是对战争地区以外戍守部队伤亡的敏感，只会让这个问题更加严峻。

第三大趋势是太空与网络空间成为日益重要的竞争领域，这不仅对兵力投送非常重要，而且也是数十年来反介入问题中最重要和最根本的变化。

太空和网络空间的重要性之所以不断提高，是因为它们不仅可以支持其他领域的行动，而且其自身也可以成为作战领域。在发挥支持作用时，太空系统可以提供卫星通信、导弹预警、情报搜集、卫星侦察预警和定位、导航与测时等服务；网络空间则可以提供指挥控制所有军事行动所依赖的信息设施。这对美国部队向全球投送兵力来说尤为重要。由于越来越容易买到相关产品，而且成本相对较低，这对所有现代化军队来说也变得越来越重要。事实上，美国的太空与网络能力十分倚重商业系统，美国联合部队会使用商业平台；而在某些情况下，美国的对手花钱买到的太空与网络能力、所使用的平台和其相同。

有鉴于此，未来会有很多对手寻求控制太空并夺取网络优势，以此来阻止美国联合部队的作战介入。实际上这些对手不管是国家还是非国家行为体，都将把太空与网络空间作为首要的活动领域。这不仅是因为美国部队十分倚重这两个领域，而且是因为获得这两个领域中的能力相对容易且成本较低，很难追踪和防范这两个领域中的行动。

此外，由于通常得在事先做好相关准备，太空与网络空间方能发挥重要的支持作用，而这两个领域中的行动，特别是进攻行动也需要提前做好充分准备，所以可能需要在遂行其他行动前，首先实施太空与网络行动。事实上，哪怕不存在公开冲突，也需要持续获得并维持网络优势与太空控制。

过去几十年来美国所实施的军事行动已经表明，在可以畅通无阻地进入作战区域的时候，美国联合部队是能发挥决定性作用的。在此期间，几乎没有敌人认识到它们有能力使用武力阻止美国部队介入，所以在那段时间里美国的作战介入一直都很顺利。但是上述三种趋势，即反介入/区域拒止武器性能和技术水平的不断提升与扩散、美国不断变化的海外防御态势、太空与网络空间成为日益重要的争夺领域，在很大程度上改变了这种状况。未来的敌人，不管是国家还是非国家行为体，都将把反介入和区域拒止战略作为抗衡美国的行动方针。有些国家能够在多个领域部署多层次、充分整合的反介入/区域拒止防御系统，它们可能会试图阻止美国的作战介入；

而那些能力不够健全的国家则可能试图给美国造成难以承受的政治损失。

任何一种与此类似的战略都可能会展现出一些共同特点，其中包括：

• 在冲突发生之前进行长期的准备活动，包括信息活动，旨在提高地区影响力、建立反介入/区域拒止能力、鼓励地区行为体不向美国提供有利于后者介入的政治环境。

• 通过灾难性攻击或消耗性打击机制造成重大伤亡，强迫美国付出难以承受的代价。

• 尽可能地扩大战略纵深和作战深度，并在其范围内给美方造成伤亡，甚至是在美军的出发地点进行破坏，以阻止美军的部署活动。

• 使用导弹、特种作战部队或非常规部队，包括使用大规模杀伤武器，攻击美国的前沿基地。

• 攻击美国的指挥控制和通信能力，特别是远程能力，包括太空与网络能力。

• 攻击美国在固定地点或交通要道上的供应活动，或是通过网络攻击破坏后勤指挥与控制系统。

• 综合利用反介入和区域拒止能力，取得局部地区的空中和海上优势以及陆地机动自由。

除了这些共同点，任何一种反介入战略还会根据敌人的能力和其他条件因素，呈现出一定的独特性。

六、军事难题：在反介入/区域拒止能力提升的环境下对敌作战介入

未来联合部队面临的根本问题是：如何在遭遇武装对抗的情况

下，向作战区域投送并维持兵力。在行动环境方面，存在以下三种发展趋势：

• 反介入/区域拒止武器的性能和技术水平正得到大幅提升并严重扩散。

• 美国的海外防御态势不断发生变化。

• 太空与网络空间正成为日益重要的竞争领域。

要解决这个问题，需要摧毁那些反介入/区域拒止系统，然而这些系统的杀伤力和先进水平正在不断提升。

七、联合作战介入的概念

未来联合部队将利用跨域协同建立某些联合领域优势，提供完成任务所需的行动自由。

为了应对上述挑战，未来联合部队将充分利用跨域协同，建立某些联合领域优势，以提供完成任务所需的行动自由。所谓“跨域协同”，是指对不同领域内的能力进行互补利用而非累计添加，以此提高每种能力的效能并弥补其他能力的不足。

这里的优势是指在某一领域内，一支部队主导另一支部队的程度，这可以让前者在不受后者的影响下，在给定的时间和地点采取行动。随着形势的变化，主要是敌人的能力和任务要求的不同，领域优势的组合方式会有所不同。确定任何一种形势下的优势组合方式，是一种作战规划职能。没有哪种领域优势是普遍通用且永久存在的，它们常常是局部优势、暂时存在而已。

> 本概念设想的整合涵盖不同领域的活动与能力，和以往相比，其整合程度更高，覆盖更多更低层级上的作战单位。运用这种更为灵活的整合方式，可以把太空作战和网络空间作战完全融入传统的陆海空战场。

本概念设想的整合涵盖不同领域的活动与能力，和以往相比，其整合程度更高，覆盖更多更低层级上的作战单位。实现更低层级上的跨域协同对行动节奏的生成十分必要，只有快速行动，才能把握局部地区稍纵即逝的机会，而这往往是破坏敌军系统的关键。本概念还设想了一种比以往更灵活、更充分的整合方式，可以把太空作战和网络空间作战完全融入传统的陆海空战场。

跨域协同建立并充分利用了联合部队所固有的不对称优势：利用空中力量打击反舰武器、利用海军力量打击防空系统、利用地面部队打击海空军面临的陆基威胁、利用网络行动打击太空系统等等(但是这并不代表联合部队必须放弃那些对称优势)。尽管如此，挫败对手的多领域反介入/区域拒止战略才是最重要的。各领域行动之间的关系和有待开发的不对称能力，都会随着形势的变化而有所不同。

跨域协同不仅适用于向作战区域部署的联合部队，而且适用于已经在作战区域的前置部队。前者的外向力进攻敌军的反介入系统，后者则自内向外打击敌军的关键能力并在支持前者的进攻中发挥重要作用。可以向这两种部队提供支援的则是太空部队和网络部队，因为它们有能力从后方站点获取支持，不需要向作战区域部署。另外，联合部队不仅可以通过内部整合的方式实现跨域协同，而且可以通过多国行动的方式整合他国军事伙伴的能力和力量，并实现跨域协同。为此，联合部队还必须能整合那些伙伴的能力和行动。

> 联合协同数十年来一直是美国联合部队的力量所在。和联合协同注重整合各军种能力不同，跨域协同并不要求某一军种提供某种行动或能力，而是要求实现跨域整合。

《联合作战拱顶石概念》推出了联合协同概念，即各军种能力相辅相成的联合。联合协同拓展了多军种武装联合的概念，数十年来一直是美国联合部队的力量所在。然而，和联合协同注重整合各军种能力不同，跨域协同并不要求某一军种提供某种行动或能力，而是要求实现跨域整合。因此，本概念设想的是各领域间战斗力量的无缝对接与运用。和当前相比，未来联合部队的整合程度会更高，而且可以在更低层级上进行。

要实现跨域协同，需要整合不同层级的能力，覆盖很多不同性质的作战单位（例如，保卫空军前沿基地以扩大空中力量作战范围的空降部队或两栖部队），以及较低层级的战术能力（不同的空基、海基、天基、陆基和基于网络的能力，共同发挥作用攻击某一反介入系统）。

从本质上来说，本概念适用于任何一种反介入状况，其具体的应用情况会根据敌人的行动领域、敌人反介入和区域拒止能力的数量与类型、这些能力的整合方式与程度而有所不同。

八、作战介入的基本原则

> **作战介入的基本原则**
>
> • 基于更宏大的任务需求实施介入作战，同时设计后续行动以削弱反介入挑战。
>
> • 事先在作战区域做准备以方便介入。

●考虑多种设立基地的方案。

●在多条独立战线上进行部署并采取行动，以掌握主动权。

●充分利用一个或多个领域的优势，干扰或摧毁敌军在其他领域的反介入/区域拒止能力。

●破坏敌军的侦察与监视活动，同时保护友军的相关活动。

●建立局部领域优势以渗透敌军的防御系统，维持完成任务所需的领域优势。

●从战略距离外直接针对关键作战目标机动。

●深入打击敌军的反介入/区域拒止防御系统，而不是从其防御圈周边逐层推进。

●通过欺骗、隐蔽、模糊等战术干扰敌军的瞄准系统，实现突袭效果最大化。

●保护太空和网络资产，同时对敌军的网络与太空能力进行攻击。

跨域协同这个核心理念在广义上描述了在面对武装抵抗的情况下，联合部队该如何实现作战介入。以下这几条基本原则进一步阐述了这个理念，适用于任何一种情形下的规划和执行等活动。在运用这些原则时，不应生搬硬套，而应在了解每种情形不同特点的基础上，作出自己的判断。这些原则都是根据之前阐述的状况和难题制定出来的。它们和跨域协同这个核心理念共同阐释了在面对武装抵制的情况下，联合部队该如何行动。

（一）基于更宏大的任务需求实施介入作战，同时设计后续行动以减少介入挑战

由于作战介入本身并不是目的，所以联合部队必须依据更广泛的目标实施介入作战，最好是和其他国家力量共同发挥作用。最重

要的是，联合部队的指挥官们应当避免让部队承担过多任务，或是将战斗力量投送到超过目标所需的敌区纵深地带。这一点对大规模陆地部队来说尤其如此，因为它们一旦部署就很难回撤。

同时，鉴于新型反介入和区域拒止武器的杀伤力不断提升，指挥官在制定战役计划时务必要避其锋芒。此外，出于同样的原因，指挥官和政治领导人还必须考虑，在事态发展的初级阶段敌军如使用这类武器，可能会导致事态迅速升级的后果。最后，如果运用其他国家力量也能达到目的，那么考虑到新型环境下的战争风险，最好不要使用军队。

（二）事先在作战区域做准备以方便介入

如前所述，介入问题的难度在很大程度上取决于开战之前所创造的条件。战前准备是个全国性甚至多国性的活动，联合部队会在其他机构与部门，特别是在美国国务院的支持下行动。对于作战指挥官来说，作战区域准备是项持之以恒的工作，除了在战前进行准备外，在战斗打响后还要继续完善，为此指挥官必须与其他部门协调行动。

这条原则涉及的一系列活动旨在加强地区伙伴关系和伙伴能力，这些伙伴不仅包括其他国家的军队，也包括其他机构和非政府组织。这些活动包括一些接触性活动，如旨在完善多国行动的双边和多边演习；重要领导人的接触与交流；训练、建议和装备他国部队的任务，以提高它们在地区介入中的支持能力；相互之间的磋商，以保证设立基地和过境通行的权利，建立指挥关系、角色和责任并为相关协议提供支持；与地区伙伴的通航自由演习；利用合同与资金支持，提高并加强与东道国等地区伙伴的关系；召开会议制定多国计划。此外，这些活动还包括军事情报支持行动和其他一些情报活动，旨在各地区加强对美国活动的支持；建立、提高并巩固对兵力投送非常重要的前沿基地和中转基地，以及在战前预置补给与装备；在前线部署部队，这些部队的任务要么是执行日常安全维护，要么是为响应危机而战。这些任务均能代表美国对某一地区的安全承诺。

有一种活动旨在营造有利介入条件，它从属于地区安全合作活动，二者相辅相成。各战区及其相应国家的安全合作计划均含有保证介入的活动内容。有些活动看似毫无关联，如人道主义援助，却可以向当地民众传达善意，从而以一种间接方式创造有利的介入条件。这也就是说，指挥官必须预计到那些在日常安全合作中所签订的协议，可能会在危机或冲突期间难以为继。为此，他们应该根据不同程度的介入条件，制定备选方案。

还有一种活动也能提前改善介入条件，它非常重要但需要持之以恒。这就是情报、侦察和监视活动。这些活动可以提升对所有领域的态势感知，破坏对手在特定地区的反介入/区域拒止能力、计划和准备活动。为保证向导航、瞄准、指挥控制、维护和情报等活动提供支持，需要在太空、网络空间和电磁波谱等领域不断采取行动。此外，还需要在开战之前甚至是在开始部署战斗力量之前，实施计算机网络的进攻或防御行动。

（三）考虑多种设立基地的方案

如前所述，要想减小距离给兵力投送带来的影响，有一种主要手段就是利用前沿基地。正是这些前沿基地，包括移动的海上基地，构成了重要的“介入设施”，为部署兵力和补给提供了支持。这些基地所拥有或运输的能力和容量越大，其投送的兵力就越多。因此，可以预计未来的对手在利用距离这个制约因素时，越来越有可能把攻击这些基地视为反介入/区域拒止战略的一部分。为达到这个目的，他们将利用导弹和恐怖袭击等各式手段，并有可能使用大规模杀伤性武器。因此，尽管在反介入环境下，前沿基地毫无疑问是相当重要的，但维护这些基地却需要承担相当大的风险。

由于本概念要求联合部队的某些作战单位，有能力直接从出发点针对作战目标机动，所以它们对前沿基地的依赖性将有所下降，可供使用的部队却更多了。这些作战单元在联合部队所占的比例越大，敌人攻击基地的可能性就越小。对于先头突袭部队来说，拥有这种机动能力尤为关键。

然而，并不是所有的部队都能直接向战斗区域部署，况且持久战也需要在作战区域内拥有健全的基地设施。为了改变这种困境，有好几种方案可供选择。为解决任意一种给定情形下的问题，可能都需要综合使用好几种方案：第一种方案是保护并巩固永久性基地，让它们可以在遭到攻击的情况下保持正常运转。失去前沿基地可能会造成灾难性后果，而从政治上来看废弃基地又是行不通的，所以必须保护好前沿基地。第二种方案是把大型基地分解成诸多小型基地，这样既可以通过冗余减少薄弱环节，又可以加大敌军瞄准活动的难度。但是这种方案同时也会加重后勤负担，提出更多的防护要求。第三种方案也具有分解的性质，用简单的临时基地取代复杂的永久性基地。从临时基地实施有效行动的能力，可以为联合部队带来巨大优势。特别是对那些小规模或专业化部队来说，它们可以使用偏远甚至废弃的基地、机场、港口和其他军用或民用设施。由于对敌人的吸引力不大，这些临时基地不太容易成为攻击目标，这就提高了部队的生存率，同时加大了敌人瞄准活动的难度。此外，可移动设施也能提高安全性和作战灵活性。这些设施的缺点是缺乏永久性设施所具备的能力和容量。有能力从临时基地采取行动的部队所占的比例越大，敌人攻击永久性基地所造成的威胁就越小，可供选择的作战方案也越多。第四种方案是设立海上基地，[①] 借此减少因

① 海上基地：不依赖作战领域内的陆上基地，从海上对联合力量进行部署、集结、指挥、投送、重建和重新使用。——原文注。

设立前沿基地而引发的主权问题。海上基地所固有的移动性可以使目标变得模糊不定，对敌人更大范围的沿海区域造成威胁，从而加重敌军防御准备活动的负担。海上基地还可以加大敌军监测与瞄准活动的难度，从而提高部队的安全性。但是这种方案可能会受海上基地容量的限制。另一种方案是重视发展两栖、网络、电子、太空或远程打击等能力。不管是在发挥主导作用还是支持作用时，这些能力都很少依赖前沿基地。

（四）在多条独立战线上进行部署并采取行动，以掌握主动权

对于任何一场战斗来说，夺取并保持主动权都非常关键。与大多数对手相比，美国联合部队所拥有的一大优势就是管理复杂行动的能力。同时在多领域多战线采取行动，既可以加重敌人的防御负担，又有助于联合部队把握先机。此外，这么做还可以迫使敌人防守多条进攻路线，从而为己方部署提供更多选择。在联合部队既不依靠各大基础设施，又有能力在艰苦环境下实施有效行动的情况下尤其如此。联合部队在多条战线上展开行动还可以提高其发现机会、克服挫折的能力。最后，联合部队的分散也可以降低敌方使用大规模杀伤武器的风险。

相应地，本概念还设想了未来联合部队的组织形式，将其改为可以独立部署、行动和生存的联合编队。对陆地部队来说，这意味着作战单位和作战平台的规模更小，但却可以快速部署并形成杀伤力。本概念并没有把部署和战斗看作是先后发生的不同阶段，而是将其看作平行发展的活动。每支编队可以在多领域内按要求采取行动。尽管这些编队可以独立活动，但却依然保留着在必要情况下顺利组成大型编队的能力。尽管它们有能力自给自足、满足各自任务所需，但是联合部队仍然可以对其提供外部支持。这些支持主要由

空中、太空、电子和网络等能力提供，可以有效减少距离所带来的影响。

这种分布式行动将会加重维护、指挥与控制的负担，本文将会在第九章中对此进行论述。

（五）充分利用一个或多个领域的优势，破坏敌军在其他领域的反介入/区域拒止能力

联合部队将会尽力确定所有领域缺陷，利用自身优势弥补这些领域内的不足。在任何给定领域获得优势不仅仅有利于该领域的行动。与大多数潜在对手相比，联合部队所拥有的一大不对称优势是有能力跨域发挥战斗力，阻止敌人的有效抵抗。如上文所述，联合部队首先会在未遭遇抵抗或遭遇轻微抵抗的领域采取行动，然后安排战斗力夺取其他竞争领域的优势，从而提供完成任务所需的整体行动自由。

任务要求以及敌人在各领域具备的能力和存在的薄弱环节，共同决定了首先该在哪个领域采取行动，因此并不存在一成不变的行动次序。这也就是说，联合兵力投送往往会包括早期的信息行动、太空行动和网络行动，因为对所有联合行动来说，后两个领域中的行动自由已经变得越来越重要。此外和部署行动相比，这些行动不需要承担太大的风险。实际上，在战斗打响之前，通常就已经开始实施信息、太空与网络行动，塑造于己有利的作战区域。

在敌军的反介入/区域拒止防御系统未被削弱之前，所有领域中的那些隐蔽性部队在早期的渗透行动中起到了关键作用。在地形有利的条件下，水下环境可能是在不暴露踪迹的情况下投送兵力的最佳选择。水下部队往往以分散的方式行动，因此不太会受到其他领域部队的攻击。在赢得海上优势方面，尽管水下部队为应对其他领域的挑战，还需要让海军使用陆地攻击导弹或电子战，但是水下战

斗还是特别重要的。适合较早展开行动的还有空中领域。原因之一是空军不大会以大型编队的方式行动，所以损失不会太严重；还有就是它们往往能快速投送力量，从而非常有效地应对其他领域的挑战。最后，在定位、瞄准并破坏敌人的关键能力方面，在培养当地反抗力量协助干扰敌人的反介入/区域拒止战略方面，特种作战部队显得尤为重要。和太空部队、网络部队一样，特种作战部队往往也要在大部队出动前，先行在敌占区活动，以便创造有利于大部队行动的条件。维持或获得海上公共领域准入的行动，可以在这些隐蔽性行动的基础上进行，这样既可以避免受到反介入武器的集中威胁，又可以通过机动达到突袭和快速行动的目的。

与此相反，由于大规模陆地部队可能会招致灾难性伤亡，所以陆地部队往往是渗透敌军反介入/区域拒止防线的最后选择。然而，这种情况并不是一成不变的。例如，可以使用陆地部队在敌军防御圈周边占领前沿基地，然后从这些位置向敌军防御圈的心脏地带投送空中和海上兵力。此外，小规模陆地或水面部队，包括特种作战部队，都可以在不被敌人发现的情况下渗透敌军的反介入防线。

向其他领域的扩展次序取决于多种因素。进入太空、网络空间和电磁波谱领域通常并不需要依赖其他领域的优势。相反，进入陆地领域以及在更低程度上，进入水面领域（至少是在敌人反介入能力所及的范围内）往往需要得到其他领域的支持。几乎在所有情况下，都需要扩展空中这个重要领域。这既是因为空中力量可以用来对付其他大多数领域的行动，也是因为空中优势常常是在竞争作战区域内进入陆地和海洋的先决条件。

（六）破坏敌军的侦察与监视活动，同时保护友军的相关活动

在所有战斗中，侦察与反侦察都是横跨多个领域、赢得作战介

入的重要竞争活动，作战双方均会尽力在态势感知方面超过对方。进入敌占区后，联合部队通常会在情报方面处于劣势。如果敌人把反介入和区域拒止能力部署在隐蔽场所，通常藏匿于复杂环境，这种情况会进一步恶化。通过前置部队提供的情报，可以在某种程度上缓解这种劣势。为克服这种劣势，联合部队需要积极开展重要的情报、侦察与监视活动，包括为情报而战。反之，联合部队则需要通过攻击敌人的侦察与监视活动、利用欺骗和隐蔽等手段来迷惑敌人，削弱敌人的态势感知能力。

（七）建立局部领域优势渗透敌军的防御系统，并维持完成任务所需的领域优势

完成某项任务并不需要在所有作战区域，赢得某一给定领域的永久优势。尽管数十年来联合部队通常在这方面都享有优势，甚至是霸权地位，但是未来的形势不容乐观。如果联合部队的指挥官非要等到那时才开始行动，就会错失良机、陷于被动。如果利用上面提到的不对称优势和跨域协同，未来联合部队则可以在必要领域创造有限优势，并保持这些优势直到圆满完成任务。

本概念设想的是，联合部队可以在所需的时间和空间内，把握不断变化的介入时机。只在敌军的反介入/区域拒止防线中打开一处缺口还不够，联合部队必须保持这一缺口，尽管可能并不需要在整个任务期间始终保持，但却必须能在需要时打开这处缺口才行。然而值得注意的是，渗透到敌军纵深地带的部队绝对不能是孤立无援的。

（八）从战略距离外直接针对关键作战目标机动

在联合部队里，有些作战单位并不需要向前沿部署，便可从战

区外的出发点或其他位置，直接对关键目标展开行动。由于不受前沿固定基地的束缚，这不仅大大提高了作战灵活性，还加重了敌人防御准备的负担。这种作战单位在联合部队中所占的比例越大，这些基地的负担就越小，攻击这些基地给联合部队产生的影响也越小。此外，如果不在交通线上建立中继站，则可以消除作战停顿，加快行动节奏。这是先头突袭部队所需具备的另一项重要能力。

然而，并不是所有作战单位都能以这种方式行动。因此，在建立前沿基地成为作战必需的情况下，联合部队可能需要占领临时或永久性的前沿行动据点，或是从海上基地发起行动。对于那些能以上述方式进行机动的作战单位来说，最适合它们执行的任务可能就是占领诸如此类的基地。

（九）深入打击敌军的反介入/区域拒止防御系统，而不是从敌军防御圈周边逐层推进

本概念的设想是，联合部队将会尽力渗透到敌军反介入/区域拒止防线的纵深地带。为此，它们将利用并扩大任何领域优势，实现跨域协同最大化。另外，它们自然还会积极搜寻敌军防线中的漏洞。渗透的目的是破坏敌军防御系统的完整性，通过打击敌军的关键设施，如后勤与指挥控制节点、远程火力单位以及战略与作战后备力量，破坏敌军的作战机制。

传统的做法是攻击敌军的防御圈周边并逐层推进，这种做法主要通过消耗战，逐层压缩敌军的防御圈，并没有对敌军防御系统的完整性构成威胁。这可能正符合敌军反介入/区域拒止战略的目的，这一战略会利用时间和空间给来袭的联合部队造成难以接受的伤亡。

在深入打击敌军反介入/区域拒止能力的同时，联合部队还必须尽力削弱敌军深入打击己方防御系统的相关能力，打击其用以攻击美方交通线、维护系统和指挥控制系统的能力。

（十）通过欺骗、隐蔽和模糊等战术加大敌军瞄准活动的难度，实现突袭效果最大化

出其不意向来是克敌制胜的法宝。由于反介入/区域拒止武器的杀伤力越来越大，联合部队在部署兵力时所要承担的风险也越来越大，因此突袭在未来的介入作战中变得愈发重要，指挥官必须不遗余力地达到这种效果。也就是说，突袭的愿望可能和以往一样强烈，但是突袭的能力最终却取决于敌军的感知能力。由于未来行动环境的特点是四处遍布传感装置、信息透明度不断提高，所以突袭的困难程度可以说是前所未有的，因此本文仔细区分了三种突袭方式欺骗、隐蔽和模糊。

在本文中，欺骗[①]是让敌人相信联合部队将采取某种做法，实际上却使用另一种做法。因此，成功的欺骗并不取决于自身的努力，而有赖于敌人是否接受误导信息。换句话说，成功的欺骗不是建立虚假的预期，而是了解并利用敌人业已存在的预期。因此，巧妙的欺骗往往利用对敌人来说看似可能的做法。虽然在这三种方法中，欺骗带来的突袭效果最好，但是在未来的反介入环境下却很难让敌人受骗。未来环境下特别有用的欺骗形式是电磁欺骗[②]和网络欺骗，可以借此把联合部队虚构的部署地点和活动传递给敌人的情报网。

隐蔽是指阻止敌人获取与己有关的能力、意图或部署情报。（千万不要把隐蔽和隐形技术相混淆，后者只是达到隐蔽目的的一种手段）。在这种情况下，并不需要用虚假的计划来欺骗敌人，而是要让敌人不了解己方情况。同样地，由于未来作战会在更为透明的环境下进行，四处遍布传感装置和情报网，因此想做到隐蔽

---

① 欺骗：通过操纵、歪曲或伪造信息等方式，诱导敌人按其兴趣偏好做出反应，从而达到误导敌人的目的。——原文注。

② 电磁欺骗：蓄意辐射、再辐射、交替、抑制、吸收、阻止、增加或反射电磁能量，意在向敌人、向其依赖电磁能量的武器系统传递误导信息，从而削弱或抵消敌军的战斗能力。——原文注。

将异常困难。尽管如此，美军依然会寻求那些可以提高隐蔽性的技术和其他手段。

达到突袭目的的第三种方法是模糊。为了达到模糊自己意图的效果，联合部队采取的行动方式必须可以支持多种行动途径，从而迫使敌人不得不为所有的可能情况做准备。由于未来行动环境的特点是信息透明，确切地说是信息超载，因此模糊是唯一有可能达到突袭目的的方法。本概念从两方面支持了模糊战术：其一，在多条独立战线上行动的理念为联合部队提供了多种选择，迫使敌人不得不开展多点防御；其二，鉴于依靠前沿固定基地意味着战线已定，不依赖这些基地、直接从出发点针对目标机动的理念，同样有助于模糊联合部队的最终目标。

虽然从概念上来说，这三种方法各有不同，但在实际行动中它们之间的界限并不明显。未来为达到突袭目的，单纯依靠欺骗或隐蔽都将面临较大风险。本概念的设想是，在未来的联合作战中综合使用这三种方法，在武装对抗的环境下赢得介入。

（十一）保护太空和网络资产，同时对敌军的网络与太空能力进行攻击

现在对所有联合兵力的投送来说，太空与网络空间都非常关键。它们既可以为其他领域的行动提供支持，自身也可以成为作战领域。在发挥支持作用时，二者可以提供重要的定位、导航与测时、指挥与控制、导弹预警、气象和情报搜集等服务。作为作战领域时，它们承担了联合指挥控制和后勤的大部分职能。正因为如此，大多数采取反介入/区域拒止战略的敌人会把太空与网络空间的联合作战作为攻击目标，意图破坏美国在兵力投送方面所做的努力。实际上，在致命的战斗打响之前，可能会有很多敌人试图阻止美国政府和商业系统使用太空和网络。电磁波谱的情况可能也是如此，特别是考

虑到距离因素，电磁波谱在兵力投送中的作用也很重要，尽管这种现象并不是刚出现的。

有鉴于此，在进入作战区域之前需要不断进行的准备活动是，获得并维持足够的太空与网络优势、保证对电磁波谱的使用。对于很多潜在对手来说，反太空和反网络行动具有非常大的吸引力，因为这两种行动的成本较低，而且很难追踪攻击来源。出于这些原因，联合部队在投送兵力时，应当确保太空和网络能力的运用自如。这并不是说，在这两个领域中不会出现损失。和其他领域一样，损失是在所难免的。但是，联合部队必须做好准备，在出现损失的情况下可以有效进行兵力投送。

同样地，很多潜在对手也越来越依赖太空和网络能力，因为这两种能力的采购成本相对较低。在反介入和区域拒止的环境下，这两种能力对敌军的瞄准能力来说非常重要，由此也成为反介入/区域拒止战略的重要组成部分。因此，削弱敌军的太空与网络能力，也是获得并维持作战介入的重要组成部分。而对削弱敌军能力和保护友军相关能力来说，发展良好的网络与太空态势感知①非常关键。

具体任务包括但不限于：保护友军的卫星通信，确保友军在定位、导航与测时等方面的服务保障，同时削弱敌军的相关能力。

在所需的时间与位置获得太空与网络优势，并不一定需要采取相对称的行动。也就是说，通过网络行动获得网络优势，通过太空行动获得太空优势。通过综合运用不同领域的战斗力量，往往能够更有效地达到目的，如获得其他领域的优势。

① 太空态势感知：对当前和未来太空环境及太空作战环境的必要认知，对友、敌双方太空部队所有冲突因素、活动和事件的必要认知，包括物理域、虚拟域和认知域。——原文注。

九、联合作战介入和联合职能

本概念对各种联合职能的效果都会产生影响。要想实现跨域协同，不仅需要在五大领域之间有效运用联合职能，[①] 通常还需要跨部门整合以及与外国伙伴合作。

（一）指挥与控制

本概念严重依赖指挥与控制。指挥与控制系统[②]必须对部队提供支持：支持其在全球范围内行动、从多个出发点向多条战线进行独立的部署与机动、按要求以不同方式集结。这个系统支持的行动节奏必须是敌人难以比拟的，它还必须促进在更低层级上的多领域整合。本概念的核心是协同。协同要求各领域的规划与执行活动始终保持同步、实现高度整合。为此，联合指挥与控制系统包括的技巧、程序和技术，必须有利于指挥官以创新的方式整合各领域行动。

为了跟上分散式行动的快节奏，也为满足指挥与控制能力削弱的环境要求，本概念设想的指挥与控制结构，在规划和执行方面尽可能分散。任务指挥[③]这种指挥方式不仅有助于下级指挥官按照上级指挥官的意图自由行动，而且能在所需层级上进行必要的横向跨域整合。虽然分散式协作技术有助于达到这个目的，但是指挥官还必须做好准备，能够在不利的环境下实施有效行动。要想这么做，需

---

① 联合职能：帮助联合部队指挥官对联合作战进行指导、整合和协调的相关能力和活动。所有战争层次上的联合作战都有以下6种职能：指挥与控制、情报、火力、活动与机动、防护以及维护。——原文注。

② 指挥与控制系统：指挥官在对依照指派任务所编配的部队进行规划、指导和控制时，所需具备的设施、装备、通信、程序和人员。——原文注。

③ 任务指挥：根据任务命令对军事行动实施的一种分散式指挥。——译者注。

要制定相应的条令、训练和教育内容。

对手将会不遗余力地蓄意干扰友军的电磁波谱，包括破坏太空与网络系统。由于联合作战严重依赖先进的通信系统，这种攻击将成为敌军反介入/区域拒止战略的主要内容。为此，我们需要给友军的指挥与控制系统提供更好的防护。

如果在联合介入活动中特别融入了太空与网络行动，则需要建立一些新的权威机构和组织关系，进一步整合职责重叠的战区和职能司令部。此外，战斗行动可能会在部署完毕后马上开始，而且可能横跨多个责任区，这就需要打一场超越传统界线的大规模战役，需要重新考察联合特遣队的建立方式、时机和指挥关系。

（二）情报

考虑到反介入和区域拒止系统的杀伤力和精准度有所提升，联合部队需要有能力搜集、融合并共享各领域准确、及时且详尽的情报。此外，这种情报搜集、融合与共享可能包括跨部门和国际伙伴之间的协作。这就要求重新考察当前那些保密、访问和数据共享协议的规定。

情报竞争依然是介入/反介入斗争中的重要内容，竞争双方均试图在获得必要情报的同时，尽力阻止对方获取情报。联合部队不应对搜集情报抱有幻想，而应做好为情报而战的准备，可能还会在行动初期处于不利境地。了解对手是项持之以恒的活动，始于敌对状态形成数年之前，在这种状态形成的过程当中以及形成之后还会持续进行。这对情报部队的规模、系统实力和分析技术会产生影响。在介入作战中，侦察与监视方面的竞争尤其关键。

本概念强调破坏，而非消耗。这就要求在搜集情报时，不仅关注敌军各部队的位置，还要关注它们包括跨域协作在内的协同作战情况。

（三）火力

挫败对手的反介入活动，要求灵活并有针对性地运用各领域的致命和非致命火力。本概念的核心是强调跨域协同，首先强调的是火力协同。虽然目前这些能力已经提供了一定的灵活性和响应性，但是按照本概念的设想，还需要在此基础上实现质的飞跃。为了实现这一目标，各军种和各作战司令部需要在火力请求、批准和协调方面采用更为灵活的程序。在采购方面必须做到快速准确；在制定关键目标的响应程序时，应尽可能缩短确定和使用之间的等待时间。

如何在武装对抗的环境下实现作战介入，依然是典型的火力与机动问题，只是规模更大而已。联合部队必须依照形势所需，根据机动部队的要求快速集中或分散火力。本概念的设想是，任何独立机动的作战单位都可以获得必要的联合火力，不管它属于哪个层级或军种。这种介入有赖于在不利的信息环境下，保证必要的通信能力。

虽然在攻击选定目标时会越来越倚重精确制导武器，但是这类武器的储备数量会是有限的。况且在攻击有所准备的反介入/区域拒止防线时，联合部队通常也不会有关于目标的精确信息。此外，联合部队将继续要求精确的区域火力来抵消、压制和掩护目标，保护友军部队并推进部队机动。虽然《联合战斗概念（JCC）》强调辨识要求，但是在面对强大的反介入/区域拒止系统时，每个层级的指挥官都需要适当调整这种要求。

本概念的设想是，所有三个领域的致命和非致命火力均受制于一个瞄准与火力支援协调系统。如今，传统的非致命火力如电子干扰可以如此，但某些网络与太空能力，由于受制于支撑性的职能作战司令部，却并非如此。本概念的设想是，未来对这些能力的控制将涉及更低层级，从而使火力系统更能响应作战指挥官的需求。至于这种控制可以达到怎样的精准度，还有待进一步探讨。

（四）活动与机动

本概念设想的是，联合部队各作战单位在向目标区域进发、在目标区域内行动以及在不利的反介入/区域拒止环境下执行任务时，不断变化机动方式以适应不同的活动要求。

在联合火力的支援下，那些可自给自足的联合作战单位将从不同的地点出发，在多条战线上自由行动、在行进中改变路线、针对主要目标迅速集结、按照形势要求再次分散。这些机动单位将尽量使用欺骗、隐蔽和模糊等战术掩护其活动，在规避不可接受的风险与损失的情况下抵达作战区域。空中与海上部队将在行进过程中，同时进行机动并相互照应。如果任务需要强制进入，陆地部队必须针对目标区域机动。但是在那之前，如果地形条件允许，陆地部队也可以针对中继性陆地目标机动，协助海空军部队继续推进。

联合部队的某些单位可以从出发点直接针对主要目标机动，无需依赖固定的中继站或前沿基地。它们还可以在行进期间确认并更换这些目标。对指挥与控制来说，这就更加强调了行进途中通信活动的重要性。

在实施并支援行动之前，太空与网络部队也将进行必要的“机动”，还将随着形势的发展保持或调整自己的方位。通过渗透敌军的数字网络，联合部队同样可以在网络空间实现“机动”。

（五）防护

鉴于大多数敌人的反介入/区域拒止战略，其行动依据是消耗原则，为此克敌制胜的关键是对联合部队进行防护。如何才能免受反介入和区域拒止能力的攻击，这使我们面临着多种挑战。虽然所有防护方案都需要综合运用主动措施和被动措施，才能挫败敌人的攻击，但是如何才能免受反介入武器的攻击，需要强调的却是部队在行进途中不暴露自己。由于在行进途中部队最容易暴露自己的薄弱环节，为此联合部队可以综合采用分散行动、多战线行动、快速行进和灵活机动等措施绕开威胁、欺骗对手或掩盖行踪，同时利用反侦察和反监视等措施破坏敌人搜集情报的活动。一旦抵达目标区域，为避免被敌人发现，联合部队可能不会再使用某些技巧，届时为了抵挡敌人的进攻，它们需要依赖主动和被动的防御措施。

由于联合部队的指挥与控制系统会是很多敌人打击的首选目标，因此需要特别强调对这些系统的防护。为此，联合部队必须不断开发系统、技术和战斗技巧，确保在需要的时候进入太空、网络空间和电磁波谱的特定位置并保持行动自由。

后勤防护包括对后勤基地、供应活动、后勤网络及其相关数据的防护活动。在基地防护方面有多种方案可供选择，其中包括：增加基地的抗打击能力；把基地职能分散到多个小型基地或临时设施，以便削弱敌人的打击效果；尽可能使用移动的海上基地。任何一种解决办法可能都会用到多种方案。

未来联合部队日益关注导弹防御和对破坏活动的防范工作。之所以关注前者，是因为敌人不但越来越容易获取导弹，其性能也有大幅提升；之所以关注后者，是因为很多敌人认为实施破坏活动是种低成本、高回报的能力。不管是前者还是后者，防范这些能力都要比能力本身花费更高的成本。

（六）维护

因为兵力投送需要后勤相对集中，所以对未来联合部队的成功来说，提供有效的维护职能尤为关键，后勤因此也成为敌人可能的打击目标。联合部队需要针对敌军能力制定新的维护概念。这些概念创新可能需要设计新的平台并建立更健全的信息网络，可能需要有能力更快速地抵达那些分散在各作战区域的行动部队。

本概念所阐述的分散行动，会进一步限制供应系统及其指挥控制系统。指挥官需要有健全灵活的系统，才能迅速对分散在多个据点执行不同任务的部队进行调度、支援和维护。为了支持那些直接从战略距离外向作战目标机动的部队，本概念设计了一种方案，把各战区内部、战区与战区之间的全球供应渠道集中在一起。为此，后勤指挥人员需要全面了解各供应渠道的需求、资源和能力，以求达到支援分散行动所需的协调水平。

本概念构想的维护系统包括诸多设立基地的方案、装备与补给的预先布置、灵活且安全的供应流程。要想在作战区域做好介入准备，建立这样一个系统是十分关键的。本概念并不认为会出现突破性进展，能在很大程度上影响维护活动，但是认为可以在以下三个方面取得渐进性发展。首先，降低联合部队对所有补给类型的后勤需求，特别是在燃料补给方面；其次，提高对消耗率和库存水平的认识，从而对供应链的管理工作作出改进。在作出指挥决定时，这些改进措施可以提供相应的支持（这也就是说，战争这种活动是特别浪费和难以预料的，联合部队不能指望也不要试图像经商那样有效地管理供应系统）。最后，提高美军的空运和海运能力，扩充美军的空运和海运容量。这可能包括发展一些运输装备，这些装备要么是在摧毁后不容易造成灾难性后果，要么是能在区域拒止的环境下提供其他机动选择。解决这些运输难题还可以使用一些创新手段，比如研制比空气还轻的飞行器。

在某些情况下，联合部队最好使用海上基地进行自我维护。这样可以减少作战单位对机场和其他沿岸维护设施的依赖，从而有更多的部队可供使用。从海上基地提供大规模供应要求发展一些新的能力。在多种维护方案中，都需要使用舰对舰和舰对岸的连接装备。针对极富挑战性的海洋状况，这些装备可以为持续的维护要求提供支持。

考虑到建制性后勤资源所受的限制，作战介入的行动可能不得不依赖商业系统的服务供应商。为此，联合部队需要有能力获得他们的支持，从确定支援要求和起草合同，到确定可能的供应商、管理相关的工作人员。承包商一般需要听命于政府的工作人员。对于其作战区域内的承包商，指挥官必须有能力为他们提供指导和支持，并负责管理他们不作为所带来的风险。此外，在筛选承包商时需要特别注意，不要把合同签发给当地与敌方有联系的机构。在那些主要依靠合同能力运转的基地、后勤设施和其他站点，如果发生重大袭击事件，挽留并保护民事承包商可能是最迫在眉睫的问题。

在反介入环境下，联合维护系统的生存能力非常重要。特别是对陆基后勤来说，它们的问题是如何保证其基础设施的生存能力。如前所述，本概念设想联合部队会采用加固、分散、冗余和移动等多种措施，提升这些基础设施和后勤网络的防护能力。本概念的设想是：安排更多的联合战斗力量对供应活动进行防护，虽然这么做可能会减少打击敌人反介入/区域拒止防线的力量，而且在某些情况下这种转变可能会危及整项任务。

十、本概念要求的能力

对于本概念的落实来说，下面这些能力非常关键。这些能力或是出自概念本身，或是出自相关的实验活动。下面这份能力清单既没有涵盖所有能力，也不按照优先次序排列。它仅仅是为后续的概念发展、分析与实验提供了一个基础。尽管为了便于理解，根据联合职能对其进行了划分，但是其中有很多能力适用于多种联合职能。（虽然信息和交战并不属于联合职能，但是由于有多种能力分属这两类，所以也把这两种类别列入其中）。此外，还有很多能力会对条令、体制、训练、物资、领导、教育、人员和设施等内容，对跨部门整合以及整合他国伙伴的行动与能力产生影响。

（一）指挥与控制

JOA－001. 有能力在行进途中维持各总部与受援/支援部队之间的可靠连接和互操作性。

JOA－002. 有能力在不利和/或简陋的通信环境下进行有效的指挥与控制。

JOA－003. 有能力从公共数据库创建可供分享的自定义作战图像，以便跨域提供态势感知（包括敌方、友方和中立方的情况）。

JOA－004. 有能力充分整合跨域作战，包括太空和网络作战，并覆盖更多更低层级的作战单位。

JOA－005. 有能力利用任务指挥这种形式，协助下级指挥官按照上级指挥官的意图独立采取行动，并在所需层级进行横向跨域整合。

（二）情报

JOA－006. 作战部队有能力在反介入环境下，对恶意的计算机网络攻击进行探测并做出响应。

JOA－007. 有能力在反介入环境下，及时对跨领域的全源情报进行精确的融合。

JOA－008. 有能力在反介入环境下，生成各领域必要的所有情报类别。

（三）火力

JOA－009. 有能力在复杂的地形条件下，以必要的射程、精度、响应速度、可逆效应与持久效果，定位、瞄准、压制或摧毁敌军的反介入/区域拒止能力，同时尽可能地减少附带毁伤。

JOA－010. 有能力利用跨域信息提示进行深入探测和打击，以延迟、中断或摧毁敌军的武器系统。

JOA－011. 有能力对敌军的反介入/区域拒止能力进行电子攻击和计算机网络攻击。

JOA－012. 有能力阻止敌人向作战区域部署兵力和物资。

（四）活动与机动

JOA－013. 有能力从战略距离外，沿空中和海上的多条行进轴机动并提供相关支持。

JOA－014. 有能力在网络空间“机动”，以便进入敌军的数字网络。

JOA－015. 有能力在行进途中进行指挥控制、兵力集成、任务规划和演习，包括建立工作人员和预置装备之间的联系。

JOA－016. 有能力遂行强制进入作战，作战形式有空袭和其他有限性目标行动、以及持久性陆地作战等。

JOA－017. 有能力掩盖联合机动单位的行进路线，协助部队在可接受的风险范围内，突破复杂的反介入系统并拉近打击距离。

（五）防护

JOA－018. 有能力摧毁敌军的瞄准系统，包括其精确火力打击能力。

JOA－019. 有能力提供远征导弹防御，压制敌军反介入/区域拒止系统不断提升的精度、射程和杀伤力。

JOA－020. 有能力防护、并在必要情况下重建基地等设施，确保兵力投送。这些设施包括港口、登陆点、出发地和中继站。

JOA－021. 有能力对借助空运海运力量所部署的兵力和补给进行防护。

JOA－022. 有能力保护友军的太空部队并破坏敌军的太空行动。

JOA－023. 有能力在反介入环境下进行网络防御。

（六）维护

JOA－024. 有能力通过固定基地、移动基地（包括海上基地）构建的全球化网络，部署、运用并维护兵力。

JOA－025. 有能力快速、灵活地建立非标准化的支援机制，如征用商业系统的供应商和设施。

JOA－026. 有能力在遭遇武装抵制不得不实施介入作战的情况下，对承包商的支援活动进行策划、管理和整合。

（七）信息

JOA－027. 有能力在敌对状态形成之前、形成的过程当中以及形成之后数年，对选定受众进行宣传和影响。

（八）交战

JOA－028. 有能力发展伙伴关系、共享资源和能力，确保有利的介入条件并促进地区的长治久安。

JOA－029. 有能力确保在地区伙伴国设立基地、导航安全和飞越领空的权利，并获得它们对相关协议的支持。

JOA－030. 有能力对地区伙伴提供训练、补给、装备等援助，提升他们的介入能力。

十一、应用本概念的风险

在面对武装抵抗的情况下，应用本概念获得并维持作战介入，并不是没有风险的。

• 其中最大的风险是联合部队无法实现概念必备的协同。本概念的前提条件是跨域协同，但是仅仅联合各领域内的各军种能力，并不能确保实现协同。为了降低本风险，指挥人员必须深入了解现实状况，并有意识地为协同创造条件。这也就是说，指挥人员应该记住，实现协同本身并不能保证最后获胜。

• 同样地，联合部队或许不能达到必要的协调程度，从而可以有效地运用各领域的战斗力，这也不符合概念的核心前提。跨域发挥战斗力有赖于各领域之间的协调能力，这在不利的指挥控制环境下很难做到。降低这一风险需要有能力从各领域和不同军种获得相应的支持。

• 同样地，资源分配人员可能会对概念强调的跨域战斗力产生误解，认为建制性的自给自足已经变得不那么重要了。一旦指挥与控制能力受损，无法实现跨域整合，作战单位除了依靠自身的建制能力，得不到任何外部支持，所以这种想法是相当危险的。降低这一风险需要在建制能力和外部支持之间保持适当平衡，同时需要采取冗余等措施对诸如此类的外部支持提出请求并进行协调。

• 概念提出的条件偏好可能会误导指挥官和参谋人员，使他们在确定打击机制方面白白浪费宝贵的时间和精力，甚至是在敌人的性质或战斗条件已经对此有所提示的情况下，他们也不能及时把握。这一风险源自《联合战斗概念》，对本概念作出了错误的解释。按照这种解释，单纯依靠破坏活动是相当危险的，重点是要消耗敌人，为突破敌人的反介入/区域拒止防线，有必要进行任何形式的消耗活动。指挥人员首先必须对形势有清醒的认识，才能在这些机制之间保持平衡。

• 概念要求同步整合多领域、多战线行动，这种复杂性可能会削弱联合行动的效果。为了解决军事冲突，需要使相互之间的摩擦尽量简单，不必要的复杂性会导致不利后果，但是破除反介入防御的行动本身就是复杂的。指挥人员必须对这种紧张关系提高警惕，并尽力保持适当平衡。

• 概念要求精确的纵深打击以压制敌军的反介入和区域拒止武器，避免出现重大伤亡，但是从概念的时间跨度上来看，这可能是不太现实的。从目标情报和武器数量来看，在一定距离外对这类武器系统进行有效定位、瞄准和摧毁将会非常困难。如果不能压制敌军的系统，就很难成功执行这一概念。

• 概念无法获得后勤方面的支持。概念要求多个自给自足的作战单位独立开展行动，这给后勤活动造成了负担。然而，概念本身除了要求提高效率，并没有提供其他的直接补救措施。为了降低这一风险，指挥人员必须对概念强加的后勤负担保持清楚的认识，并准备作出相应调整。同样地，部队的研发人员必须找到办法减少全军的后勤需求。

• 在国防预算有限的情况下，概念很难得到经济支持。从总体上来看，这是一个资源密集型概念。对跨域协同的强调意味着要在较低层级上实现一定程度的相互依赖，这不仅需要有完善的指挥与控制系统，还要为这些部队的频繁训练提供大量资金。对分散式独立战线的强调，则要求拥有更多小而精的平台，同时也会提高运输与维护要求。反介入活动的性质要求联合部队有额外的组织力量，来承担与数十年前相比大得多的伤亡。

• 现有的国家政策可能不支持作战要求。本概念支持对敌人的反介入/区域拒止防线进行深入打击，而不是从周边逐层推进。有时候，这种要求需要深入他国腹地实施打击。但是现有的国家政策可能会限制这种打击，特别是在敌人把反介入/区域拒止系统部署在人口密集地区的时候，或是在敌人拥有核武器可能会造成冲突升级等战略后果的情况下。此外，本概念还要求在太空和网络领域提前展开准备行动。依照现有政策，可能不会得到这类行动的授权，特别是在危机发生之前更不可能获得授权。不管是在哪种情况下，降低风险都需要与决策人员进行合作，确保他们能准确把握作战要求。

• 在面对武装抵抗的情况下，获得并维持作战介入本身就是充满风险的。这种风险并非只针对本概念，在对立环境下的所有介入任务都会遇到这种风险。但是无论如何，我们都需要对此有所了解。未来的反介入/区域拒止环境要求接受更高的风险预期。对风险的预期不能鲁莽行事，深思熟虑和防护活动是长期要求。在没有危及到国家利益的时候，风险预期应强调为了减少伤亡所需耗费的时间和资源。但战争活动毕竟危险，只求规避风险的部队所养成的习惯，可能会让它们在面对投机、胆大妄为和甘冒风险的对手时处于劣势。因此，联合部队必须要不断地评估风险，同时也要在对手的决策周期中发现并利用机会，或者是创造机会。这种通过跨域协同获得的时机优势，正是反介入/区域拒止环境下降低风险的选择之一。

十二、结语

联合部队必须能够在面对武装抵制的情况下，为支持国家利益向任何作战区域投送兵力。这种挑战并不是新鲜事物，但却是近几十年来美国联合部队从未遇到过的。未来，这种行动环境将不断发生变化，克服反介入障碍的能力也将变得异常重要。尽管兵力投送的本质并没有改变，但是有三种趋势却会影响这一活动的开展：反介入/区域拒止能力的大幅提升与扩散；美国不断变化的海外防御态势；太空与网络空间成为日益重要的竞争领域。

为了应对这一挑战，未来联合部队将利用跨域协同建立联合领域优势，提供完成任务所需的行动自由。所谓“跨域协同”，是指对不同领域内的能力进行互补利用而非累计添加，以此提高每种能力的效能并弥补其他能力的不足。这一核心理念从广义上描述了联合部队在面对武装抵制的情况下，将如何赢得作战介入。还有一些支撑性的原则对此做了进一步的阐述。实施本概念会对所有联合职能产生影响，这就要求发展并落实那些必要的能力。这种做法对能力和力量的发展有着深远的影响。

（译者：解放军外国语学院副教授　潘蔚娟）

美国《国防预算优先事项与选择》*

美国国防部

2012年1月

> 我们制定的国防战略将实现国防事业重点由当前战争向未来挑战的过渡。它不仅会保护美国广泛的国家安全利益，还会推进国防部的改革和再平衡工作，以更少的国防开支迎合国家削减赤字的安全要求。
>
> ——《国防部战略指南》的简介部分，2012年1月

一、简介

（一）从新战略指南到预算选择

国防部制定现有战略指南的大背景是：10年战争接近尾声，技术和地缘政治版图不断变化，国家安全迫切要求削减赤字。国防部不仅以该指南为依据制定了2013—2017年度投资计划，而且按《2011年预算控制法案》的要求削减了国防开支，未来5年内削减2590亿美元，未来10年内大约削减4870亿美元。因此，国防部2013年度的资金要求是5250亿美元，2017年则会涨至5670亿美元。

* 原文出自 www. defense. gov/news/Defense_ Budget_ Priorities. pdf。

要想省下这笔钱很困难，但却是可以做到的。之所以困难，是因为我们不得不在以往那些神圣不可侵犯的领域，进行很多改变和削减。虽然从整体上来看，这些变化会让我们做到投资与战略重点、投资与预算目标的一致，但是每项变化都需要我们做出艰难的抉择。之所以可以做到，是因为尽管最后形成的联合部队规模更小、机构更简单，但仍可以保持其敏捷灵活、创新性强和技术领先等优势。这支联合部队的特点是：

• 适应性强，有能力威慑侵略并提供稳定的军事存在，特别是在亚太和中东的重点区域。与此同时，它有能力确保我们继续履行对欧洲及其他盟友和伙伴的防务职责。

• 拥有远征能力并可以快速部署，做到来之能战。

• 有能力进行国土防卫，为当地民事部门提供支持。

• 充分发挥我们在技术、联合和网络等方面的优势，发展尖端能力。

• 能迅速重建或发展必要的能力。

• 最重要的是，拥有一批高素质的专业人才。

（二）历史背景

每次重大冲突过后，美军都会大幅削减预算。虽然 2013—2017 年度的国防预算水平会逐年递增，但是与 2010 年达到最高值时相比，包括基地经费和战争成本在内的国防总开支大约下降了 22%，这还是减除了通胀因素后的计算结果。与此相比，国防预算在达到越战峰值和冷战峰值之后的七年时间里，其下降幅度大多也在 20%—25%之间。

尽管如此，和冷战后削减国防预算时相比，我们如今所面临的情况还是有很大不同。从好的方面来说，冷战结束后的预算削减大多集中于基地防御，而根据新计划，这方面的预算仍将在 2013

年后保持与通胀因素大致相抵或略高于其的水平。如今，国防总开支水平主要是在战争需求上有所下降，其表现是海外突发军事行动（OCO）的预算水平更低。从不好的方面来说，冷战后美国削减国防预算主要是因为其军事对手的实力被严重削弱，而如今美军所面临的问题是仍需在阿富汗作战、在其他区域对抗暴力极端主义并应对多种新型安全挑战。此外，在冷战后削减国防预算之前，美军曾用十年时间进行了国防建设，重点强调军备采买和军队现代化，最终形成的结果是：尽管美军的装备库存在数量上不如以前，但从质量上来看，大多都是相对较新、技术一流的新式装备。相比之下，尽管过去十年我们在基地防御、包括武器开发和采购等方面增加了预算，但在未来数年我们仍需填补美军在现代化项目上的重大空白。

> 我们将抵制住诱惑，不会为了保留编制而轻易放弃战备。事实上，我们还会在过去十年迫不得已削弱的领域重建战备。
>
> ——《国防部战略指南》，2012 年 1 月

我们在制定本预算时努力避免重蹈覆辙。在以往的削减过程中，我们试图维持预算范围外的编制力量，结果却忽视了战备，导致整支部队沦为空架子，需要连续投入多年才能恢复到原来的水平。就战备而言，过去十年来我们一直强调有能力遂行反叛乱行动，而现在美军还必须发展其他必要能力，以应对更为多样化的对手和任务类型。

要想在打了这么多年仗以后还能保持相应的战备水平，就需要对战争耗损的武器装备进行重置。虽然本预算力求满足所有这些强制性要求（而且是存在竞争关系的要求），但是我们需要长期关注的还是武器装备。

（三）全面、平衡的一揽子计划

在国防战略的指导下，我们完成了预算计划的整套流程，没有疏漏任何部分。这份计划不仅内容全面而且保持了适度的平衡。如果说想保留必要的能力来保护国家并完成国防部授予的任务，我们并不能对这份计划做任何改动。因为在某处所做的改动难免会影响其他内容，为抵消这些影响，又需要作出相应调整，结果是破坏了整个计划的平衡。这份计划的主要内容涉及三个方面，也是本文三大章节的标题：

- 更加自律地使用国防经费；
- 以战略需求为依据调整部队编制和现代化项目；
- 实行全志愿兵役制。

二、更加自律地使用国防经费

> 国防部必须继续降低“业务成本”……，随后还要进一步承担风险，以满足这一战略的要求。
>
> ——《国防部战略指南》，2012 年 1 月

在制订总统 2013—2017 年度预算请求的时候，我们首先考虑的是国防部可以削减哪些超支的管理费用、作战开支和人力成本，国防部从哪里才能购得性价比更高的武器系统和服务。国防部的领导对美国纳税人上缴的美元精打细算。尽管有预算压力，他们也必须采取上述行动。显然，我们在这方面省下的经费越多，部队需要裁减的编制、抚恤金和现代化项目就越少。

这方面的行动早在 2010 年便已开始。当时要求三军总部、国防

部各机构、各作战司令部以及国防部长的参谋人员，共同努力在5年时间里省下1500多亿美元。这就没给2013—2017年度削减2590亿美元这个新目标留下太多余地。尽管如此，我们还是找到了600亿美元的节余项目。这些项目包括；

- 更为娴熟的缔约技巧，以增加竞争、降低成本并提高性价比；
- 更好地利用信息技术；
- 更好地利用商业系统和企业系统；
- 精简人员；
- 限制公务旅行；
- 改进库存管理；
- 减少以合同招商承办的服务；
- 推迟某些军事建设计划，使未来部队获得与其规模及态势更为配套的设施；
- 降低文官工资计划内的增长幅度。

除了在效率开支和业务经费上大概省下600亿美元，我们还终止了部分绩效欠佳的计划，稍后会对这些计划进行详细论述。

接下来要阐述的是些部队缩编方面的建议，这也同时说明了我们有必要减少军事设施的基础建设。由于本次预算陷入财政困境，我们无法维护需求范围以外的基础设施。为此，总统可以要求国会授权启动基地重组与关闭（BRAC）程序，目的是尽快确定节余项目，并把省下来的经费用于更重要的项目。

三、以战略需求为依据调整部队编制和投资计划

> 这份战略指南……勾画了2020 年联合部队的发展蓝图。它不但为将来确定投资计划和预算周期中的部队编制提供了一系列指导原则，还强调了与此相关的战略风险。
>
> ——《国防部战略指南》，2012 年1 月

如果部队不缩编，如果不推迟、不减少、不在某些情况下终止某些投资计划，就不可能达到《预算控制法案》提出的削减要求。这份战略指南是我们削减预算的重要依据。它能把相关风险降到最低，让我们有能力在未来安全环境下保护美国的利益。

每项预算决定都可能在战略、军事和项目等方面存在相关风险。国防部的领导和负责具体事务的专家对这些风险进行了评估，主要依据总统在战略指南中所列出的五项基本原则：

第一，再平衡。在维持其他地区重要同盟和伙伴关系的同时，把部队编制和投资计划的重点放在亚太和中东地区。

第二，调整部队规模。目的是让部队在打败某一战区主要对手的同时，有能力在其他地区制止侵略或迫使对手付出难以承受的代价。

第三，保留重点投资项目。目的是确保技术领先优势、发展未来急需的能力，包括对抗反介入威胁的能力。

第四，调整部队编成。执行长期大规模稳定行动不再是现役部队编成的主要依据，但会考虑留用一批实战经验丰富的专业人才。

第五，合理安排调整计划。对上述重大调整进行统筹规划，目的是在将来情况有变的时候，也能在最短时间内恢复或重新生成能力。

（一）向亚太与中东地区的再平衡

1. 亚太和中东是战略重点

> 在继续致力于全球安全的同时，我们必定会向亚太地区再平衡……我们还会把重点放在美国及其盟友在中东地区的军事存在，并继续向中东及其周边地区的伙伴国提供支持。
>
> ——《国防部战略指南》，2012 年1月

在亚太地区，我们会在维持地面部队存在的同时，重点关注空军和海军。在中东地区，过去这十年来我们一直关注地面部队作战。由于我们的地面部队正逐步向阿富汗当局移交安全职能，其军事存在也正重新调整为平时状态。随之而来的是海上态势在该地区的重要性不断上升。为此，我们采取了下面这些措施：

- 维持轰炸机联队的现有编成；
- 航母编队仍然由 11 艘舰艇和 10 支空中作战联队组成；
- 维持大型两栖登陆舰队；
- 维持太平洋地区的陆军和海军陆战队编制，同时保持在中东地区的持久存在；
- 计划在新加坡部署沿岸战斗艇，在巴林部署巡逻机；
- 发展可以提供中途补给的海上基地，以便在无法设立陆上基地的区域，对反地雷作战等任务提供支援。

我们必须投入适量资金，确保这些部队获得所需的能力。只有这样，我们才能克服先进的反介入技术，确保我军享有充分的行动自由。为了维持美军在竞争领域的兵力投送和空中快速打击能力，我们加大了部分项目的投入或是保留了部分发展项目。这些投资项目包括：

• 发展新型轰炸机；

• 增加未来弗吉尼亚级核潜艇的巡航导弹容积；

• 开发从潜艇进行常规快速打击的能力；

• 升级战术飞机和舰艇上的雷达系统；

• 改进空空导弹的性能；

• 发展新的电子战能力和通信能力。

为了让上面这些重点投资项目获得足够的资源，我们会放慢新舰艇的建设进度并加快现有舰艇的淘汰进程，以便减少舰艇的数量。这些措施包括：

• 提前淘汰 7 艘巡洋舰。其中有 6 艘不具备弹道导弹防御（BMD）能力，还有 1 艘虽然具备弹道导弹防御能力，但舰体需要修理且维修成本很高。

• 每年增加 1 艘大型两栖登陆舰（LHA）。

• 在未来年度国防计划（FYDP）外，新增 1 艘弗吉尼亚级核潜艇。

• 在未来年度国防计划内再减少 2 艘沿岸战斗艇。

• 在未来年度国防计划内再减少 8 艘联合高速船。

• 在未来年度国防计划外再提前淘汰 2 艘小型两栖登陆舰（LSD），并代之以计划外舰艇。

我们认为在削减战术空军部队时，国防部可以撤销 6 支战斗机中队（共有 60 支）和 1 支训练中队，因为这么做所需承担的风险最小。我们之所以缩小空军编制，不是为了让飞机满足“特定”需求，而是为了让飞机有能力执行多样化任务。最终，这支空军部队将有能力执行国土防卫等要求极高的应急任务。

2. 欧洲与全球伙伴关系

> 现在，大多数欧洲国家已不需要我们提供安全保护，而是可以自觉地维护安全……为此我们也需要改变在欧洲地区的防御态势。
>
> ——《国防部战略指南》，2012 年 1 月

为了履行对北约盟友的职责，我们会继续投入相关资金。按照陆军转型的总要求，我们会调整地面部队在欧洲的防御态势，包括撤走部署在这一地区的两支重装甲旅。尽管如此，国防部会继续履行北约第 5 条所规定的义务。为了确保和盟军之间的互操作性，我们会把驻守在美国本土的 1 个旅调配给北约反应部队，还会以训练和演习为目的把本土部队轮流派往欧洲地区。我们还会把具有弹道导弹防御能力的舰艇派驻到西班牙的罗塔。

我们将努力成为全球范围内最值得信赖的安全伙伴，寻求和更多国家建立地区伙伴关系，包括非洲和拉美地区。只要可能，我们会借助演习活动、轮流存在和自身的咨询能力，开发出一些成本低、占用资源少的新手段，实现我们的安全目标。我们仍会努力发展重点伙伴关系，其中包括：

- 北约的“灵巧防卫”（Smart Defense）计划，比如“联盟地面监视”（Alliance Ground Surveillance）项目；
- 国民警卫队的国家伙伴关系项目；
- 5 所为国际学生提供交流机会的地区战略研究中心；
- 作战司令部（COCOM）的演习和交流项目，目的是让伙伴国参加演习；
- 和国务院联合成立的全球安全应急基金（Global Security Contingency Fund）；
- 安全部队援助项目。

美国在“9·11”事件后发动了两场战争，现在战争已进入尾

声，我们又迎来了一轮预算削减。这轮削减要求我们派更多的特种作战部队与地区伙伴合作。美国陆军尽管会从欧洲地区撤走 2 支重装甲旅，但仍将在当地建立并保持轮流存在，借此契机和盟友及伙伴一起训练。不仅如此，陆军还将对各旅级战斗队进行语言和文化的相关培训，以满足各地区作战司令部的需求，在当地塑造更有利的安全环境。

（二）对抗侵略

> 由于美国在很多地区都拥有重要利益，为此我们必须有能力威慑并击败对手伺机发动的侵略，哪怕我军同时还在其他地区执行大规模作战任务，我们也必须有这种能力。
>
> ——《国防部战略指南》，2012 年 1 月

部队缩编势必会造成我国在各地作战部队的规模更小。为此，这份战略指南提出部队应另辟蹊径，摒弃冷战后为“两场战争”而备的编成方式。我们在某战区执行主要作战任务的同时，还必须有对抗他国侵略所需的作战力量，要么对它进行威慑，要么强迫它付出难以承受的代价。我们之所以调整部队编成，是因为美国在太空、网络空间、特种作战和精确打击等能力上占有优势，借助这些优势进一步发展作战概念，美国就能在不断变化的冲突中获胜。

这份战略指南强调部队有自我部署和快速部署的能力，可以投送兵力并执行多样化任务。如此看来，我们有必要维持现有的航母、轰炸机和大型两栖登陆舰。另外，美国海军陆战队在逐步撤出阿富汗后，将主要发挥其海上优势，对各地出现的危机做出快速反应。虽然上面这些选择符合新战略的要求，即把重点放在亚太和中东地区，但是在美国国家安全或重大利益遭受威胁的其他一些地方，这些选择同样适用。

1. 机动飞机的影响

这份指南特别强调部队有能力在行进中迅速移动位置，或是在冲突发生地驻有部队，以便威慑侵略并作出必要的响应。指南认为，我们不需要保留原有的空运能力，支持同时发生的两场大规模地面战役。当任务要求存在竞争关系的时候，我们可以按任务的轻重缓急分阶段部署行动。空中机动的相关研究表明，美国空运联队拥有的运输能力明显过剩，因此我们会缩小联队规模：

- 淘汰 27 架老化的 C－5A 运输机，还剩 52 架 C－5M 和 222 架 C－17；
- 淘汰 65 架服役年限最长的 C－130，还剩下 318 架；
- 出让 38 架 C－27。

上面这些措施不但减少了不同类型运输机的数量，而且终止了过剩飞机对运转、维持和维修所提出的需求，符合新战略的要求。国防部可以采取这些措施，精简我们的空运联队并实现标准化作业。这样一来，我们在为一场大战提供空运援助的同时，仍有可用的空运力量转移其他能力。

实例：

新战略强调灵活性和适应能力。我们曾以为在阿富汗那样的艰苦环境下，C－130 可能没法有效行动。为此，我们研发并购买了 C－27J，以便借助其“特定”能力直接向陆军提供紧急需求。然而，现实情况是，C－130 并没有在阿富汗的行动中受到预期的机场因素的制约。不仅如此，我们还预计在未来想定中，这些制约因素也不会造成太大影响。既然我们的 C－130 库存充裕，目前持有并操作它们的成本更低，我们再也用不着并且再也负担不起发展 C－27J 飞机那样的“特定”能力。空军和陆军将确立与直接支援相关的联合条令。

2. 战略威慑

我们将在新战略的指导下，维持一支安全、可靠且有效的核威慑力量。本预算保护了“三位一体”的所有 3 个支柱——提供常规威慑和核威慑的轰炸机、洲际弹道导弹（ICBM）以及弹道导弹潜艇。为了达到这个目的，我们会购买一种新型轰炸机。我们还会推迟 2 年更换俄亥俄级核潜艇，但要确保不会因此破坏和英国的伙伴关系。推迟会让我们在未来面临更大挑战，因为要想在 21 世纪 30 年代维持现有的海上防御态势，肯定会比现在更困难，但是我们相信我们可以驾驭这个风险。目前，白宫正在对核威慑进行评估，看是否有可能用不同的核力量来维持我们的威慑。

（三）保护能力发展和投资计划

> 联合部队……将充分利用我们在科技、联合和网络上的优势，发展尖端能力……
>
> ——《国防部战略指南》，封面备忘录，2012 年 1 月

近些年来，我们的部队从军事冲突中吸取了不少经验教训。虽然未来我军的规模会更小，但是它将利用这些经验教训和发展出来的新技术，对抗最致命和最具破坏力的威胁。为了满足新战略所提出的要求，我们需要在一些重点能力上加大投入的同时，在其他能力上维持现有水平或是进行相对较小的削减。我们需要加大对一些重点能力的投入，同时维持或减少现有的其他能力。如果优先在重点能力上投入了资金，我们难免要进一步减少对其他能力的投入。

1. 对抗恐怖主义

鉴于我们仍会在全球执行对抗恐怖主义的作战任务，我们保留

了那些擅长执行本任务的作战力量：

• 特种作战部队——不但对美国及伙伴对抗恐怖主义的行动至关重要，而且是在执行多种应急任务时所不可或缺的。

• 无人机系统——给美国空军配备足够的基础设施、武器平台和工作人员，保障 65 架 MQ－1/9 "捕食者" 无人机完成战斗空中巡逻（CAP）任务，最多时需要保障 85 架 MQ－1/9；延长 "捕食者" 这种机型的留用时间，借此我们可以缓购 "收割者" 机型并省下一笔开支；我们还保留了陆军 "灰鹰" 无人机系统的投资计划。

• 海基无人情报、监视与侦察（ISR）系统，比如 "火力侦察兵" 无人机。在没办法设立陆上基地的情况下，这些都是重要的情报、监视与侦察资产。

• 先进的情报、监视与侦察系统——这种新型无人系统拥有更多的能力。

2. 网络作战

新战略强调网络作战的重要性正不断上升。因此，网络是我们实际加大投入的少数几个领域之一，包括防御和攻击能力。

3. 力量投送

这份战略指南重点强调我们投送力量的能力。为此，我们需要保护的能力有：新型轰炸机、升级小直径炸弹、航母、水面战斗舰艇现代化和网络能力。对于那些在拒止环境下允许我们投送力量的能力，我们也给予保护。除了之前讨论的那些，比如发展新型轰炸机和增大未来潜艇的巡航导弹容积，我们还需要保护反潜战能力和扫雷能力。

4. 导弹防御

导弹防御计划提供的能力可以捍卫我们的国土，支持我们的盟友，保护在世界各地作战的美国军队。尽管这个领域很重要，但是我们无法保全所有项目。我们保留了国土防卫项目和欧洲导弹防御的分阶段适应方案，后者旨在保护我们的盟友。我们削减了可部署地区导弹防御计划的部分开支，并甘愿承担部分风险，未来我们会加大对盟友和伙伴的依赖程度。

5. 太空系统

太空系统对我们的监视、通信、定位和联网等能力都很重要。因此，我们保留了全球定位系统（GPS）升级、天基红外系统（SBIRS）和先进极高频（AEHF）卫星等项目。

6. 对抗大规模杀伤性武器

我们不仅保留了这个方面的投资项目，而且新增了生物武器投资项目。

7. 科学与技术

国防部认为技术的发展速度和威胁环境的变化速度都在加快，这就要求我们必须保留那些发展未来所需能力的项目，以便保持我们的优势地位。正因为如此，这份预算基本保留了所有科技项目。

（四）合理的削减/相应的风险

> 我们力求按照能力需求的轻重缓急，合理地安排投资项目。
>
> ——《国防部战略指南》，2012年1月

为了优先发展那些重点能力，我们对以下这几类项目进行了实

质性削减：

1. 存在日程、成本、绩效等问题：

• 联合攻击战斗机（JSF）——JSF 测试项目同时存在这三种问题。我们会放慢 JSF 的采买进度，以便进行更多的测试和改进。之所以在大批量采购 JSF 之前这么做，是因为要把并发性问题的风险降到最低。

• 陆军地面战车——因有人反对被推迟，因此给其他重点项目挪出了可用资金。

• 联合对敌攻击巡航导弹防御升级网络传感器系统（JLENS）——考虑到成本和作战机动性问题被缩减。

2. 提供或增加的能力现已存在，但成本却要高得多：

• 联合空对地弹药（JAGM）——被大幅削减，只给价格低廉的替代品，如“地狱火”保留了少量资金。

• Block 30“全球鹰”——已终止（见下文实例）。

3. 在正式服役前并无相关需求：

• 国防气象卫星系统（DWSS）——由于没有这方面的需求已被终止。

• 陆军航空兵——把直升机现代化项目推迟 3—5 年。

4. 被认为是超出了战略要求的范围：

• 商用卫星成像——由于容量超出所需，故而减少了购买量，但其不断上升的覆盖率仍将导致今天的能力无法满足其容量的要求。

• 高机动多用途轮式车（HMMWV）——终止升级计划，集中现代化项目的资源来发展联合轻型战术车辆。

实例：

Block 30“全球鹰”项目的初衷是提供基本与 U-2 无人机相同的能力，减少购买和操作的费用。进入成熟阶段后，该项目并没有省下这些成本。未来，Block30“全球鹰”的作战成本和 U-2 的区别不大。在这份 5 年预算方案中，“全球鹰”项目的成本会远远高出 U-2，所以我们取消了 Block 30“全球鹰”项目并延长了 U-2 项目。尽管这是个非常令人失望的结果，但是我们在 Block 30“全球鹰”项目上的经历会对其他“全球鹰”项目提供帮助，如空军的 Block 40“全球鹰”、北约的联盟地面监视（AGS）和海军的广域海上监视（BAMS）等项目。

（四）部队编成不以长期稳定行动为依据

依据规划的设想，我们的部队……能够保护领土和人民安全、促进向有限小规模稳定统治的过渡……（但是）美国部队的编成不再是为实施长期大规模稳定行动。

——《国防部战略指南》，2012 年 1 月

为了响应阿富汗战争和伊拉克战争的要求，现役陆军的目标员额增加了 9.5 万，海军陆战队则增加了 3 万。美国已经结束了在伊拉克的军事任务，正在阿富汗进行安全移交。“9·11”事件后，陆军人数在 2010 年达到了最高值 57 万。在这份预算里，我们计划把这个数值降到 49 万，现役海军陆战队人员从 20.2 万这个最高值降到 18.2 万。陆军计划从现有编制中撤掉 8 个旅级战斗队，然而未来陆军的编成情况现仍处于评议阶段。即便是做了这些削减，陆军和海军陆战队的规模还是要比 2001 年时大。

美国预期不会参与长期大规模稳定行动，这种行动要求的是一支可轮流部署的大规模力量。尽管如此，我们并不能在中短期内排除这种可能性。如果真得打这么一仗，我们会动员预备役部队，逐步达到现役部队的目标员额。另外，即便是在这种人数少的情况下，陆军、海军陆战队和美国特种作战司令部还是会采取措施，争取留用一批在安全部队援助和反叛乱培训方面经验丰富的专业人才。

这些经验教训同样适用于装备采买。例如，在陆军和海军陆战队的现代化目录里，我们会把非常规战争环境下获胜和生存所必需的部队运输车包括在内。

（五）保留未来调整的可能

> “可逆性”这个概念……是我们政策决定的一大要点……国防部将用下面这种方式管理部队：确保部队可以重新生成必要的能力，以便满足未来无法预料的要求；维持知识资本和军事层级结构，以便在扩充部队时获得必要的能力。
>
> ——《国防部战略指南》，2012 年 1 月

今天，我们在部队编制和现代化项目上进行了诸多调整。未来，我们有可能需要进一步调整或恢复部队编制和项目。为此，我们需要尽量保留相关能力，以备明日之需。在总员额均有所下降的情况下，陆军和海军陆战队都在努力留用中级军官和中级士官，目的是保留一支资历较深的部队。陆军将保留基本的编制体制和培训力量以备不时之需。倘若未来我们必须迅速恢复部队规模，拥有经验丰富的领导干部和组织体制是十分必要的。

1. 预备役部队

现在，我们缩小了现役部队的规模，这就要求我们的预备役部队必须具有一定能力并处于战备状态。这份战略指南提出了可逆性概念，强有力的预备役部队正是这个概念的主要内容之一。因此，我们只对陆军的预备队和国民警卫队做了不大的削减，并且没有对海军陆战队预备队做任何削减。此外，我们会充分利用作战经验，在国民警卫队和预备队建立一个模拟战备状态逐步升级的系统，以便在作战动员前维持更高水平的战备状态。我们会特别注意保留关键的战斗支援能力和战斗勤务支援能力，前者如维护能力，后者如预备役部队有能力处理民政事务以保持更高水平的战备状态。同样地，空军会对其现役部队与预备役部队的规模进行平衡，包括削减飞机和人力，调整空勤任务和设施装备的配置情况，以便长期维持预备役作战部队。通过加强现役部队和预备役部队之间的联系，空军也可以提高其预备役力量的战备水平。

2. 工业基地的技能

就军用系统的设计和制造而言，国内有些制造商所拥有的关键技能，其他单位未必能够复制，也没法快速再生。为了支持新战略所提出的可逆性概念，这份预算计划尽量维持这些工业基地。尽管如此，未来我们还是要认真监察工业基础。以新增海上中继站为例，它不仅可以解决当前的燃眉之急，还能在短期内帮助维持造船业。另外，未来年度国防计划削减了舰艇采买项目，新增海上中继站还可以缓解由此带来的影响。

四、实行全志愿兵役制

> 全志愿部队的军人展现了他们的多样化能力、适应能力和奉献精神……国防部在缩小部队规模的同时，会考虑到［他们］所做出的牺牲和贡献。
>
> ——《国防部战略指南》，2012年1月

全志愿兵役制是我军的基础，对我国的安全至关重要。但是在过去这十年里，军队人力成本正以一种无法承受的速度上涨。如果把战时拨款或海外突发应急作战拨款也包括在内，那么自2001年以来，军队的人力成本已经翻了一番，减除通胀因素约上涨了40%。然而，军队的全日制人员，包括转为现役的预备役，在同一阶段只增加了8%。如果只考虑基础预算（也就是说，不包括战时拨款或海外突发应急作战拨款），这一阶段的人力成本几乎上涨了90%，减除通胀因素约上涨了30%。然而，全日制人员大约只增加了3%。

为了避免再对部队编成和投资计划进行难以接受的削减，使我们克服预算困难执行新战略的能力不受威胁，国防部在解决人力成本上涨问题的同时还要牢牢记住：

- 美军的核心是我们的全志愿部队；
- 军队生活需要面对特殊的压力和挑战；
- 过去这十年的战争部署，对很多部队人员及其家人提出了非同寻常的要求。

（一）伤残军人、军属以及处于过渡期的老兵

这份预算或维持或增强了重点保障项目，同时对其他项目进行

了改造和重组，以便使项目更加有效、更能响应部队人员及其家人的需求：

• 伤残军人——增加基地和海外突发应急作战的预算经费，以增强伤残评估一体化系统。

• 过渡期援助——对所有服役人员的过渡期援助项目和过渡流程进行改革。主要借助一项由国防部和退伍军人协会（DoD-VA）共同推出的计划，该计划关注教育、技能培训、工作安置和创业准备，旨在增加就业机会和就业准备。

• 军属保障——保留、拓展或完善行之有效的项目，包括非临床咨询顾问、婚姻保障、新患者支架、以及为返回部队提供的减压娱乐等计划。

• 心理保健——保留并实质性地拓展特别有效的项目，比如那些处理外伤性脑损伤和创伤后应激障碍的项目。

• 预备役部队保障——国防部的黄丝带合并项目在动员周期的各个阶段，向预备队和国民警卫队的队员及其家人和雇主，提供服务并推荐人选。

• 国防部直属院校——修复设施并配备现代化设施。

• 军需供应系统——维持军需品的现有数量和供应。

（二）抚恤金和福利

谈到抚恤金和其他人力成本以及部队福利上的开支，和这笔开支在国防总开支中所占的份额相比，这份预算在这笔开支的增长率上所削减的金额要小得多。目前，抚恤金和福利上的开支约占国防预算的1/3；然而，我们在抚恤金和福利上所做的改动大约只牵涉到预算总体削减金额的1/9。

过去十年，那些在部队服役并作出贡献的人们承受了巨大的战争部署压力。现在，这种压力变小了，征兵和留用的需求也得到了缓解。我们终于有机会用一种公平、透明的方法处理人力成本问题，这种方法还要和国防部的主要职责——保护国家——保持一致。美国部队的军事领导人对这些建议提供了大力支持。

1. 军队工资

我们非但没有减少军队工资方面的开支，而且为2013—2014年度全面上涨工资预留了充足的开支，以便和私营部门的工资上涨保持同步。从2015年开始，工资的上涨幅度会更有限，我们将借此省下一部分人力成本。在这些建议变为现实之前，我们会提前告知部队人员及其家人。这样，我们就能在后面几年省下钱来用于部队的编制和现代化项目。尽管如此，在未来年度国防计划中，部队人员每年看到的都会是工资上涨。

2. 医疗保障

与国防预算的其他部分相比，军队医疗保障会快速增长。这份预算所做的多数修改都不会影响现役军人及其家属。在医疗保障的所有改动中，我们都没有涉及因病退休人员和烈士遗属。65岁以下仍在劳动年龄的退休人员受到的影响最大，因为他们仍有可能被民用部门雇用。这些修改建议包括：

- 在军队医疗系统（TRICARE）项目里，进一步增加65岁以下退役人员的注册费用。我们在退休工资的基础上把注册费用划分为不同等级，退休人员的级别越高，需要支付的注册费用就越高。最终，这些费用还是会比民用部门同等级别的员工低得多。

- 终生军队医疗系统项目保障的是65岁及以上的退休人员，我们新增了项目的注册费用，用的也是上面那种划分等级的办法。最终，这些费用还是会比民用部门同等级别的员工低得多。

- 鼓励使用非专利药物和邮购药物，用这种方式增加需共同支付的医药费。

3. 退休金

我们会要求国会建立一个委员会，其性质是和基地关闭与重组委员会（BRAC）一样的权威机构。这个委员负责联系全军发放抚恤金的情况，对军队的退休计划进行全面评估。委员会将提出修改建议，以便用一种划算的办法满足国防部的人事需求。有些现仍服役的人员选择提前领取退休金，国防部会为保护这些人的退休金提供大力支持。任何改革只应该对未来的新兵产生影响。

五、结语

为了在《预算控制法案》的种种限制内提供一支平衡的部队，国防部显然需要作出艰难抉择。这些预算削减并不是没有风险的，但是这些削减却是在合理战略的指导下，经过深思熟虑后审慎做出的。2013 年度预算为我们的适应过程指明了方向，那就是 2020 联合部队。尽管这支部队的规模更小、机构更简单，但各军兵种仍将利用一流技术，保持部队的敏捷性和灵活性，做到召之即来、来之能战。它仍然会是全世界最强大的部队，完全有能力在以后的日子里保护美国的国家安全并维护美国在全球的领导地位。

（译者：解放军外国语学院副教授　潘蔚娟）

英国《2012—2015 年度国家反扩散战略》*

一、我们为何需要国家反扩散战略

化学、生物、放射性与核武器及其运载系统的扩散是一个巨大挑战，给英国国家安全造成严重威胁。这些威胁包括来自恐怖分子或危险国家对英国的核生化攻击，或是国际军事危机。同样，对于那些处于行动中的英国军队，常规武器系统也构成明显威胁。降低这些风险需要一个综合全面的反扩散方法。

《国家反扩散战略》（The National Counter Proliferation Strategy）为本次战略制定活动提供了框架。我们的做法主要是是聚焦国际，比如在重点国家与战略伙伴配合，或者通过有章可循的国际体系开展活动。而确保我们国内拥有合适的管制和适当的安全防护也是关键所在。

（一）一个基于风险的方法（risk-based approach）

《国家安全战略》采用基于风险的方法，对政府的国家安全响应进行优先排序。反扩散工作对降低几项最为严重的国家安全风险是

* 原文出自 http：//www. fco. gov. uk/resources/en/pdf/global-issues/weapons-proliferation/counter-proliferation-strat。

至关重要的。这些已经确认的风险分别是：

风险一：恐怖分子对英国及其利益，包括对英国军队的化学、生物、放射性或核武器攻击。

“基地”组织长期渴望获得并使用核生化装置。如果没有全球在减少相关材料和信息安全漏洞上的持续努力，恐怖分子将很有可能在某一刻掌握核生化能力。

风险二：国际军事危机。

核生化及常规军事技术向各国的扩散，以及各国对现有能力的提升，都有可能增加不稳定，造成突发性国际军事危机，或者激化此类危机的后果，其中包括对英国已部署军队所造成的后果。

风险三：国家（或其代理）对英国或英国海外领土的核生化攻击。

尽管目前针对英国的核生化攻击威胁很小，但保持监控能力依然非常重要，我们要防止其他国家核生化升级的可能，维持我们对攻击的防御能力，引导全球致力于强化有章可循的国际秩序，迄今为止这一秩序有助于限制核生化持有者的数量。

（二）我们的目标

我们致力于通过下列方式减少扩散风险：

杜绝恐怖分子获取核生化材料和技能的渠道；

防止相关国家获得常规或核生化武器及其运载手段，这些都将威胁稳定，同时威胁英国的切身利益，包括我们的海外驻军；

维持、加强并扩展有章可循的反扩散国际体系，这一体系由各种条约、制度和组织构成，为全球安全和繁荣奠定了基础。

二、我们的工作重点

我们重点针对四大类行为体展开活动：

• 在核生化信息和材料方面存在安全漏洞的国家；

• 有发展核生化或先进常规武器能力或意图的国家；

• 积极地或无意地向有关行为体提供或输送核生化武器、运载系统和常规武器或相关技术的国家；

• 我们能与之合作以实现改变的伙伴国及多边组织，其中包括联合国、八国集团、北约和欧盟。

（一）存在核生化安全漏洞的国家

许多国家拥有大量核生化材料或技能，或者拥有重要的核生化技术基础，一些国家还拥有核生化武器。我们评估认为，其中若干国家的安全漏洞会使得非政府组织更容易获得这些能力并用于不法目的。

（二）有能力或意图发展核生化或先进常规武器的国家

一些国家拥有核生化武器和先进的常规武器，它们还拥有运载系统计划——或是意在获得新的能力，或是为了改进现有技术。这些都会造成区域的不稳定，引发军备竞赛或招致区域大国或世界大国的军事反应。这将会增加威胁英国及其海外利益的风险。

尽管伊朗声称其核计划用于和平目的，但由于该国近年来的行动，世界仍然严重关注其核计划的军事性。我们将继续遵循接触和制裁的双轨战略。我们还将持续关注朝鲜的扩散活动，继续敦促朝鲜避免采取进一步挑衅行动，重启与国际社会的对话。

在我们承诺防止此类武器扩散的同时，继续提倡和平利用核能，该权利体现于《不扩散核武器条约》之中。

（三）可能提供或输送对安全构成威胁的材料和技术的国家

对于那些承认或被认为拥有核武器能力或生化技术和材料的国家，必须实行管制以防止更多国家获取核生化武器。我们希望，所有这些拥有军民两用技术的国家都愿意并能够防止泄露。

全球化加速了贸易和知识的流动，我们更难以识别那些用于相关武器计划的货物与技术。我们单靠自身无法停止这种交易，因此需要联手各贸易中心来加强管制。

（四）我们可以与之合作以实现改变的伙伴国和多边组织

在联合国、八国集团、北约、欧盟等多边环境中，我们与最亲密的国际合作伙伴一道努力，在特定国家和有章可循的国际体系中实现改变。

三、我们所寻求的改变

有章可循的国际体系是一个由各组织、特别小组、条约及机制构成的网络，这一网络经过80年才得以建立，其间它成功限制、甚至有助于减少那些拥有或寻求获得大规模杀伤性武器或其运载系统，或先进常规能力的国家数量。在发展这一有章可循的国际体系方面，我们将努力做到：

- 加强对诸如《核不扩散条约》、《生物和毒素武器公约》及《化学武器公约》等不扩散条约的国际承诺；
- 引领核安全峰会、八国集团全球伙伴关系（G8 Global Partnership）等组织，这些组织正在切实改进核生化安全状况；
- 为国际原子能机构、禁止化学武器组织等国际监督、核查机构提供资金、技术和外交支持；
- 加强对现有义务和出口管制机制的执行，采用非强制性准则，同时制定、落实《全面禁止核试验条约》、《武器贸易条约》、《裂变材料禁产条约》等新的条约机制；
- 以我们自身的国内安全措施和出口管制为例，在国际上以身作则；
- 确认、寻求共识以减少国际架构内的分歧；

为此，我们还需要：

- 致力于鼓励各国提高核安全与生物安全，确保敏感科技不被有敌意者所滥用；
- 通过帮助他国更严格地实施制裁和出口管制，从而瓦解扩散网络；
- 与银行一起识别幌子公司、冻结资产，以此支持国际社会应对反扩散的资金问题；
- 解决运载系统的供应问题；
- 促进核能源的和平利用。

四、我们正如何实现变化

我们正利用外交网络来加强对重点国家中包括政府、企业和民间团体在内的各类政策驱动者的理解和影响。我们在国际机构和国际组织的代表团，尤其是在维也纳、纽约、日内瓦和海牙的代表团，在发展、加强和维护有章可循的国际体系上正发挥着至关重要的作用。

我们的出口管制和执行能力使我们减少了材料误入敌人之手的风险。我们正积极维护一个健全、有效的国家出口管制机制，并努力提高国际出口管制。我们正为具有法律约束力的《武器贸易条约》获取国际支持而努力，以此规范常规武器的国际交易。

我们已将目标优先排序，以确保能充分利用有效资源。我们正向合作伙伴提供技术和资金援助以切实增强其材料和技术诀窍安全；我们正促进交流并提供培训，帮助合作伙伴参与反扩散并培育其相关能力；我们继续保持在反扩散、军控和核生化安全方面的技术和科学技能。

由首相主持的国家安全委员会，最终负责监督这一战略的实施。我们将定期测算、评估、汇报其进展情况，其中包括向议会汇报国家《战略防御和安全评估》（Strategic Defence and Security Review）的贯彻情况。

（译者：解放军外国语学院助教　王瑜）

2012 年度《日本的防卫》防卫白皮书*

防卫省和自卫队

2012 年版防卫白皮书刊行寄语

防卫大臣　森本敏

我国与周边各国在经济和文化方面的联系不断加深的同时，我国周边安全保障环境也在日趋严峻。

朝鲜，以金正恩为中心的新体制在短时间内建立，并于今年 4 月强行发射了声称是“人造卫星”的导弹。中国，在继续增加军费、广泛并迅速推进军事实力现代化的同时，在我国近海等海域的活动也愈发活跃。俄罗斯的舰艇和飞机在远东地区的活动也呈现日益活跃的趋势。

此外，纵观国际社会整体，频发的地区纷争、恐怖主义等非对称威胁给各国人民带来巨大的惶恐，核、生物、化学武器等大规模杀伤性武器以及那些为了搭载这些武器而进行的转移和扩散弹道导弹的行为，都正在成为亟需解决的问题。

面对如此的安全保障环境，在推进我国防卫和安全保障政策之时，必须尤其重视以下几方面的内容：

---

* 原文出自 http://www.clearing.mod.go.jp/hakusho_data/2012/2012/pdf/24_Boei_PDF.zip。日本每年发行防卫白皮书，2012 年度是第 38 次。2012 年版防卫白皮书的内容基本截止到 2012 年 6 月底。——译者注。

首先，在防卫力量整备方面，按照《防卫计划大纲》和《中期防卫力量整备计划》，尽管面临严峻的财政状况，我们仍必须着实推进防卫力量整备、构建“动态防卫力量”；与此同时，从包括我国繁荣所不可或缺的海洋安全在内的所有方面稳固我国的防卫。

其次，日美同盟是我国安全保障政策的重要支柱之一。我国的周边安全保障环境不断发生变化，美国也在调整其国防战略，例如提出重视亚太的政策等。面对这一大趋势，我国必须与美国保持紧密合作、不断深化和扩大日美同盟，这不仅是为了日美两国，更是为地区的和平与安定履职尽责。

此外，在以普天间机场搬迁为首的美军整编问题上，在维持美国控制力的同时、迅速减轻以冲绳为首的当地负担也十分重要。今年4月的“2+2”共同声明不仅调整了美军整编计划，还提出了面对地区新的战略环境应采取的应对措施，例如提出旨在增加日美共同活动力度的“动态防卫合作”，而这些共同活动则包括共同训练、共同警戒监视活动、设施的共同使用等。在为巩固既得成果不断努力的同时，我们将从战略角度不断探寻日美防卫合作应有的模式并实现之。

此外，在维护国际社会和平和安定等合作方面，防卫省、自卫队将发挥巨大的作用。在不断推进与澳大利亚、韩国等亚太地区重要伙伴间的防卫合作、防卫交流的同时，我们要努力增进与中国、俄罗斯等邻国间的相互理解和信赖关系，不断强化与相关各国的合作。此外，通过主办东京防卫论坛等多国会议、参加国外安全保障方面的会议等形式，构建多国间的合作关系。

如今，防卫省、自卫队已向戈兰高地、海地、东帝汶以及南苏丹派遣了联合国维和人员，并在索马里海域、亚丁湾实施反海盗活动。关于这些自卫队的海外活动，今后将在确保队员安全的同时，努力做到万全。

关于危机管理，针对大地震、朝鲜导弹发射等各式各样的国内外危机，为了确保国家安全和国民放心，我们将不断强化情报机能，努力整备体制，旨在能够迅速、恰当地加以应对。

近年来，对于防卫省、自卫队的期待和支持都在不断增加。2011 年度的内阁府舆论调查显示，回答对于自卫队抱有好印象的人士约占 91.7%，创历史新高。

国家的防卫必须获得国民的信赖和支持。我由衷地希望有更多的国民能读一读这本防卫白皮书，哪怕是多一个人也好。我希望这本白皮书能有助于加深大家对防卫的理解。

第一部分　我国周边的安全保障环境

概　　观

1. 国际社会的动向

2. 我国周边的安全保障环境

3. 国际社会安全保障方面的主要课题

第一章　外国的防卫政策等

第一节　美国

1. 安全保障政策和国防政策

（1）安全保障环境认识

（2）应对的方向性

（3）能力强化的重点领域

（4）战力构成

（5）军事态势评析

（6）核战略

(7) 太空政策

(8) 2013财年年度预算

2. 军事态势

3. 目前在亚太地区的军事态势

第二节 朝鲜半岛

在朝鲜半岛上，同一民族的南北分裂状态已经持续了半个多世纪。现在，隔着非军事区（DMZ），双方共有约160万地面部队处于紧张对峙的状态。

维持朝鲜半岛的和平与稳定对我国乃至整个东亚地区的和平与稳定都是极为重要的议题。

1. 朝鲜

(1) 概述

朝鲜不管是在思想、政治、军事、经济还是在其他任何领域，都标榜其基本政策是建设社会主义强国。为了实现这个目标，朝鲜采取了“先军政治”的政治方式。先军政治是“一种全面推进社会主义伟业的领导方式，它强调军队是革命的支柱，并以军事优先为基本原则，解决在革命和国家建设中出现的所有问题”。2011年12月，掌握军队的朝鲜国防委员会委员长金正日去世。之后，金正日的三子，即新任领导者、国防委员会第一委员长金正恩频繁视察军事组织，并强调军队的重要性。由此可见，朝鲜重视并依赖军事的状况今后还将延续下去。

尽管朝鲜现在仍面临严重的经济困难，粮食等资源还依靠国际社会援助，但它却把资源重点分配给了军队，用以维持并强化战力和战斗准备。而且，其大部分军力都部署在 DMZ 附近。2012 年 4 月朝鲜最高人民会议的公开声明显示，朝鲜该年度的军费占国家总预算的 15.8%，据说这不过是军费的一部分。

此外，朝鲜在致力于开发大规模杀伤性武器和弹道导弹的同时，还保有数量庞大的特种部队，维持和强化所谓的“非对称军事能力”。同时，朝鲜还在朝鲜半岛接连发起军事挑衅。

朝鲜的这些军事举动使朝鲜半岛的局势更加紧张，对于包括我国在内的整个东亚地区的安全保障来说，都是重大的不稳定因素。

除了不允许朝鲜拥有核武器之外，还有许多必须关注的动向。例如，弹道导弹的开发及装备动向、朝鲜半岛的军事对峙、朝鲜大规模杀伤性武器和弹道导弹的扩散动向等。

因为朝鲜政权不公开，很难确切掌握其政策和行动的具体细节和意图，因此有必要继续对其保持密切关注。

（2）大规模杀伤性武器和弹道导弹

在大规模杀伤性武器方面，朝鲜除了核武计划问题外，还拥有生化武器能力。朝鲜核问题不仅影响我国安全，从防扩散的角度来看，它对于整个国际社会来说也是重大问题。尤其是把朝鲜核试验与强化作为大规模杀伤性武器运载手段的弹道导弹能力相结合进行考虑的话，朝鲜核问题是我国国家安全面临的重大威胁，并会给东北亚地区乃至国际社会的和平与稳定带来巨大危害，是我们坚决不能容忍的。

在弹道导弹方面，朝鲜不仅在加紧部署现有导弹，推进导弹射程远程化和燃料固体化的研究，还造成大规模杀伤性武器的扩散。朝鲜的弹道导弹以及核武问题是包括亚太地区在内的整个国际社会的不稳定因素，其动向令人担忧。

①核武器

A. 六方会谈的主要动向

B. 核武器计划的现状

②生化武器

③弹道导弹

A. 飞毛腿

B. 芦洞

C. 大浦洞1

D. 舞水端

E. 大浦洞2

(3) 军事态势

①概况

朝鲜一直在按照“四大军事路线”（全军干部化、全军现代化、全民武装化、全境要塞化）增强军事力量。

朝鲜的总兵力约为120万人，以陆军为核心。朝鲜军队目前依然在不断强化战斗力和快速反应能力，但其装备大多比较陈旧。

另一方面，朝鲜拥有大规模的特种部队，从事情报搜集、破坏工作乃至游击作战等各种活动，据说人数约高达10万人。此外，朝鲜全境散布着许多与军事相关的地下设施，这也是其特征之一。

②军事实力

朝鲜陆军大约有100万人，约2/3部署在DMZ附近。陆军以步兵为主，还拥有包括超过3500辆坦克在内的装甲部队和火炮部队。据悉，朝鲜沿着DMZ长期配备240mm多管火箭炮和170mm自行火炮等长距离火炮，韩国包括首都首尔在内的北部城市和据点都在其射程范围内。

朝鲜海军拥有约650艘共10.3万吨的舰艇，但以高速导弹艇等小型舰艇为主。除了拥有约20艘“罗密欧”级潜水艇之外，还有约60艘小型潜水艇和130艘气垫登陆艇可用于协助特种部队潜入与撤离。

朝鲜空军拥有约600架作战飞机，其中大部分是中国和原苏联的旧式飞机，但也有为数不多的米格－29 战斗机和苏－25 攻击机等所谓的“第四代战机”。此外，还拥有许多较陈旧的安－2 运输机可以用于输送特种部队。

从维持并强化快速反应能力的目的出发，朝鲜军队正在积极实施各种训练。另一方面，由于其国内存在严重的粮食匮乏问题，据说其军队在训练的同时还在进行支农活动。

（4）内政

①国防委员会委员长金正日逝世和新体制的过渡

2011 年 12 月 19 日朝鲜方面确认，国防委员会委员长金正日因急病于同月 17 日逝世。金正日逝世后，朝鲜媒体开始对金正恩使用“最高领导者”的称呼，显然金正恩已经成为朝鲜的新任领导者。

金正恩于 12 月 30 日就任朝鲜人民军最高司令官后，又于 2012 年 4 月就任朝鲜劳动党第一书记以及国防委员会第一委员长，成为事实上的军、党、“国家”的领袖。就此，朝鲜在国防委员会委员长金正日死后的短时间内建立了新体制。无论从其就任以朝鲜人民军最高司令官为首的与军事相关的职务，还是从其频繁视察军事相关组织，都可以看出金正恩权力基础的构建仍然是以掌握军队为中心。在朝鲜，各式各样的“国家”活动和金正恩的现场指导都在有条不紊地进行，新体制已经步入轨道。另一方面，报道称，国内贫富差距扩大、外国信息的流入等因素导致朝鲜社会统治日益松散，从新体制的稳定性来看，这些问题非常引人注目。

②经济状况

在经济方面，由于社会主义计划经济的脆弱性，加之冷战结束后同原苏联和东欧等国家经济合作的减少，朝鲜正面临慢性经济衰退、能源与粮食不足等问题。特别是粮食问题，一直以来朝鲜不得不依靠国外的粮食援助。

面对各种各样的经济困难，朝鲜也在尝试推行有限度的经济改善政策，并对部分经济管理系统体制进行改革。2009 年末，朝鲜进行了所谓“币值单位缩小”的改革（denomination）。2011 年 1 月，朝鲜制定新的《国家经济开发十年战略计划》，并对与别国的经济合作进行了课题研究。然而，由于朝鲜不太可能对其当前的统治体制进行彻底的结构性改革，因此若想从根本上改善经济现状，它必定还将面临各式各样的困难。

（5）对外关系

①同美国的关系

美国明确表态要通过与其他国家的紧密合作促使朝鲜放弃核计划，希望通过六方会谈解决朝核问题。关于六方会谈的再次举行，美国表明了一贯的立场。那就是，朝鲜必须遵守 2005 年的六方会谈共同声明，并讨论能够改善南北关系的具体措施。

对此，朝鲜方面在表达朝鲜半岛无核化意愿的同时，也展示出重视同美国之间关系的姿态。另一方面，美朝双方的立场依然存在着隔阂。例如，朝鲜谴责美国，称其对朝敌视政策和美朝两国间缺乏信赖关系妨碍了朝鲜半岛的和平和无核化；并主张称，为了构建信赖关系，首先美朝两国间必须缔结和平协定。

②同韩国的关系

在南北关系方面，自韩国李明博政权上台后，南北间时有发生导致军事关系紧张的事件。例如，2009 年 11 月在黄海一侧的北方限界线（NLL）附近发生的朝韩舰艇枪击战、2010 年 3 月的韩国警戒舰沉没事件、2010 年 11 月的延坪岛炮击事件等。之后，朝鲜转而向韩国展现寻求对话的姿态，在 2011 年的新年联合社论中呼吁结束南北对峙状态、推进对话与合作，并展开了南北对话。然而，朝鲜在此之后再度强化了与韩国的对峙姿态，批评韩国政府在 2011 年 12 月国防委员会委员长金正日逝世后的反应，并发表声明表示永远不与李明博政权打交道。

③同中国的关系

朝鲜和中国的关系自 1961 年缔结《中朝友好合作互助条约》起

一直持续至今。目前，中朝两国在以政治经济为中心的各领域都保持着紧密联系。例如，中国是朝鲜的最大贸易伙伴、2010—2011 年国防委员会委员长金正日数次访问中国、2011 年 8 月中国海军舰艇访问朝鲜等。对于朝鲜核问题，中国声明支持朝鲜半岛无核化，并期待六方会谈的尽早重开。

④同俄罗斯的关系

朝鲜和俄罗斯的关系随着冷战的终结渐行渐远，但是两国于 2000 年 2 月签署了《俄朝友好睦邻合作条约》。2011 年 8 月，国防委员会委员长金正日访问俄罗斯，时隔 9 年举行了俄朝首脑会谈。在此之后，可以看到许多旨在强化两国关系的动向。例如，在输气管道方面展开合作，就实施以搜索救难为目的的联合演习达成协议等。关于朝鲜核问题，俄罗斯和中国一样声明支持朝鲜半岛无核化，并期待六方会谈的尽早重开。此外，俄罗斯认为，朝鲜的铀浓缩活动非常令人担忧，呼吁朝鲜采取行动重返核不扩散条约和国际原子能机构的保障体制。

⑤同其他国家的关系

自 1999 年起，朝鲜不断尝试同西欧各国建立联系，希望与欧洲各国建立外交关系，并参加了东盟地区论坛部长级会议。此外据称，朝鲜和伊朗、叙利亚等国之间，在包括朝鲜输出武器和武器技术转让等在内的军事领域有合作关系。

2．韩国和驻韩美军

（1）概况

（2）韩国的国防政策和国防改革

（3）韩国的防卫力整备

（4）美韩同盟和驻韩美军

（5）对外关系

第三节　中国

1. 概述

中国与周边的 14 个国家接壤，拥有绵长的国境线和海岸线，领土面积广阔，是全世界人口总数最多的国家。同时，中国也是一个拥有许多民族、宗教和语言的国家。少数民族大多居住在边境地区，还有许多侨胞居住在境外。中国历史悠久，形成并维持着固有的文化和文明。对其独特历史的自豪感以及 19 世纪之后的半殖民经历使其国民对增强国力有着强烈欲望，民族主义应运而生。此外，中国是社会主义国家，致力于在中国共产党的领导下建设社会主义现代化。

近年来，中国的贸易额大幅度增加，对外投资也愈发活跃。以沿海地区和城市为中心，经济飞跃发展。虽然受到世界金融危机和欧洲债务危机的影响，但中国仍然维持了高速经济增长。此外，中国在各种国际会议上的表现十分引人注目，在国际社会的存在感不断提升。而且，中国在非传统安全领域的努力也发挥了一定作用，除积极派遣人员参与联合国维和行动外，还持续派遣舰艇在索马里亚丁湾打击海盗，赢得了国际社会的高度评价。

作为名副其实的大国，中国在保持经济增长的同时，在世界和地区问题上也发挥着日益重要的作用，这一点受到了包括我国在内的国际社会的欢迎。然而，中国不仅和其他国家在贸易不均衡、汇率和人权等问题上产生摩擦，还在与包括我国在内的周边国家存在利害关系的问题上可以说采取了“高压政策”，给国际社会带来了不稳定因素。我们期待中国认识到其大国的责任，在遵守国际规范的同时，在地区和全球性问题上发挥更加积极的协调作用。

另一方面，中国国内也存在着诸多问题。除了中央和地方共产党干部腐败这一严重的政治问题之外，随着经济的快速发展，城乡之间以及沿海和内陆地区之间产生差距，城市内部的贫富差距、物价上涨、环境污染、工农业用水不足等问题也愈发凸显，预计未来还会出现因人口快速老龄化所带来的问题。由于类似这种可能会动摇政权运营的因素呈现不断扩大、多样化的趋势，中国政府努力强化社会管理。然而，由于互联网的普及等原因，也有人指出控制民众的行动可能会加剧社会动荡。目前，中国国内还存在少数民族问题。西藏自治区和新疆维吾尔自治区等地发生少数民族的抗议活动，以少数民族分裂和独立为目的的活动也在进行中。胡锦涛政府正以“科学发展观”为指导方针，以构建“和谐社会”为基本政策，展现出优先解决上述问题的态势。2012 年秋，预计共产党领导层会进行大幅更换。下一届政权的环境并不乐观，如何处理各种课题引人关注。

在外交领域，为了维护国家稳定，中国不仅与美俄等大国保持良好关系，致力于维护国际战略环境的稳定，还与周边各国保持良好关系，以维护其稳定、推进世界多极化、确保资源能源供给等经济发展所必需的利益。

在军事领域，中国在军费持续增长的背景下，努力推进军事力量的现代化。中国把台湾问题视为国家主权的核心问题，给予高度重视。在中国军力现代化方面，当前也是以提高阻止台湾独立的能力为目标。但近几年，中国方面也开始致力于获得应对台湾问题以外任务的能力。由于中国作为一个政治和经济大国正在不断发展，各国也都在关注中国的军事动向。

2. 军事

（1）国防政策

中国将建设符合国家安全与发展利益的稳固国防与强大军队定位为国家现代化建设的战略任务。其国防政策的目标和任务主要在于：拥护国家的主权、安全和发展利益，维护社会的和谐和稳定，推进国防和军队现代化以及维护世界的和平与稳定。

为了应对在海湾战争、科索沃战争、伊拉克战争中呈现出的世界军事发展趋势，中国所采取的方针是：基于“在信息化条件下打赢局部战争”的军事战略，积极推进以军队机械化和信息化为主要内容的“有中国特色的军事变革”。关于军事和战争，中国不仅重视物理手段，也重视非物理手段；不仅把所谓的“三战”，即“舆论战”、“心理战”和“法律战”融入到军队政治工作当中，还提出了“将军事斗争与政治、外交、经济、文化和法律等领域的斗争密切呼应”的方针。

在军队的现代化方面，中国以保持同俄罗斯等陆地邻国的关系稳定发展为依托，目前最优先考虑的议题还是应对台湾问题，具体来说就是提高阻止台湾独立以及外国军队支援台湾的能力。近几年，中国大陆也开始致力于获得应对台湾问题以外任务的能力，尤其是正在提出同时重视在非传统安全保障领域灵活运用军队的方针。在军力现代化的长远规划方面，中国提出“在 2020 年前基本实现军队机械化、并在信息化建设上取得较大进展”的目标，“努力提高以打赢信息化条件下局部战争能力为核心的遂行多样化军事任务的能力，全面履行军队在新世纪新阶段的历史使命”，在增强国力的同时发展军事力量。

中国军费持续增长，目前正在大力推进以核、导弹战力以及海空军为中心、广泛而快速的军队现代化，强化远距离投送战力的能力。同时，它还致力于提升各军兵种之间的联合作战能力，培养具备实施实战演习和运用信息化部队能力的人才，巩固国内防卫产业的基础。而且，中国在其周边海域的活动规模和频率日益扩大。加之其军事和安全保障方面缺乏透明度，包括我国在内的地区和国际社会对中国的军事动向十分担忧，有必要进行慎重分析。

（2）军事透明度

一直以来，中国从未公布过其军队的具体装备、采购目标或实际采购情况、主要部队的编制与部署、主要军事行动与演习的记录以及国防预算的详细内容等。而且，其军队现代化的具体蓝图不明确，军事与安全保障相关的决策过程也缺乏透明度。

1998 年之后，中国每两年发布一份国防白皮书《中国的国防》，并与他国的国防部门进行了多次对话。2007 年 8 月，中国表示将重返联合国军备登记体制，加入联合国军事支出报告体制，并已根据以上制度提交了年度报告。此外，中国国防部从 2011 年 4 月开始由发言人每月例行召开记者招待会。

中国持续发布与本国安全有关的系统文件，重返并加入联合国军备登记与军事支出报告体制等举措，有助于提高军事透明度，值得肯定。

然而，中国的军事透明度依然没有满足国际社会对一个负责任大国的期待。例如，中国将国防开支的详细内容分为人员生活费、训练维持费及装备维修费三类，但只公布了三类开支的总额及大致用途；虽然《2008 年中国的国防》白皮书在信息公开方面有了些许进展，但主要装备的采购费用等基本情况却并未载明。此外，2009 年中国根据联合国军事支出报告制度提交的报告，也并未参照包括我国在内的许多国家所采用的详细记载军事支出内容的标准样式，而是与中国已公布的国防白皮书内容几乎相同的简要报告。

也有许多事件让外界对于中国有关军事的决策和行动心生担忧。例如，中国核潜艇在我国领海潜航事件（2004 年 11 月）不仅违反国际法，其详细原因也依然不明。中国进行的反卫星武器试验（2007 年 1 月）难免让外界对今后的宇宙开发心生担忧，中国政府针对试验内容和意图的说明并不足以打消我国忧虑。近年来，伴随现代化而出现的部队专门化以及任务多样化等外部环境，正在发生巨大变化。在此背景下，有观点认为共产党领导层和解放军的关系日趋复杂。也有观点认为军队在决定对外政策方面的影响力正在发生变化。关于上述状况，作为危机管理上的课题引人注目。

中国作为政治和经济大国正在进行稳步发展，各国也在关注其军事动向。为了消除他国的忧虑，中国提高国防政策和军事力量的透明度已变得越来越重要。外界也期待中国今后通过公开国防政策和军事力量的具体信息等方式，提高军事透明度。

(3) 国防开支

中国宣布其2012 年度的国防预算大约是6503 亿元人民币。与上一年度相比，增加了约 11.4%（约667 亿元）。中国公布的国防预算继续保持高速增长，是5 年前的2 倍以上、24 年前的约30 倍。中国在《2010 年中国的国防》白皮书中说明了国防与经济的关系，即“坚持经济建设与国防建设协调发展的方针”，将国防建设摆在与经济建设同样重要的位置上。因此，可以预期，中国将在不影响经济建设的范围内继续为强化国防力量投入资源。

此外，我们必须注意的是，据说中国公布的国防预算金额只是其实际支出的一部分。例如，装备采购和研发费用并未全部包含在公布的国防预算中。

(4) 军事态势

中国军队由人民解放军、人民武装警察部队和民兵构成，接受中央军事委员会的领导和指挥。人民解放军由陆、海、空军和第二炮兵（战略导弹部队）组成，是中国共产党创建和领导的人民军队。

①核力量及导弹战力

自20 世纪50 年代中期以来，中国不断致力于独立开发核力量和弹道导弹力量，试图借此确保威慑、补充常规力量并维护在国际社会的发言权。中国采取的核战略是：尽可能维持自身的核能力，以便在受到核打击时能够使用核武器对敌国城市等少数目标实施报复，借此来遏制针对本国的核攻击。

中国拥有洲际弹道导弹（ICBM）、潜射弹道导弹（SLBM）、中程弹道导弹（IRBM/MRBM）和近程弹道导弹（SRBM）等多种射程不一的弹道导弹。这些导弹从液体燃料推进型向固体燃料推进型转变，其生存能力和反应能力都有所提高。同时，中国还在努力提高这些导弹的性能，如增加射程、提高命中精度和推进多弹头化等。

作为战略核力量的洲际导弹，以往的主力是固定式的液体燃料推进的导弹，但中国现已开发出由固体燃料推进、能够搭载于移动发射车（TEL）的新型洲际导弹“东风 31”及其射程延伸型导弹“东风 31A”，并已经开始装备部队。此外，在潜射弹道导弹方面，中国目前正在开发射程可达 8000 公里的“巨浪 2 型”潜射弹道导弹，并制造搭载该型导弹的“晋”级战略核潜艇（SSBN）。“东风 31”和“东风 31A”的装备部队，以及“巨浪 2”的实际使用将大幅提升中国的战略核力量。

在射程涵盖包括我国在内的亚太地区的中程导弹方面，中国除以前就部署的由液体燃料推进的“东风 3”和“东风 4”型导弹外，还部署了搭载于移动发射车、由固体燃料推进的“东风 21”型中程导弹。这些导弹还可携带核弹头。中国拥有以“东风 21”为基础、命中精度较高的常规弹头弹道导弹，并且正在开发能够攻击航母等海上舰艇的常规弹头反舰弹道导弹（ASBM）。除了中程导弹，中国还拥有射程达 1500 公里以上的巡航导弹“东海 10”，而且拥有可携带核武器和巡航导弹的轰 6（图 16）中程轰炸机。这些补充了弹道导弹的战力，其射程可能覆盖包括我国在内的整个亚太地区。在短程弹道导弹方面，中国拥有大量由固体燃料推进的“东风 15”和“东风 11”，部署在台湾对面。

另一方面，2010 年 1 月，中国宣布进行了中段拦截导弹技术的试验，中国在弹道导弹防御方面的未来动向也值得关注。

②地面部队

中国拥有约 160 万人的地面部队，其规模乃世界之最。从军队现代化的观点出发，中国自 1985 年起不断努力裁减人员、精简机构和提高效率。中国逐渐裁撤装备和技术方面落后的部队，旨在建立以提高作战能力为重点的军队。具体来说，就是通过一系列措施，如：由此前的区域防卫型向全境机动型转变、提高步兵部队的摩托化和机械化水平等，旨在提高部队的机动性。中国还强化空降部队（隶属空军）和特种部队的建设。此外，中国目前正在推进部队的多功能化，努力构筑旨在提高联合作战能力和高效运用的指挥系统，同时进行以提高后勤支援能力为目的的改革。中国在 2009 年举行了迄今为止规模最大的跨军区演习“跨越 2009”。2010 年也实施了同样的机动演习“使命行动 2010”。据分析，这些演习旨在检验和提高向偏远地区输送陆军部队的能力，如陆军的远程机动能力、包括民兵和公共交通动员在内的后勤支援能力等。

③海上力量

中国的海军由北海、东海和南海三个舰队组成，共有舰艇约 1090 艘（其中潜艇约 60 艘），约 135 万吨，承担着保卫国家海上安全、保护领海主权和海洋权益的任务。中国海军通过从俄罗斯引进现代化的“基洛”级潜艇、积极建造国产新型潜艇等方式，旨在增强潜艇战斗能力。与此同时，中国不断提高水面战斗舰艇的舰队防空能力和反舰攻击能力。此外，除了强化登陆舰和补给舰能力外，中国的大型医疗船也于 2008 年 10 月开始服役。

关于拥有航母的问题，多名军方高级官员均对此做出了肯定的表态。此外，中国还对从乌克兰购买、未完工的“库兹涅佐夫”级“瓦良格”号航母实施了整修，该舰于 2011 年 8 月进行了首次试验航行。另外，中国在不断推进培养舰载机飞行员以及开发国产的歼 15 舰载机之外，还在陆地上建造了类似航母的建筑物以及用于起降训练的机场。由此可见，中国正在为拥有航母进行相关技术的研究与开发。

从目前中国海军现代化的状况来看，其目标在于构建可以在更远的海域遂行作战任务的能力。

④航空力量

中国的航空力量，包括空军和海军在内，共有约 2070 架作战飞机。第四代战机的数量正在不断增加，除了国产的歼 10 战斗机进行量产之外，还从俄罗斯引进并获其许可在国内生产苏 27 型战斗机，同时也引进了拥有对地和反舰攻击能力的苏 30 战斗机。据说中国还在推进开发新一代国产战斗机。为了提高防空能力，中国还从俄罗斯进口了射程远、高性能的地对空导弹。中国持续努力提高运用现代航空力量所需的能力，例如空中加油以及早期预警管制能力等。此外，为了提高输送能力，据说中国计划从俄罗斯引进大型运输机，而新型运输机目前也在开发中。

中国努力提高飞机的电子战能力和情报收集能力，不断加强对周边国家的情报收集活动。近年来，中国飞机对我国频繁进行了某种情报收集的活动。2007 年 9 月，多架轰 6 型中程轰炸机在东海上空进入我国防空识别圈，飞抵日中中间线附近。2010 年 3 月，中国的“运 8”早期预警机同样飞抵日中中间线附近。2011 年 3 月，“运 8”巡逻机和“运 8”情报收集机越过日中中间线，飞抵距离尖阁诸岛（即中国钓鱼岛群岛——译者注）附近的我国领空约 50 公里的空域。飞行样式呈现多样化。

从上述航空力量的现代化和飞机活动状况来看，中国的目标在于，在提高国土防空能力的同时，构筑能够在更前方进行制空战斗及对地和对舰攻击的能力，以及提高远程运输能力。今后必须继续关注中国航空力量的发展动向。

⑤宇宙的军事利用和网络战能力

中国正在努力开发宇宙，此前曾用国产火箭发射过各种人造卫星，还进行了载人航天飞行、成功发射了绕月卫星等。有观点认为，中国开发太空是为了弘扬国威和开发宇宙资源。另一方面，在宇宙开发方面，军事领域和非军事领域相互关联，因此中国有可能出于情报收集、通信和导航等军事目的而利用宇宙。最近，据多名中国空军干部透露，中国空军打算积极地利用宇宙。

中国还在研发反卫星武器。2007 年 1 月，中国利用弹道导弹技术进行了摧毁本国卫星的试验，据说还在开发利用激光破坏人造卫星功能的装置。

中国对网络空间有浓厚的兴趣，组建专门的网络战部队并开展训练。据说，近年针对各国政府机构的网络攻击都陆续被确认与人民解放军有关。

据说，中国对反卫星武器和网络空间抱有浓厚兴趣的原因在于，在需要迅速高效发挥战斗力的军事领域、信息收集和通信指挥等方面对人造卫星和计算机网络的依赖程度越来越高。

（5）在海洋的活动

①在我国近海等区域的活动状况

近年，中国在海洋的活动呈现不断扩大和活跃化的态势。经确认曾有中国海军的舰艇在我国近海进行某种训练或者情报收集活动，还有中国的政府船舶为保护海洋权益实施监视活动。此外，中国海军的舰艇部队进入太平洋也已成常态。例如，2011 年 6 月，迄今为止最大规模的 11 艘舰艇编队从冲绳本岛和宫古岛之间通过，进入太平洋，并进行了包含无人机飞行在内的训练等活动。据说，此次活动的目的旨在提高其在远洋的行动能力。

除了上述军事活动外，经确认，中国的执法机构近年来不断强化对我国近海海域的监视力度。2008 年 12 月，隶属中国国家海洋局的“海监 46”和“海监 5”等两艘海洋调查船在尖阁诸岛（即中国钓鱼岛群岛——译者注）附近的我国领海内实施“徘徊”、“漂泊”等国际法所禁止的航行活动。2011 年三四月以及 2012 年 4 月，据说是隶属中国国家海洋局的直升机对在东海执行警戒和监视任务的海上自卫队护卫舰实施抵近飞行。2010 年 9 月，在尖阁诸岛（即中国钓鱼岛群岛——译者注）周边领海内我国海上保安厅巡视船和中国渔船发生相撞事件后，隶属中国农业部渔业局、承担渔业管理任务的“渔政 201”等船多次在该海域周边航行。除此之外，2011 年 8 月“渔政 201”和“渔政 31001”还一度侵入尖阁诸岛（即中国钓鱼岛群岛——译者注）附近的我国领海内。2012 年 2 月，对于在我国专属经济区内进行海洋调查的海上保安厅测量船，中国国家海洋局所属的“海监 46”和“海监 66”发出中止活动的要求。此外，2012 年 3 月，“海监 50”和“海监 66”除了在尖阁诸岛（即中国钓鱼岛群岛——译者注）附近的我国毗连区内进行航行外，“海监 50”还曾一度侵入我国领海。在此之后，多次发生“渔政”船在尖阁诸岛（即中国钓鱼岛群岛——译者注）附近的我国毗连区内航行的事件。

在我国近海之外，中国在南海的活动也日趋活跃，其中包括与东盟各国存在领土争议的南沙和西沙群岛。2009 年 3 月，中国海军舰艇、国家海洋局的海洋调查船、渔业局的渔业监视船以及拖网渔船，接近在南海活动的美海军声纳探测船，并进行了妨碍该船航行的行为。此外，据称，从 2010 年 3—4 月中国的 6 艘舰艇进行了为期 3 周、向南海展开的训练。除此之外，同年 7 月水面舰队和航空部队还举行了多兵种、大规模的联合实弹演习。2011 年 6 月，中国海军和国家海洋局所属的“海监”船，在南海的海南岛周边海域实施了协同训练。近年来，越南和菲律宾等国对中国在该海域的活动提出过抗议，中国与周边国家在南海问题上的摩擦日益表面化。

②在我国近海等区域活动的目标

中国法律明确规定：中国海军的任务是维护海洋权益、保障海上安全。结合中国所处的地理条件、全球化的经济等因素进行考虑，中国海军的海洋活动旨在实现以下目标：

第一，为保卫中国的领土和领海，将对敌作战控制在尽可能远的海域。该目标的背景是，近年来科学技术的发展使其远距离打击的效能有所提升。

第二，构建遏制和阻止台湾独立的军事实力。例如，中国希望在解决台湾问题、实现中国统一的问题上不受外国势力的干涉。如果中国试图通过自身实力阻止外国势力介入四面环海的台湾，就必须充实自身的海上作战能力。

第三，获得、维持和保护海洋权益。中国一直在东海和南海开采石油和天然气资源，并为此建立设施和实施勘测。2005年9月，中国海军舰艇在“樫”（中国称“天外天”——译者注）油气田附近海域的航行，便可被视作中国海军彰显自身具备获取、维持和保护海洋权益能力的行动。

第四，保卫本国的海上运输通道。其背景是，通向中东地区的海上石油运输线对于日益全球化的中国经济来说，其重要性堪比生命线。未来中国海军如何保护自身的海上运输线将受到国际形势的影响，但考虑到近年来中国海、空军的现代化进程，其能力覆盖的范围将远远超出其近海范围。

由上述中国海洋活动的目标以及近年来的动向可见，中国今后将在东海、太平洋等我国近海以及南海等区域进一步扩大活动范围，并力图使活动常态化。因此，除了密切关注我国周边海军舰艇的活动以及各种监视活动之外，我们还需要了解作为活动据点的相关设施的建设情况，以及对方作出的有关本国专属经济区等法律地位的单方面解释等。

（6）军队的国际活动

人民解放军近年开始重视维和、人道主义援助、救灾、打击海盗等非传统安全保障领域的任务，并为执行这些任务积极向海外派遣部队。这种积极参与国际活动的姿态背后有着如下意图：随着中国国家利益越过国境扩大至海外，中国在国外越来越需要保护和促进其国家利益，同时通过展示作为大国对国际社会负责的一面来强化本国的地位。

中国一贯支持并积极参加联合国维和行动，根据《2010年中国的国防》白皮书统计，中国到目前为止总共派出了1.739万名军人参与维和行动。据联合国统计，截至 2012 年 5 月末，中国已向联合国南苏丹特派团（UNMISS）等 12 项维和行动派遣了 1930 名部队要员、文职警官和军事观察员，在联合国维和行动中发挥了一定的作用。中国积极参与维和行动，目的是为了通过该行动强化与所在地区，特别是与非洲国家的关系。

此外，中国还参加了国际社会打击索马里海域、亚丁湾海盗的行动。中国海军首次赴远洋执行任务，从 2008 年 12 月开始向该海域派遣海军舰艇，承担为中国船只护航的任务。这不仅有助于提高中国海军在更远海域的作战能力，同时说明中国更加重视保护本国海上运输线。

此外，由于利比亚形势恶化，中国在 2011 年 2—3 月从利比亚撤走中方人员之际，除出动民航包机外，还向当地派遣了海军护卫舰和空军运输机。据说这是中国军队首次参与撤离滞留海外中方人员的行动。有人指出，中国试图通过这些行动向国内外展示军队和平、人道的形象，表明其重视非战争军事行动的意图，同时检验远距离投送战力的能力。

（7）教育训练情况

人民解放军近年来以实现部队运用层面的现代化为目标，强化实兵演训的力度，举行了包括陆、海、空军联合演习和登陆演习等在内的大规模演习。2006 年召开的全军军事训练会议还强调将机械化条件下的军事训练转变为信息化条件下的军事训练。2009 年开始实施的新《军事训练与评价大纲》除了有多军种联合训练外，非战争军事行动训练、信息化相关知识与技能教育、高科技装备的模拟训练、网络训练、受到电磁干扰等复杂电磁环境下的训练等也都备受重视。

在教育层面，人民解放军旨在培养精通科学技术的军事人才。从 2003 年起，中国开始推进军队人才战略工程，培养能够担负指挥联合作战和信息化作战或者组建信息化部队等任务的高素质人才。

其目标是，到2020 年人才建设取得飞跃式发展。人民解放军近年来提高军人工资的做法也被认为是出于确保优秀人才的目的。此外，为了确保优秀的高学历人才，中国军队从2000 年起开始引进如下制度：向非军事院校的大学生发放奖学金，这些人毕业后被授予军衔进入部队工作。另一方面，近年来退役军人待遇的问题也被一再指出。

为了能够在战争等紧急状态下有效利用民间资源，中国正在推进动员体制建设。2010 年 2 月，中国制定了作为战时动员基本法的《国防动员法》，同年 7 月实施。

（8）国防产业部门的状况

中国从俄罗斯等国进口本国无力生产的高性能装备和零部件。然而，由于对装备国产化的日益重视，许多装备已经实现国产化，而且中国还在积极推进新型装备的研发工作。除了自身努力外，经济增长造就民间产业基础的提升、军民两用技术的利用、外国技术的吸收等方面都促进了中国国防产业部门的发展，有力支持了中国军队的现代化。

中国的国防产业曾因过度强调保密而缺乏效率，妨碍了发展。近年来，国防产业不断推进改革，特别是在把军用技术应用于国民经济建设的同时，也将民用技术吸收到国防建设中去，将重点放在双向技术交流方面。具体而言，国防产业技术一直以来都对宇宙开发、飞机制造和船舶工业的发展做着贡献。

此外，中国还奖励并支持军民两用产业领域的国际合作与竞争，借助军民两用领域吸引国外技术。

3. 对外关系等

（1）概况

中国积极开展与各国军方的高官互访和联合军演等军事交流活动。近年来，除了与以美俄为首的大国以及东南亚等周边国家外，中国还与非洲和中南美各国频繁进行军事交流。中国的军事交流是该国保护国家利益的战略手段，被视为其全方位外交战略的环节之一。其目的在于：通过强化与别国的关系、努力消除他国对中国的顾虑；构建对中国有利的安全环境；扩大中国在国际社会的影响；确保能源、资源供应以及建立海外基地等。

（2）同台湾的关系①

中国坚持“台湾是中国的一部分，台湾问题是中国的内政问题”的原则。“一个中国”原则是两岸进行磋商的前提和基础。中国还表示绝不放弃实现和平统一的努力，致力于解决台湾人民关心的问题，并实行维护台湾人民正当权利的政策和措施。另一方面，中国再三表明，强烈反对外国势力旨在干涉中国统一及谋求台湾“独立”的举措，不放弃使用武力。2005 年 3 月制定的《反分裂国家法》规定：“‘台独’分裂势力以任何名义、任何方式造成台湾从中国分裂出去的事实，或者发生将会导致台湾从中国分裂出去的重大事变，或者和平统一的可能性完全丧失，国家得采取非和平方式及其他必要措施，捍卫国家主权和领土完整”（该法第 8 条），将不放弃使用武力明文化。

在 2012 年 1 月的“总统”选举中再次当选的台湾“总统”马英九（国民党），继续提出通过扩大与中国的经济交流来促进台湾经济发展、比“独立”更追求维持现状的政策。以经济合作框架协议（ECFA）的生效为契机，两岸关系以经济领域为中心逐步向前推进。在安全保障方面，中国国家主席胡锦涛呼吁，两岸可以适时地就军事问题进行接触、交流，探讨建立军事安全互信机制；马英九“总统”则要求撤除人民解放军瞄准台湾的导弹等。今后包括军事问题等政治对话在内的两岸关系动向值得关注。

① 日本的《防卫白皮书》中，将中国大陆同台湾的两岸关系列入中国的“对外关系”小节当中进行介绍，译者在翻译过程中并未对文章结构进行调整，特此说明。——译者注。

（3）同美国的关系

美中之间存在各种悬而未决的问题，如中国的人权问题、台湾问题及贸易问题等。然而对中国来说，稳定的美中关系是其进行经济建设的必要条件，今后中国也期待这种稳定关系能够延续下去。

美国欢迎中国在世界经济复苏、气候变化、大规模杀伤性武器扩散等国际问题上与国际社会展开合作，发挥负责任的主导作用。另外，美国一方面关注中国军力现代化，承认美中之间存在意见不一致的问题，在人权等问题上坦率表明美国立场；另一方面则认为美中的意见分歧不应妨碍两国在有共同利益的问题上进行合作。

对此，中国国家主席胡锦涛表示"要共同构筑21世纪积极、合作、全面的中美关系"，表明了重视通过广泛领域的务实合作稳步发展中美关系的姿态。

美中两国在军事方面的交流也取得进展，除了进行各种政策对话，中国还派观察员观摩美军演习，利用海军舰艇互访的机会进行联合训练。2008年4月，两国国防当局之间还开通了热线。尽管中国希望发展美中两军关系，但同时也主张要实现两军关系的健康发展，美国需要解决对台军售、美军舰艇和飞机在中国专属经济区活动、两军交流的法律障碍、美方对华战略缺乏信任等一系列问题。2008年10月和2010年1月，美国国防部通知国会拟对台军售时，中国采取了宣布中断与美国的主要军事交流等措施，可见美中军事交流也存在不确定的一面。对此，美国认为中国军力发展和决策过程缺乏透明度等问题容易让外界对中国将来的行动和意图产生怀疑，美中关系需要通过增进互信、减少误解作支撑。在军事交流方面，应当改善美中军事交流经常中断的状况，努力建立更稳定的可保持沟通渠道的关系。近年来如2011年5月，两国就在美中战略和经济对话中创设了战略安全对话机制。

（4）同俄罗斯的关系

自1989年中苏对抗结束以来，中俄双方一直表现出重视两国关系的姿态。自20世纪90年代中期中俄两国确立“战略合作伙伴关系”以来，双方一直强调要深化这种关系。2001年两国缔结了《中俄睦邻友好合作条约》，2004年解决了多年未能解决的中俄边界问题。两国均认为应推进世界多极化、建立国际新秩序，近年来，以资源和能源供给为首的经济动机也是中俄两国保持良好关系的重要因素。

在军事方面，中国自20世纪90年代起便从俄罗斯购入了苏－27、苏－30战斗机、“现代”级驱逐舰、“基洛”级潜艇等现代化武器。对中国来说，俄罗斯是最大的武器供应国。但也有人指出，在中国武器国产化取得进展的背景下，近几年来中俄军备交易额呈下降趋势。此外，还有人指出，俄罗斯的方针是不向与自己陆地接壤的中国提供那些会对本国造成威胁的特定的高性能武器，而且俄罗斯也十分担忧和中国在武器出口方面的竞争。

关于中俄两国的军事交流，除了军方高层的定期往来之外，两国还举行联合军事演习。对于中国来说，通过这些交流不仅可以增进两国军队的相互理解与信赖，展示两国各自作为多极化世界一极的存在，还可以学习俄制武器的使用方法及俄罗斯军队的作战理念等。

（5）同朝鲜的关系

朝鲜与中国有着“传统的友谊”，在很大程度上依赖中国的粮食援助和能源供给，因此一般认为中国比其他国家对朝鲜更具影响力。国际社会期待中国能为解决朝核问题继续积极地履行责任。另一方面，关于2010年3月的“天安”号警戒舰沉没事件以及同年11月的延坪岛炮击事件，中国在对朝采取强硬对策一事上态度谨慎。此外，2011年12月朝鲜国防委员长金正日逝世之际，中国在向朝鲜表达深切哀悼之外，还迅速表明姿态将支持以金正恩为中心的新体制。有评论认为，中国展现这些姿态的目的一是比之前更加担心朝鲜半岛局势有不稳定的可能性，二是确保其对朝鲜新体制的影响力。

(6) 同其他各国的关系

①同东南亚各国的关系

在中国与东南亚各国的关系上，首脑级别的往来一直很频繁，中国谋求与该地区所有国家发展双边关系。特别值得一提的是，中国一直和缅甸保持着良好的双边关系。中国援助缅甸的基础设施建设包括缅国内的油气管道建设和港口及铁路开发，中国同时也是缅甸主要的装备提供国。有人指出，中国这些举动的原因之一是，缅甸对中国来说是在地理位置上能够以最短的距离进入印度洋的国家。

中国还积极参与“东盟与中国（ASEAN +1)”、“东盟与中日韩（ASEAN +3)”、“东盟地区论坛”等多边框架。中国在利用外交场合深化与东盟各国经济、文化合作关系的同时，近来还积极推动安全领域的合作关系，军事交流日益活跃，包括军方高官互访和军队交流合作等。

②同中亚各国的关系

中国西部的新疆维吾尔自治区与中亚相邻。中国与哈萨克斯坦、吉尔吉斯斯坦、塔吉克斯坦三国接壤，在同三国接壤的边境地带两侧居住着少数民族，人员交流也很活跃。因此，中亚各国的政治稳定和伊斯兰激进分子的恐怖活动等安全形势是中国非常关心的问题。参与2001年6月成立的上海合作组织（SCO）体现了中国的这种关心。另外，为了实现资源能源供给以及采购途径的多样化，中国对中亚各国丰富的资源能源也十分关注，正在推进与中亚各国在能源领域的合作，例如修建本国与中亚之间的石油和天然气管道等。

③同南亚各国的关系

由于边界纠纷等问题，中国与印度一直保持对立关系，并和同样与印度保持对立关系的巴基斯坦一直有着密切关系。中国和巴基斯坦在武器出口、武器技术转让等军事领域发展合作关系，例如共同开发JF－17战斗机等。另一方面，近年来中国在与巴基斯坦保持平衡关系的同时，也努力改善与印度的关系，积极进行首脑互访，并将与印度的关系定位为“战略合作伙伴”关系，过去曾一度导致军事冲突的中印边界划定问题也取得了进展。可以认为，中印关系发展的背景是两国重视经济发展，以及中国对于美印加强合作关系动向的反应。

在军事交流方面，自2003年以来，中国与巴基斯坦以及印度之间实施了以海军联合搜救训练为主的各种协同训练。

④同欧盟各国的关系

近年来，中国与欧盟各国的贸易增长显著。特别是在经济方面，对于中国来说，欧盟已成为与日本、美国同等重要的伙伴。中国利用各种外交场合，强烈要求欧盟各国解除1989年春夏之交的“政治风波”以来实行的对华武器禁运。

在信息通信技术、飞机电子设备及潜艇的不依赖空气推动系统等方面，欧盟成员国所具有的军事技术比中国和向中国出口武器的俄罗斯更加先进。因此，如果欧盟解除对华武器禁运，中国便可以引进欧盟各国的武器和军事技术，并在与俄罗斯的武器交易谈判中获得有利的筹码。我国对欧盟表明了反对解除对华武器禁运的立场。另一方面，有观点认为，欧盟为了应对欧洲的政府债务危机，需要向中国寻求资金方面的支援，如此以来会加速中国方面利用该机会寻求解除对华武器禁运的动作。因此，今后有必要继续关注欧盟内部的讨论。

⑤与中东和非洲各国、太平洋岛国和中南美各国的关系

一直以来，尤其在经济领域，中国通过援助基础设施建设和积极投资资源开发等方式，努力强化与中东以及非洲各国的关系，其影响力正在不断扩大。近年来，除国家首脑和军方高官频繁互访外，中国还积极推进武器出口和部队间的交流等。有观点认为，其目的在于，确保资源和能源的稳定供给以及确保将来的海外据点。

中国还加强和太平洋岛国的关系。中国除了在巴布亚新几内亚开发石油、天然气和钴矿等资源之外，还与该国签署了军事合作协

议。此外，中国还持续对其他岛国积极开展经济援助，并与斐济和汤加两国推进军事交流。

在与中南美各国的关系上，中国的军方高官频繁出访以阿根廷和巴西为首的各国。除此之外，中国还通过派遣海军医疗船执行医疗服务任务等方式努力强化与中南美各国的关系。

⑥武器的国际转让

中国向亚洲和非洲等地的发展中国家提供小型武器、坦克、飞机等。除了将巴基斯坦、伊朗、孟加拉国等国列为主要出口国之外，还向纳米比亚、埃及、阿尔及利亚和苏丹等非洲国家以及委内瑞拉和秘鲁等南美国家出口武器。有观点指出，中国转让武器的目的在于，强化与友好国家的战略关系，扩大其在国际社会的话语权以及获取资源能源。还有观点指出，中国向在民主主义或者人权方面有问题的国家提供武器。值得关注的是，中国是否会考虑国际社会的担忧，提高出口武器的透明度。

4. 台湾的军事力量

台湾在马英九“总统”提倡的“固若磐石”的国防建设方针指导下，以预防战争、国土防御、应对紧急事态、防止冲突及维护地区稳定为战略目标，实行以“固守防卫、有效吓阻”为内容的军事战略。

台湾以提高士兵的专业性为目的，正在努力实现如下目标：一方面将27.5万人的总兵力削减至21.5万人；另一方面到2014年底将由征兵和义务兵组成的台湾军队转变为完全志愿制。此外，台湾军队重视先进科技的引进以及联合作战能力的建设。2009年8月的台风灾害造成了严重损失，根据这一情况，台湾还将防灾救灾能力作为军队主要任务之一。台湾防卫预算占GDP的比例，原则上采取的方针是不得低于3%。

台湾军队的陆上兵力，目前包括陆军41个旅、海军陆战队3个旅，共约 21.5 万人。此外，台湾在发生战事时能够投入约 165 万人的陆海空预备役部队。在海上战力方面，台湾除了有从美国引进的“基德”级驱逐舰外，还有现代化水平较高的护卫舰。在航空战力方面，台湾拥有 F－16A/B 战斗机、幻影－2000 战斗机、“经国”号战斗机等。

在人民解放军扩充导弹部队和海空军实力的背景下，台湾军队面临的课题依然是实现装备现代化。虽然美国国防部已基于《与台湾关系法》通知国会，决定对台出售武器，但台湾还希望从美国购入 F－16C/D 战斗机等武器，今后的动向值得关注。另一方面，台湾也在推进独立的装备开发，除了部署“天弓 II”型地对空导弹和“雄风 II”型反舰导弹之外，还在研发“雄风 IIE”型巡航导弹和“天弓 III”型地对空导弹，以分别获得远程攻击能力和应对弹道导弹的能力。

一般认为，两岸军事实力的特点如下：

第一，在陆军方面，虽然中国大陆具有压倒性的兵力，但其对台湾本岛的登陆进攻能力有限。但是，近年来中国大陆通过建造大型登陆舰等方式，努力提高登陆进攻能力。

第二，在海军和空军方面，中国大陆不仅在数量上处于压倒性优势地位，而且在台湾过去占优势的质量方面，中国大陆海军和空军也在切实进行现代化。

第三，在导弹攻击力方面，人们普遍认为中国大陆拥有许多可以将台湾纳入射程内的短程弹道导弹，台湾则缺乏有效的应对手段。

军事实力的比较不仅要从兵力、装备性能和数量上看，还要从想定的军事作战的目的、形态、运用态势、人员的熟练程度以及后勤支援体系等各种要素进行判断。然而，中国大陆正在迅速推进军事力量的现代化。从整体来看，两岸军事平衡正在向有利于中国大陆的方向发展。有必要关注两岸部队今后的现代化情况以及美国对台出售武器等动向。

第四节　俄罗斯

1. 概况

2. 安全保障和国防政策

（1）基本态势

（2）军队改革

3. 军事态势

（1）核战力

（2）常规战力等

4. 我国周边的俄罗斯军队

（1）概况

（2）部署在北方领土的俄罗斯军队

（3）在我国周边的活动

5. 对外关系

（1）概况

（2）同独联体的关系

（3）同美国的关系

（4）同欧洲以及 NATO 的关系

（5）同亚洲各国的关系

（6）武器出口

第五节　东南亚

1. 概况

2. 各国的国防政策

（1）印度尼西亚

（2）马来西亚

（3）缅甸

（4）菲律宾

（5）新加坡

（6）泰国

（7）越南

3. 各国军队的现代化

4. 南海动向

在南海，东南亚诸国与中国之间在南沙和西沙群岛的所有权问题上存在对立的主张。此外，近年来国际社会对海上航行自由等问题也愈来愈关注。

中国起初主张通过两国间谈判解决该问题，但是后来表现出同相关国家整体和平解决该问题的动向，在2002年11月召开的东盟和中国首脑会议上，与会各国签署了旨在和平解决领土问题的《南海各方行为宣言》。另外，在2010年10月召开的东盟和中国首脑会议上，各国领导人除了同意努力履行上述宣言外，还确定了相关方针以制定《南海行动准则》。

另一方面，周边诸国围绕南沙群岛开展的领土宣示活动日趋活跃，也能看到对此表示抗议的动向。据报道，中国的执法机构强化监视活动的力度也引发了与周边诸国的摩擦。

围绕南海问题，以美国为首的世界各国纷纷在国际会议等场合发表各自的见解，例如谈及南海航行自由的问题等。东盟相关会议上也开始围绕南海等问题展开讨论以解决该问题。2011年5月，第五届东盟国防部长会议（ADMM）共同宣言中首次提及南海问题，并加入了彻底落实行为宣言、推进制定行动规范、航行自由重要性等内容。2011年7月举行东盟及中国外交部长会议通过了落实《南海各方行为宣言》的方针，同年11月举行的第6届东亚峰会，其共同宣言也载明了诸如海洋相关国际法应该包含为了维持地区和平和安定所必须的一些规范以及和平解决差异和纷争等内容。

如此看来，南海问题可能会影响区域乃至国际社会的和平与稳定，应该持续关注相关国家的动向以及围绕问题解决的协商走向。

5. 区域合作

6. 区域问题

第六节　南亚

1. 印度

（1）概况

（2）安全保障和国防政策

（3）对外关系

2. 巴基斯坦

（1）概况

(2) 国防政策

(3) 对外关系

第七节 澳大利亚

1. 概况

2. 安全保障和国防政策

3. 对外关系

(1) 同美国的关系

(2) 同中国的关系

(3) 同东南亚各国的关系

4. 海外活动

(1) 东帝汶

(2) 所罗门群岛

(3) 阿富汗

第八节 欧洲

1. 概况

2. 安全保障框架的强化与扩大

(1) 预防纷争、危机管理以及维持和平职能的强化

(2) 安全框架在地理上的扩大以及伙伴关系

3. 各国为确保应对多样化事态能力而进行的努力

（1）英国

（2）德国

（3）法国

第二章　国际社会的课题

第一节　大规模杀伤性武器的转移和扩散

核生化武器等大规模杀伤性武器及其运载弹道导弹的转移与扩散，一直被认为是冷战后的重大威胁之一。特别是对那些传统的控制方式很难发挥有效作用的恐怖分子等非国家行为体而言，他们获取并使用大规模杀伤性武器的情况依然令人担忧。

1. 核武器

在美苏冷战最盛期的 1962 年爆发了古巴导弹危机，两国之间爆发全面核战争的危险性世人共知。在 1970 年生效的《不扩散核武器条约》的影响下，除了 1966 年以前进行过核试爆的国家，其他国家被禁止拥有核武器，同时相关国家也开始通过相互交涉的方式管理并削减核武器。

目前已经有 190 个国家在《不扩散核武器条约》上签字。有的国家过去曾经拥有核武器，现在已将其放弃并作为无核国家重新加入。而印度、以色列和巴基斯坦等国至今依然拒绝作为无核国家加入。也有一些国家，像曾于 2006 年 10 月和 2009 年 5 月宣布进行核试验的朝鲜一样，宣布正在开发和已拥有核武器。

2009 年 4 月，美国总统奥巴马发表旨在实现无核世界的演说，表明了将采取如下具体措施的决心：美国在保持核威慑的同时，减少核武器在美国国家安全保障中的作用；与俄罗斯缔结新条约，以取代美俄《第一阶段削减战略武器条约》(START I)；谋求批准《全面禁止核试验条约》（CTBT）等。奥巴马的演说推动了国际社会向核不扩散与核裁军的方向发展。

2010 年 4 月，美俄两国总统在取代《第一阶段削减战略武器条约》的削减战略核武器条约上签字，2011 年 2 月新条约生效。为了降低核恐怖主义的威胁，2010 年 4 月召开的核安全峰会通过决议，规定在未来 4 年内将采取措施彻底解决所有脆弱的核物质管制问题。在同年 5 月召开的《不扩散核武器条约》落实评估会议上，就条约的三大支柱——核不扩散、核裁军与和平利用原子能等问题，通过了包含未来具体行动计划在内的最终文件。2012 年 3 月在首尔召开的第二次核安全峰会选定了一些有关核安全的课题，例如核物质的管理、运输以及不正当交易、核鉴别等，这些课题都是国际社会为了保证核安全而应采取措施加以解决的。

由此，国际社会向核不扩散与核裁军的方向迈出了坚实的一大步，这有利于国际安全环境的改善，我们对此表示欢迎。

2. 生化武器

生化武器不仅造价低、制作简单，其所需的物资、器材、技术中有很多是军地两用的，所以极易伪装。因此，对于那些追求非对称攻击手段的国家和恐怖分子来说，生化武器颇具吸引力。

生物武器具备以下特征：第一，制作简单、造价低；第二，从外泄到症状显现通常有数日的潜伏期；第三，使用后的状况很难被察觉；第四，即使不使用也能给敌手造成巨大的心理压力；第五，根据种类和使用状况，会造成巨大伤亡。

关于生物武器的应对，有人指出生命科学的进步使误用、滥用生物武器成为可能。鉴于这种担忧，2009 年 11 月美国制定了应对生物武器扩散以及恐怖分子使用该武器的方针，采取措施彻底管理病原菌和毒素。

关于化学武器，伊拉克曾在两伊战争中反复使用芥子气、塔崩和沙林毒气。20 世纪 80 年代后半期，伊拉克还使用化学武器镇压国内的库尔德人，据说其中还有毒性较强的 VX 神经毒气和较易管理的二元弹。

据说有些国家一直希望获得这些武器，比如朝鲜。1995 年发生在我国的地铁沙林毒气事件，2001 年和 2004 年 2 月发生在美国的炭疽病菌和蓖麻毒素邮件案等都表明，恐怖分子使用大规模杀伤性武器所带来的威胁是很现实的，而在城市使用大规模杀伤性武器的恐怖事件将造成深刻的影响。

3. 弹道导弹等

弹道导弹不仅能将重物投射到很远距离，还可作为核生化武器等大规模杀伤性武器的运载工具。此外，它还具有一旦发射，将按照弹道轨道飞行，以高角度和高速度下落等特征，因此很难予以有效处置。

如果在武力冲突持续不断的地区配备弹道导弹，冲突被激化和扩大的危险会更大，军事对峙地区的气氛势必更加紧张，整个地区将会变得更不稳定。此外，弹道导弹还可作为对常规力量占优势的国家进行远距离攻击或威吓的手段。

近年来，除了弹道导弹威胁，巡航导弹所带来的威胁也不容忽视，因为后者更容易被恐怖分子等非国家主体获取，其扩散问题同样令人担忧。与弹道导弹相比，巡航导弹不仅造价更低，保养与训练也更容易，许多国家都能进行制造和改造。另一方面，它的命中精度更高，飞行时难以探知。此外，和弹道导弹相比，它个头较小，可以藏匿在船舶之中，偷偷接近攻击对象。如果在弹头中搭载大规模杀伤性武器，则会构成重大威胁。

4. 大规模杀伤性武器转移与扩散的威胁增大

即便有些国家是出于自卫目的才购买或开发某些武器，但一旦其国内生产步入轨道，这些武器很有可能会被出口或转移。比如，大规模杀伤性武器和相关技术，正从那些不顾政治风险的国家转移到那些因资源无法投入到常规力量、希望通过大规模杀伤性武器进行补充的国家手中。在寻求获得大规模杀伤性武器的国家中，有一些是政府统治能力偏低的国家，主要体现在：对于将本国和国民暴露在危险之中的抗拒较少，国际恐怖组织在其国内的活动十分活跃等。因此，在这些情况下，大规模杀伤性武器被实际使用的可能性很大。

此外，由于这些国家针对相关技术和物质的管理体制本身就不完善，化学物质或核物质转移或外流的可能性更高，这是令人十分担忧的。比如，即便是不懂技术的恐怖分子，如果获得了放射性材料，也能使用脏弹作为攻击手段。对于恐怖分子等非国家主体获取并使用大规模杀伤性武器的问题，各国都很担心。

据说，巴基斯坦从 20 世纪 70 年代便开始进行核开发。可以确定的是，2004 年 2 月，A·Q·汗博士等人将巴基斯坦以铀浓缩技术为核心的核技术转移给了朝鲜、伊朗和利比亚。

关于朝鲜，2002 年 10 月时任美国助理国务卿的詹姆斯·凯利在访问朝鲜时表示，朝鲜承认存在用于核武器的铀浓缩计划，这表明朝鲜不仅在开发基于钚的核武器，还有可能在推进基于铀的核武开发。2010 年 11 月，朝鲜向到访的美国专家开放了铀浓缩设施。这所工厂已为供应轻水反应堆的燃料装备了数千台离心机。不仅如此，朝鲜据说还在为叙利亚秘密进行的核活动提供支持。

国际社会对于大规模杀伤性武器的转移和扩散问题展现出不轻易妥协的强硬姿态，这对那些将进行大规模杀伤性武器相关活动的国家造成巨大压力，直接导致部分国家接受了国际机构的审查，或者放弃了大规模杀伤性武器计划。

弹道导弹的转移和扩散也十分显著。除苏联等国向伊拉克、朝鲜、阿富汗等许多国家和地区出口了“飞毛腿 B”之外，中国出口“东风 3”（CSS－2）、朝鲜出口“飞毛腿”，导致目前许多国家都有了这些武器。尤其是，据说巴基斯坦的“高里”以及伊朗的“流星 3”都是以朝鲜的“芦洞”为基础设计的。

5. 伊朗核问题

自 20 世纪 70 年代起，伊朗便打着按照《不扩散核武器条约》和平利用原子能的旗号，借助海外协助推进核电站的建设计划。然而到了 2002 年，伊朗政府的反对派公开披露了伊朗正在秘密建设大规模铀浓缩设施。国际原子能机构经调查发现，在未向其申告的情况下，伊朗长期从事与核武器开发相关的铀浓缩活动。2005 年 9 月，国际原子能机构理事会认定伊朗违反了保障措施协定。

伊朗声称其并无开发核武器的意图，所有的核活动皆以和平为目的。然而，国际社会对于得不到确凿证据深表担忧，多次在联合国安理会决议和国际原子能机构理事会决议中要求伊朗停止一切浓缩和再处理活动。

2009 年 9 月，伊朗没有按照与国际原子能机构缔结的保障措施协定履行其申告义务，在中部库姆近郊建造新的铀浓缩设施。2010 年 2 月，伊朗声称为了给制造医疗用同位素的研究用的原子炉提供燃料，开始进行浓缩活动，旨在将铀浓度由 5% 以下提高到 20% 左右。2011 年 12 月，该浓缩作业也开始在上述新建的铀浓缩设施中进行。关于伊朗的核开发活动，国际原子能机构担心它有诸如导弹弹头开发等军事层面可能性。由于伊朗并没有为了打消国际社会的担忧而采取必要的合作措施，例如伊朗不允许国际原子能机构调查团进入疑似使用高性能炸药进行实验的军事设施等，所以国际原子能机构表示无法获得确凿证据以证明伊朗核开发是出于和平目的。

关于该问题，美国和欧盟分别对伊朗强化了制裁力度。2011 年 12 月美国制定相关法律，规定在美国国内禁止那些与伊朗中央银行等伊朗的金融机构有相当规模交易的第三国的金融机构开设和保持户头。此外，2012 年 1 月，欧盟决定禁止从伊朗进口原油和石油化学制品。另一方面，伊朗方面在暗示将封锁霍尔木兹海峡的同时，外交方面的表现也日趋活跃，例如接受国际原子能机构调查团、再次同欧盟 3 国 +3（英法德美中俄）等国展开磋商（之前曾就核开发问题展开过谈判）等。联合国安理会等国际社会将持续通过谈判和平地、外交地解决该问题。

虽然伊朗及其周边地区在军事方面的动向并没有特别的变化，但是从 2011 年 12 月至 2012 年 1 月，伊朗海军在霍尔木兹海峡等周边海域进行了军事演习，而在周边海域依然能够看到美国海军的身影。

我国约八成的原油都是从中东地区进口，该地区的和平和稳定对于我国很重要，因此必须持续关注相关动向。

第二节　网络空间的动向

1. 网络空间和安全保障

由于近些年来的 IT 革命，互联网等信息通信网络正成为人类生活各个方面不可或缺的事物。然而，针对信息通信网络，特别是日常生活基础设施网络所展开的攻击行为，却给人们的生活造成深刻影响。为此，网络安全已成为世界各国在安全保障领域的一大重要课题。

网络攻击包括秘密潜入信息通信网络篡改和窃取信息，同时传输大量数据造成网络的机能障碍等多种类型。随着互联网相关技术日新月异的进步，网络攻击也日趋频繁和复杂。网络攻击具有以下基本特征：

第一，不对人或物体造成物理性损伤，能在不发生实际接触的情况下实施攻击；

第二，如果能使重要的信息通信网发生故障，将会造成巨大损失；

第三，因不受地理和时间等因素的制约，可随时随地实施攻击；

第四，攻击主体采取利用电脑病毒绕过众多电脑发起攻击等隐蔽手段以避免被人识别，因此很难掌握直接证据指认攻击主体。

对于军队来说，信息通信是从指挥中枢到末端部队实行指挥控制的基础。由于 IT 革命，军队对信息通信网络的依赖程度正不断增加。由于军队对信息通信网络存在这种依赖性，网络攻击被赋予利用敌军短板、削弱敌军优势的非对称战略地位。据悉，有很多国家的军队都在开发网络空间的攻击能力，并以情报搜集为目的，入侵他国的信息通信网。

2. 网络空间威胁的动向

在上述状况下，针对各国政府机构和军队等部门信息通信网的网络攻击时有发生。

2008 年，计算机病毒通过移动存储介质，入侵处理美国中央司令部秘密情报的网络，相关情报有外泄的可能，安全形势一度严峻。该司令部主要负责指挥美军在伊拉克和阿富汗的作战行动。此外，美韩两国包括国防部在内的政府机构网站分别于 2009 年 7 月和 2011 年 3 月遭受网络攻击，出现网页无法浏览等问题。

2010 年 7 月发现的名为“震网”的计算机病毒拥有高度复杂的构造。在以编入特定软件和硬件的控制系统为目标这一点上，该程序尚属首例。该病毒具有在不被检测到的情况下进入目标系统、实施信息窃取及系统变更的能力。此外，2011 年 10 月，与“震网”

具有类似结构的新病毒被发现。

在我国，2011 年 9 月发现，负责制造防卫装备品的民间企业的计算机感染了非法程序。同一年，日本国会和行政机构也遭到了攻击。

针对政府和军队的信息通信网以及重要基础设施的网络攻击，会对国家的安全保障造成重大影响，因此必须持续关注网络空间相关威胁的发展动向。

3. 网络攻击的对策

鉴于上述网络空间威胁的增多，各国政府层面和包含国防部在内的相关部厅层面都在进行着各种努力。

在政府层面，各国目前正在实施的网络安全政策有如下倾向：第一，网络安全相关部门的统合以及运用单位的一元化；第二，通过设置专职岗位、新设或扩充研究部门等方式，强化政策部门和研究部门；第三，扩大情报机构在网络攻击应对方面的作用；第四，重视国际合作。

在国防部层面，应对网络攻击、确保网络空间的活动安全是各国军队生死攸关的问题。各国都在强化网络攻击的应对措施，例如新设统管军队网络作战的机构、将应对网络攻击列为国防战略中的重要目标等。

近年来，网络攻击已成为新的安全保障问题。为了有效应对网络攻击，有许多问题应该处理。例如，在规范国家网络空间行为和国际合作方面尚未达成广泛共识。带着这些问题意识，国际社会已经开始展开讨论，例如根据国际共识制定统一的行为规范等。

2011 年 11 月，英国政府主办了与网络空间相关的国际会议。会上讨论了网络空间的经济增长和发展、社会便利、安全并值得信赖的使用、国际安全保障、网络犯罪等，预计将在今后召开的后续会议上进行进一步的讨论。

(1) 美国

2011 年 5 月发表的《网络空间的国际战略》，美国提出了对网络空间未来的构想。为了实现该构想，该文件为美国开展与各国政府和国民的合作设定了议程。此外，该战略还指出应该优先发展的 7 大政策领域，分别是：经济、网络防护、执法、军事、互联网治理、国际能力构建以及互联网自由。

美国国土安全部负责联邦政府及重要基础设施的网络防护工作。该部的国家网络安全局（NCSD）负责整体的协调。

作为国防部的举措，2010 年 2 月发布的《四年防务评估报告》认为，全球公共领域（Global Commons）除陆、海、空、天外，还包括网络空间，美国必须确保进入全球公共领域。报告还将网络空间的有效作战作为美军强化战力的六大任务领域之一。为此，《网络空间的国际战略》指出，针对网络空间的敌对行为，美国将像处理其他威胁一样应对，美国保留合理行使包括军事手段在内、符合国际法规定的所有手段的权利。该战略还声明美国将在此基础上采取以下举措：第一，承认并适应军队越来越需要安全可靠的网络这一事实；第二，为了对抗网络空间的潜在威胁，构筑并强化军事同盟；第三，以提高集体安全为目标，强化与盟国以及伙伴国在网络空间领域的合作。

2011 年 7 月发表的《美国防部网络战战略》指出，关于网络威胁的认识，除了外国实施的网络攻击、即外部威胁之外，还有内部人士实施的内在威胁；敌对者有可能正在寻求干扰国防部的网络和系统等。在此基础上，为了应对网络威胁，该文件还提出了五大战略构想：第一，把网络空间定位成和陆海空天一样的作战领域，最大限度地利用网络空间的潜力；第二，为了防卫国防部的网络和系统，采用新的防卫作战理念；第三，为了使得政府整体的网络安全战略成为可能，与其他单位和民间部门展开合作；第四，为了强化网络安全，与同盟国及伙伴国构建稳固的关系；

第五，通过网络领域的优秀人才以及迅速的技术革新，强化国家创新意识。

在组织机构方面，时任国防部长罗伯特·M·盖茨于2009年6月决定创设网络司令部，统管网络空间作战。2010年5月，网络司令部初步运行，同年11月开始正式运行。

（2）北约

2011年6月举行的北大西洋公约组织国防部长会议，通过了关于网络防卫的北约新政策以及行动计划。该政策确定了以下原则：第一，明确了关于网络攻击北约在政治上以及运用上的应对机制；第二，北约支援各盟国构筑网络防护以及当盟国受到网络攻击时进行支援；第三，同各伙伴国展开合作。

在组织机构方面，北约最高决策机构——北大西洋理事会（NAC）在政治上监督北约关于网络防护的政策和作战行动。此外，负责就防卫问题向理事会提出建议的机构——防卫政策计划委员会（DPPC）主要从专家层面进行监督和提出建议。而由那些对于网络防护负有责任的政治、部队、运用、技术代表构成的网络防卫管理委员会（CDMB），主要负责北约本部和相关组织间的协调工作。在国际事务局内，新成立的安全保障课题局（ESCD）负责制定网络防卫相关的政策和行动计划。2008年新设的北约网络防卫中心（CCD COE）从事网络防卫的研发工作。从2008年开始，北约每年都实施网络防卫演习以提高网络防卫能力。

（3）英国

英国2009年6月发布的《网络安全战略》决定：在内阁府中设置网络安全部（OCS）（后来同情报保障部门进行统合，改编成网络安全暨情报保障部（OCSIA）），负责政府整体的网络安全战略的立案和协调；在政府通信本部（GCHQ）设立网络安全运用中心（CSOC），负责网络空间的监视等。2010年10月公布《国家安全战略》（NSS）和《战略防御与安全评估》（SDSR）两份报告，在将网络攻击评价为优先级别最高的风险之一的同时，决定新设国防网络作战小组（DCOG），对国防部内部的网络活动进行一元化管理。2011 年 11 月，新的《网络安全战略》公布，决定在 2012 年 4 月之前临时设立国防网络作战小组，而在 2014 年 4 月之前该组织将具备完全的运用能力。

（4）澳大利亚

2009 年 11 月，澳大利亚制定《网络安全战略》。该战略指出，由总检察长担任议长的各部间的委员会——网络安全政策协调（CSPC）委员会，负责协调和总合诸如危机管理和国际合作等政府层面的网络安全政策。2009 年 5 月，澳大利亚在发布的《国防白皮书》中指出，网络攻击威胁可能会以难以预料的速度激增，强调应将网络战能力作为澳军优先强化的能力之一。根据该白皮书，国防部于 2010 年 1 月在国防通信电子局（DSD）下成立网络安全运用中心（CSOC），为政府提供网络空间高度威胁方面的分析，并在处理涉及政府机关和重要基础设施的重大网络安全事件时提供协调和支援。

（5）韩国

2011 年 8 月，韩国制定《国家网络安全总体规划》。该规划包含制度方面的整备、相关岗位的任务分担、各领域的重点课题等事项，除了明确国家情报院在处理网络攻击方面的总合职能之外，还指出将重点推进预防、检测、应对、制度、基础等 5 个领域的建设。在国防部门方面，2010 年 1 月韩国设立网络司令部，负责网络空间作战的计划、实施、训练和研发工作。该机构属于韩国国防部的直属部队。除此之外，在 2011 年 10 月召开的美韩安保协议会议上，美韩就强化两国在网络空间领域的合作达成一致。

第三节　国际恐怖主义的动向

1. 概况

2001年发生的“9·11”恐怖袭击事件让全世界重新认识到国际恐怖主义的威胁，也成为以美国为首的世界各国开始与恐怖主义作战的契机。

恐怖袭击发生后，由美英军队主导的阿富汗战争随即爆发。被认为是导演了“9·11”恐怖袭击的“基地”组织以及为其提供庇护的阿富汗塔利班中，有很多骨干人员或遭击毙或被逮捕。2011年5月，潜伏在巴基斯坦的“基地”组织领导人奥萨马·本·拉登在美国的一次行动中被击毙。然而，“基地”组织并不会因此停止攻击，在据称是其余党和阿富汗塔利班潜伏的阿巴边境地区，由美国主导的多国军队和阿巴军队仍在进行扫荡行动。

据悉，由于骨干人物的被杀或者被捕，“基地”组织的核心团体正在不断削弱；而为了维持其与相关组织的联系，该组织有可能实施规模较小、简单易行的攻击。此外，在“基地”组织核心团体的指挥控制能力不断衰退的同时，相关组织却在不断扩大其势力。

将“基地”作为其名称一部分的相关组织主要以北非和中东地区为据点实施恐怖活动，但这些组织在据点以外的国家实施恐怖活动的意图和能力等方面存在较大差异。

此外，近年来还出现了一些虽然从未和“基地”组织网络有过联系，但却接受其意识形态影响的激进团体和个人，他们也变成了恐怖分子。特别是在2005年伦敦地铁连环恐怖袭击事件发生以后，人们开始关注所谓的“本土恐怖分子”。比如在美国，2009年5月至2011年10月间，有32名“本土恐怖分子”遭到起诉。有人认为，虽然很难找到驱使这些人实施暴力的共同动机，但无外乎有以下可能：以过激的观点看待外国的冲突地区、对美国的生活感到失望、对欧美的对外政策感到愤怒、英语过激宣传的增加等。

2. 世界各地发生的恐怖袭击事件

近年来，也门屡次发生袭击外交代表等团体的恐怖事件。2010 年 10 月，从运往美国的数件航空物品中均发现了爆炸物，这些物品都是从也门寄出的。有人认为，该事件是由“基地”组织的相关机构实施的。2011 年 2 月发生反政府游行所带来的不稳定政局，今后可能会允许“阿拉伯半岛的基地组织（AQAP）”计划实施更进一步的攻击。

尽管索马里过渡联邦政府已于 2005 年成立，但它还不能有效掌控整个国家，伊斯兰激进组织“青年党”（Al-Shabab）和政府军的战斗仍在继续。有怀疑称，索马里“青年党”和“基地”组织有联系。此外，2010 年 7 月，乌干达发生连续爆炸事件，索马里“青年党”发表了犯罪声明。

2007 年，阿尔及利亚接连发生多起针对政府和军队的恐怖袭击事件，“伊斯兰马格里布各国基地组织”（AQIM）声称对此负责。据悉近年来，AQIM 的派系不仅在阿尔及利亚，还在撒哈拉以南区域（马里、尼日尔、毛里塔尼亚）活动。到目前为止，该组织主要以欧美人为袭击目标。2008 年以后，发生了被认为是由该组织实施的绑架欧美人事件。

长期以来，南亚一直是恐怖袭击事件的高发区。2008 年 11 月，印度孟买接连发生恐怖袭击事件，造成包括日本人在内的多名外国人员死亡。被称为“纳萨尔派”（Naxalites）的极端主义组织主要在东部地区活动，成为当地治安的威胁。此外，在巴基斯坦，“巴基斯坦塔利班（TTP）”、“基地”等组织也发生多起以宗教设施和政府机关等为目标的恐怖袭击事件。

在东南亚，伊斯兰激进派等恐怖主义威胁依然存在，但是各国在对抗恐怖组织方面取得了一些进展。印度尼西亚在管控恐怖分子方面取得了一定成果。例如，2010 年 2 月，位于苏门答腊岛亚齐省的恐怖分子训练营曝光，超过 120 名的相关人士被拘禁在那里。在菲律宾，国内治安方面最大的难题——菲共新人民军（NPA）、伊斯兰极端组织“阿布·萨耶夫（ASG）”等恐怖组织正在逐渐衰落。

第四节　复杂多样的地区冲突和国际社会的应对

1. 旨在促进国际社会稳定的举措

近年来，世界各地发生的地区冲突其性质未必相同，起因可能是民族、宗教、领土或资源等问题，还有可能出现多种原因相互交织的情况，这些冲突的程度各异，从武力冲突到军事对峙不一而足。此外，气候变化等全球性问题所带来的影响也可能成为冲突的导火索。同时，伴随冲突而产生的侵犯人权、难民、饥饿、贫困和恐怖主义也有可能成为国际问题。因此，对于国际社会而言，认清这些复杂多样的冲突的本质，研究应该采取的措施和干预方法，探索适当的对策是更为重要的。

冷战结束后，在此之前并未充分发挥作用的联合国维和制度被大家赋予很高的期待，联合国开展了多项维和行动。这些行动涉及的领域广泛，除了监督停火、撤军等传统任务外，还包括监督解除武装、治安部门的改革，监督选举及政府、为归国难民提供人道主义援助等民事活动。此外，不仅在维和框架内，由联合国安理会决议授权的多国部队和地区机构也在进行着防止冲突、维持和平、构建和平等活动。

然而，近些年来维和行动所处的环境趋于严峻。虽然根据联合国宪章第 7 章的规定，联合国维和行动已被赋予很高的权限，但是要想在一个基础设施并非完备的地区进行卓有成效的维和行动，如何确保机械材料、维和人员的安全以及如何提高部队的能力都是需要解决的议题。2009 年 7 月，联合国维和行动局和实地援助局对维和行动所面临的主要政策和战略困境进行了评估，制定了《新的伙伴关系议程：构建联合国维和行动的新视野计划》，供相关方就对策问题进行讨论。联合国以该文件为基础，开始展开被称为“新视野进程”的讨论，并于 2010 年 10 月发表了与该进程进展状况相关的第一次报告。该报告称，在作为维和行动改革课题的国民保护及和平构建等重要领域的政策制定、任务实施所需能力的提升等方面均已进行了集中努力。2011 年 12 月发表第二次报告书称，即将看到在上述领域的进展。

2. 地区冲突的现状

（1）阿富汗局势

（2）中东和平相关局势

（3）叙利亚局势

2011 年 3 月以后，叙利亚各地爆发了旨在寻求民主化的反政府示威活动，与治安部队的冲突造成了巨大伤亡。鉴于这种局势，叙利亚政府在同年 4 月撤废《紧急事态法》、2012 年 2 月就新宪法的是非问题组织国民投票的同时，在多座城市投入军队和治安部队，希望通过武力镇压示威活动。据说，在一些城市还发生了军队与叛变士兵间的冲突。

针对叙利亚治安当局镇压示威活动的举动，美国及欧盟在要求阿萨德总统下台的同时，还多次采取诸如冻结阿萨德总统等政权要人的资产并禁止他们出国、禁止从叙利亚进口石油等制裁措施。2011 年 11 月，阿拉伯联盟决定取消叙利亚政府代表团参加相关会议的资格，并对叙利亚采取经济制裁措施。与此同时，从 2011 年 12 月到 2012 年 1 月，阿拉伯联盟向叙利亚派遣监督团、负责监督终止暴力等任务。此外，联合国大会在 2011 年 12 月和 2012 年 2 月，通过了以要求叙利亚政府立刻停止侵害人权、停止暴力等为内容的决议。

其中，鉴于叙利亚政府同意履行联合国与阿拉伯联盟联合特使科菲·安南所提出的六点建议，联合国安理会于 2012 年 4 月通过第 2043 号决议，决定成立由非武装的军事观察人员组成的“联合国叙利亚监督团”（UNSMIS），目的是在监督所有当事人停止使用武器暴力的同时，监督和帮助履行六点建议。监督团的成员已在叙利亚国内展开行动。尽管国际社会已经作出上述努力，但在监督团展开行动之后，据说叙利亚国内的暴力活动并未停止，死伤人数仍在不断增加。2012 年 6 月，因暴力激化，监督团停止活动，未来的前景依然不明朗。

（4）利比亚局势

利比亚长期处于革命领导者卡扎菲的统治之下。面对 2011 年 2 月发生的反政府示威活动，卡扎菲政权对本国国民实施了暴力。为了应对这一形势，联合国安理会通过第 1973 号决议，决定在利比亚空域设置禁飞区，并赋予联合国成员采取一切必要措施的权限，旨在保护深陷攻击威胁的利比亚平民及其居所。2011 年 3 月 19 日，由美、英、法等国组成的多国部队开始对利比亚实施军事行动。在行动初期，由美国指挥统管多国部队；3 月底，所有军事行动的指挥统管权均移交给北约。

多国部队的军事行动开始后，由反政府势力组成的全国过渡委员会在与卡扎菲政权的战斗中比较占优势，控制范围逐渐扩大，2011 年 8 月基本攻占了首都的黎波里。至此，统治长达 42 年之久的卡扎菲政权事实上已经崩溃。的黎波里陷落后，卡扎菲前政权以卡扎菲的出生地苏尔特为据点继续战斗，然而过渡委员会在 2011 年 10 月 20 日攻占苏尔特后声称卡扎菲已经去世，同年 10 月 23 日发表了全国解放宣言。对此，北约于同年 10 月 31 日终止了多国部队的军事行动。

之后的 2011 年 11 月 22 日，以临时代任总理凯卜为首的临时政府正式启动。经过预计于 2012 年 7 月举行的国民议会选举，利比亚将继续制定宪法，逐渐过渡成正式政府。利比亚今后的民主化进程值得关注。

（5）苏丹和南苏丹局势

（6）索马里局势

第二部分　我国防卫政策的基本以及灵活的防卫力量

第一章　我国安全保障和防卫的基本构想

第一节　确保我国安全保障的方略

和平和安全是国民安居乐业和国家持续繁荣发展之必需。一国的独立必须得到捍卫，才能保证国家自主地决定政治、经济和社会方式，坚守其文化、传统和价值观。和平、安全和独立仅有愿望是难以确保的，只有基于相互依赖关系日渐密切的国际社会现状，依靠自身的防卫力量，综合使用包括外交努力、与盟国和国际社会的合作在内的各种政策才能确保。

特别是对我国而言，由于资源和粮食高度依赖海外、发展繁荣基于自由贸易，维护国际社会的和平与和谐显得尤为重要。因此，我国积极强化以日美同盟为首的双边合作关系，在亚太地区推动地区合作，同联合国合作以防止和解决冲突与争端，发展经济、促进军控和裁军、确保海洋安全、增进相互理解和信赖。从国内来看，我国正在经济和教育等领域贯彻各种政策，确立安全的基础，以稳定国民生活、充实守卫国家的国民气概、消除招致被侵略的机会。

但是国际社会的现实状况表明，仅仅依靠非军事手段，未必能够做到防外敌入侵于未然，万一遭到侵略更无法应对。防卫力量是体现国家应对侵略的意志和能力的安全屏障，其功能是其他手段所无法替代的。正如本文第一部分所总结的那样，复杂多样且相互交织的安全保障课题以及不稳定因素将引发各种紧急事态，为确保对此做出适当的应对，防卫力量不可或缺。另外，从改善我国安全环境、预防发生对我国的威胁来看，防卫力量在亚太地区和国际社会合作中所扮演的角色正日益重要。基于上述原因，我国正在推进适当的防卫力量整备。这种适当的自我防卫力量和日美安保体制结合能构筑完整的防卫态势，足以确保我国安全。

我国已认识到防卫力量的重要性，并在各领域竭尽全力确保国家安全；与此同时，维护亚太地区乃至世界的和平与安全也是我们的目标。

第二节　宪法和自卫权

1. 宪法和自卫权

第二次世界大战后，我国决意避免重蹈战争苦难之覆辙，致力于建设和平国家。持久和平是日本国民的愿望。日本国宪法彰显了这种和平主义的理想，在第 9 条中作出规定：放弃战争、不保持战力、否认交战权。但是，既然我国是独立国家，那么该规定并不能否认我国作为主权国家所固有的自卫权。

我国政府认为，既然没有否认我固有的自卫权，那么宪法是承认为了自卫而保持必要且最低限度实力的。基于这种观点，我国依据宪法规定，将专守防卫作为基本方针，保持自卫队作为实力组织，推进其整备和运用。

2. 关于宪法第 9 条主旨的政府见解

（1）可以保持的自卫力量

根据宪法规定，我国可以保持的自卫力量必须以自卫为目的，是必要和最低限度的。

根据具体时期的国际形势和军事技术水平，这一限度会不断变化，为此将由国会代表国民，通过审议年度预算决定具体限度。在我国保持的整体军力方面，必须考虑宪法第9条第2款中所禁止保持的“战力”。因此，自卫队是否可以拥有某件武器，取决于有了这种武器之后我国实力是否会超过宪法所规定的限度。

然而，某件武器如果在性能上专门用于对对象国国土进行毁灭性破坏的话，即所谓攻击性武器，因为超出自卫所必要的最小限度范围，在任何条件下都不被允许，比如洲际弹道导弹、远距离战略轰炸机和攻击型航母。

（2）行使自卫权的必要条件

一直以来，政府认为动用武力行使宪法第9条中所允许的自卫权必须满足以下三个条件：

第一，存在针对我国的紧急非法侵害。

第二，没有其他合适的手段可以消除这种侵害。

第三，武力行使仅限于必要和最低限度。

（3）能够行使自卫权的地理范围

我国动用必要且最低限度的武力行使自卫权保卫国家的地理范围，不限于我国的领土、领海和领空，具体会延伸到哪里，根据具体情况会有所不同，不能一概而论。

然而，宪法不允许以行使武力为目的，向他国的领土、领海和领空派遣武装部队；这类海外派兵行为超出了自卫所需的必要和最低限度。

（4）集体自卫权

国际法规定的集体自卫权是指，如果与本国有密切关系的其他国家遭到武力攻击，即使本国没有直接受到攻击，也可以使用武力阻止这种攻击的权利。我国既然是主权国家，自然就具有国际法所赋予的集体自卫权，但是使用武力阻止针对他国而并非直接针对我国的攻击，超过了宪法第9条中所允许的武力使用范围，因此是不允许的。

（5）交战权

宪法第 9 条第 2 款规定“不承认国家的交战权”。但是，这里的“交战权”并不是指交战的权利，而是交战国在国际法中所拥有的各种权利的总称，包括杀伤和破坏对方国家的兵力、占领对方国家的领土等权限。

然而，行使自卫权，我国为了防卫而使用必要且最小限度的武力当然是被允许的。比如，我国行使自卫权杀伤和破坏对方国家兵力的时候，虽然表面上看是同样的杀伤和破坏，但是这与行使交战权是不同的概念。但是，占领对方国家的领土超过了自卫所需的必要且最小限度，因此不被承认。

第三节　防卫政策的基本

1. 国防的基本方针

我国在宪法指导下所推进的防卫政策之基础是 1957 年国防会议和内阁会议所通过的《国防的基本方针》。

《国防的基本方针》规定，国防旨在防止直接和间接侵略于未然，一旦发生侵略则予以阻止，守卫我国以民主主义为基调的独立与和平。为了实现上述目的，制定了以下四条基本方针。

第一，支持联合国的活动，谋求国际合作，期待实现世界和平。

第二，确立稳定民生、高扬爱国心和保障国家安全所需的基础。

第三，根据国情，在自卫所需的必要限度内，逐步整备有效的防卫力量。

第四，对于来自外敌入侵，在联合国发挥有效阻止功能之前，以日美安保体制为基础加以应对。

2. 其他基本政策

受《国防的基本方针》的影响，一直以来我国在宪法的指导下，坚决贯彻专守防卫，遵循不成为会给别国造成威胁的军事大国之基本理念，在坚持日美安保体制的同时，确保文官统治，遵守无核三原则，自主建设适度的防卫力量。

（1）专守防卫

专守防卫是指在受到对手武力攻击后才使用防卫力量，而且仅限于自卫所需的必要和最低限度。保持的防卫力量也限于自卫所需的必要和最低限度，这种被动型的防卫战略姿态与宪法精神相符。

（2）不成为军事大国

虽然没有对“军事大国”的明确定义，但是我国不成为会给别国造成威胁的军事大国是指，不拥有给他国造成威胁的强大军事力量，不超出我国自卫所需的必要和最低限度。

（3）无核三原则

无核三原则是指不拥有、不制造、不运进核武器。我国将之作为国策并坚持至今。

另外，制造和拥有核武器是《原子能基本法》所禁止的。根据《核不扩散条约》，我国作为无核武器国家，负有不制造、不获取核武器的义务。

（4）确保文官统治

文官统治又称文民控制，是指在民主国家，政治优先于军事，民主主义的政治控制军事力量。

我国基于对战争历史的反省，为了确保自卫队根据国民意志加以整备和使用，采用了下列与旧宪法完全不同的严格的文官统治的制度。

国会代表国民，通过法律和预算方式决定自卫官的人数和主要机构，并发布防卫行动指令。

与国家防卫有关的事务，作为一般性行政事务，完全属于内阁的行政权。组成内阁的内阁总理大臣和其他国务大臣必须是宪法上的文官。内阁总理大臣代表内阁对自卫队行使最高指挥监督权；防卫大臣作为国家防卫专门的主任大臣统管自卫队的事务。另外，内阁中设置安全保障会议，负责审议与国防相关的重要事宜。

在防卫省内，防卫大臣负责与国家防卫相关的行政事务，管理和使用自卫队。在政策和企划方面，有一名防卫副大臣和两名防卫大臣政务官负责辅助防卫大臣。

在防卫省所辖事务的重要事宜上，防卫大臣辅佐官利用自身所具备的专业知识与经验，向防卫大臣谏言。在防卫会议上，政治任用者、文官、自卫官三者汇聚一堂，在防卫大臣的带领下审议防卫省所辖事务的基本方针，以彻底实现文官统治。

如上所述，文官统治的制度业已确立，但是为了取得实效，在国民关心防卫的同时，仍有必要加强政治和行政方面的管理工作。

第二章　防卫计划大纲

《防卫计划大纲》针对安全保障基本方针、防卫力量的意义和作用以及在此基础之上的自卫队具体体制、主要装备的整备目标水准等今后防卫力量的基本方针进行说明。

截至目前，日本共 4 次制定《防卫计划大纲》，分别是：《1977 年度以后的防卫计划大纲》（76 大纲）、《1996 年度以后的防卫计划大纲》（95 大纲）、《2005 年度以后的防卫计划大纲》（04 大纲）以及在 2010 年 12 月制定的《2011 年度以后的防卫计划大纲》（10 大纲）。

本章将对“10 大纲”制定的背景及其内容进行说明。

第一节 “10 大纲”制定的背景

制定“10 大纲”所考虑的事项如下：

1. 国际形势概况——课题的复杂化以及军事力量任务进一步多样化

2. 亚太地区局势——合作关系的深化以及不透明和不确定的因素

3. 我国的特性

4. 我国应处理的课题

从 1—3 来看，发生大规模登陆进攻、影响我国存亡的真正侵略的可能性很小，但是我国所面临的安全保障课题和不稳定因素却复杂多样、相互交织。我国必须应对可能发生的各种事态，同时与盟国、友好国家及其他相关国家合作，积极应对地区和全球性安全问题。

第二节 “10 大纲”的内容

本节将对“10 大纲”所提出的防卫力量的构想以及自卫队的态势和体制等内容进行说明。

1. 基本构想——构筑动态防卫力量等

为应对安全保障环境的变化，“10 大纲”的最大特点是构筑“动态防卫力量”。

我国周边依然存在包括核武器在内的大规模军事力量，许多国家都在推进军队现代化，各种军事活动也日趋活跃。在这种情况下，重要的不仅是靠防卫力量本身来威慑对手，还要通过运用防卫力量实现“动态威慑”，即在平时及时安排适当的活动，展示国家的意志和强大的防卫能力。此外，由于军事科技的飞跃式发展，从端倪初现到事态发生的时间间隔大有缩短之势。因此，必须对事态作出迅速反应，快速反应等综合运用部队的能力显得越发重要。

此外，当今世界有许多安全保障课题越过国境四处蔓延，因此各国在平时进行合作非常重要。在这种情况下，军事力量的任务更加多样化，使用军事力量进行人道支援、灾害救援、维持和平、打击海盗等行动正在平常化。自卫队也参加了多次国际和平合作活动，在海外的活动正在日常化。为此，自卫队具备持久力等从事这些连续性活动的能力显得尤为重要。

因此，对于今后的防卫力量，不能基于之前重视“防卫力量存在”的“基础防卫力量构想”，而应聚焦于“防卫力量的运用”，基于“动态防卫力量”，主动开展各项活动，有效地运用防卫力量。因此，在“10 大纲”中，要构筑具备快速反应性、机动性、灵活性、持续性以及多目的性，基于军事技术水平的动向，由强大的技术力量和情报能力支撑起来的“动态防卫力量”。这种“动态防卫力量”构想着眼于通过自卫队的作战行动，完成防卫力量的任务。

为了应对日渐严峻的安全保障环境，日本有必要整备适当规模的防卫力量。因此，在“10 大纲”中，基于严峻的财政状况，通过重新讨论自卫队整体的装备、人员、编成和配置，提高效率性和合理性，在此基础上，将资源有选择地集中于那些真正有必要的功能上，即采取“选择和集中”的措施，对防卫力量进行结构性改革，使用有限的资源取得更多的成果。同时，从根本上重新讨论人事制度，在限制人事费用和提高效率的同时推进年轻化、精壮化，以改善人事费用在自卫队活动经费中比例过高的防卫预算结构。防卫力量的结构性改革和人事制度改革也是“10 大纲”的特征之一。

2. 安全保障的基本理念

“10 大纲”为了明确我国安全保障的最基本事项，首先阐明了我国安全保障的基本理念。

具体而言，安全的目标是：第一，预防并消除会对我国造成威胁的事情，使损害最小化；第二，通过进一步稳定亚太地区的安全环境和改善全球安全保障环境以预防威胁的发生；第三，为世界和平和稳定以及人类安全作出贡献。

为达成上述目标，我国要统合推进三方面的内容，分别是：我国自身努力、与盟国合作以及国际社会的多层安全保障合作。

我国将在日本国宪法的指导下，坚决贯彻专守防卫，遵循不成为会给别国造成威胁的军事大国之基本理念，继续坚持确保文官统治，遵守无核三原则，建设适度的防卫力量等国防基本方针。与此同时，将积极参与国际维和行动。此外，对于核武器的威胁，以实现无核世界为目标，积极能动地为核裁军、核不扩散等问题履职尽责，同时在现实依然存在核武器的这段时间里，为了维持和强化美国核威慑的信赖度，与美国紧密合作；通过弹道导弹防御和国民保护等我国自身的努力，进行适当的应对。

3. 我国安全保障的基本方针

（1）我国自身的努力

（2）与盟国的合作

（3）国际社会的多层安全保障合作

4. 防卫力量的作用

（1）有效威慑与应对

（2）亚太地区安全保障环境的进一步稳定

（3）全球安全保障环境的改善

5. 防卫力量的具体内容

（1）自卫队的态势

（2）自卫队的体制

6. 发挥防卫力量功能的基础

（1）有效利用人力资源

（2）充实和强化物质基础的举措

（3）防卫设施与周边地区的和谐

7. 其他注意事项

第三章　面向构筑动态的防卫力量

为了有计划地向“10 大纲”所确定的体制过渡，政府于 2010 年 12 月在安全保障会议和内阁会议上通过了《中期防卫力量整备计划（2011 年度—2015 年度）》（11 中期防）。“11 中期防”是基于“10 大纲”的第一个中期防，为实现该大纲构想的防卫力量设定了路线。

另外，防卫省正紧锣密鼓地讨论如何推进结构性改革，以构筑“10 大纲”和“11 中期防”所构想的动态防卫力量，提高防卫力量的效能。

本章将就“11 中期防”、提高防卫力量实效性的结构性改革、2012 年度的防卫力量整备等内容加以说明。

第一节　中期防卫力量整备计划

1. 计划的方针

2. 骨干部队的重组等

3. 与自卫队能力相关的主要行动

（1）有效威慑与应对

（2）亚太地区安全保障环境的进一步稳定

（3）全球安全保障环境的改善

（4）体制整备时的重要事项

（5）防卫力量能力发挥所需的基础

4. 强化日美安保体制的举措

（1）战略对话和政策调整

（2）日美防卫合作的强化

（3）为使驻日美军能顺利且有效地驻留所采取的举措

5. 整备规模和所需经费

6. 其他

第二节　提高防卫力量实效性的结构性改革

1. 背景

2. 研讨的具体事项

3. 研讨的状况

第三节　2012 年度的防卫力量整备

1. 2012 年度防卫力量整备的主要事项

2. 预算编成的经过

第四节　防卫相关费用

1. 防卫相关费用及其推移

防卫相关费用除了自卫队的维持运营经费外，还包括改善防卫设施周边的生活环境以及援助驻日美军等所需的经费。

关于 2012 年度的防卫相关费用，在越发严峻的财政形势下，除去“冲绳事务特别行动委员会（SACO）”相关经费以及美军整编相关经费中当地负担减轻的部分，岁出预算是 4.6453 万亿日元，与上一年度相比，减少了 172 亿日元（0.4%），连续第十年下降。然而，自卫队的活动经费与上一年度相比，增加了 49 亿日元。防卫省和自卫队有选择性地将资源集中到那些真正必要的功能上，从而确保了旨在完成国民所期待的各种任务所必需的那部分经费。

在2012年度的普通会计中，冲绳事务特别行动委员会相关经费是86亿日元，比上一年度减少15亿日元（14.7%）；美军整编相关经费中当地负担减轻的部分是599日元，比上一年度减少427日元（41.6%）。加上这些之后的防卫相关费总额是4.7138万亿日元，比上一年度减少了614亿日元（1.3%）。

此外，关于东日本大地震修复和重建所需的经费，虽然采取了2011年度补充预算的方式，但是在2012年度的预算中也列入了必要的经费。具体而言，在自卫队有效实施灾害派遣活动的同时，2011年度第一次补充预算列入了1886亿日元，2011年度第三次补充预算列入了1616亿日元，作为修复受灾的自卫队设施和装备品等所必要的经费。2012年度预算又列入了1136亿日元。这个1136亿日元不列进2012年度普通会计，而是列在东日本大地震重建特别会计里。因此，2012年度的普通会计（除去冲绳事务特别行动委员会和整编相关经费），加上这一部分的防卫相关费总额是4.7589万亿日元，与上一年度相比增加了964亿日元（2.1%）。

此外，为了应对索马里和亚丁湾的打击海盗活动所必须追加的燃料费、在向南苏丹维和行动派遣自卫队方面运送人员和物资所必须的经费，2011年度第四次补充预算列入了281亿日元。

2. 防卫相关费的细目

3. 与各国的比较

第五节　下一代战斗机的整备

1. 引进下一代战斗机的必要性

2. 机种选定的过程

3. 通过新机种选定程序的背景

4. 希望下一代战斗机具有的性能等

（1）高度的性能

（2）有效、稳定的后方支援态势

（3）国内企业参与计划的确保

（4）生命周期成本的考虑

5. 评估方法

6. 评估结果

（1）第一阶段评估

（2）第二阶段评估

（3）结论

第六节　基于最近动向的举措

1. 开发利用宇宙的相关举措

2. 稳定利用网络空间的相关举措

3. 环境的相关举措

（1）气候变化给安全保障环境造成的影响

（2）保护环境的举措

4. 海洋政策的相关举措

5. 防卫装备品等向海外转移的相关标准

第三部分　我国的防卫举措

第一章　自卫队的运用

我国实现国家安全之本在于依靠自身的努力。

基于这种认识，“10 大纲”规定，在平时将举全国之力应对，在各种事态发生之时将视事态的发展灵活应对。因此，在国家实施各种综合战略性举措的同时，防卫省和自卫队不仅要在各种事态发生时运用自卫队，还要在平时实施各种举措以提高应对能力等。

本章第一节阐述国家的基本框架，包括武力攻击事态时自卫队的运用等。第二节阐述发生各种事态时自卫队的具体应对。第三节阐述应对东日本大地震时得到的教训等。

第一节　武力攻击事态等的应对

1. 武力攻击事态等的应对框架

（1）武力攻击事态等的应对

（2）武力攻击事态以外的其他紧急事态的应对

2. 根据《武力攻击事态处置法》采取的措施

（1）为保护国民人身安全、尽可能减少对国民日常生活影响而采取的措施

（2）终结武力攻击事态的措施

(3) 确保国际人道法的实施

(4) 为应对武力攻击事态所做的努力

3. 保护国民的相关举措

(1) 武力攻击事态等发生时保护国民的措施（国民保护措施）

(2) 国民保护的基本指针

(3) 自卫队保护国民的职责

(4) 防卫省和自卫队为保障国民保护措施顺利实施而采取的措施

4. 自卫队的联合作战体制

(1) 联合作战体制概述

(2) 为了充实联合作战体制进行的基础整备

第二节　有效地威慑和应对

1. 确保周边海空区域的安全

(1) 警戒监视周边海域

(2) 警戒领空侵犯和紧急出动（紧急战斗起飞）

(3) 应对领海内的潜艇

(4) 应对武装间谍船等

2. 岛屿遭到攻击时的应对

(1) 自卫队的应对

(2) 防卫省和自卫队的举措

3. 网络攻击的应对

（1）自卫队的应对

（2）防卫省和自卫队的举措

4. 遭到游击队、特种部队攻击时的应对

（1）应对游击队、特种部队的攻击

（2）应对武装间谍人员

（3）应对核生化武器

5. 应对弹道导弹攻击

（1）我国的弹道导弹防卫

（2）法律与作战方面的整备

（3）美国的导弹防卫和日美弹道导弹防卫技术合作

（4）应对朝鲜导弹发射事件等

6. 复合事态的应对

7. 应对大规模和特殊灾害

（1）灾害派遣概述

（2）应对灾害

（3）平时针对灾害应对的举措

8. 应对真正的侵略事态

（1）防空作战

（2）周边海域防卫作战

（3）陆上防卫作战

（4）确保海上交通安全的作战

9. 应对其他状况

（1）自卫队设施的护卫态势的整备

（2）在外日侨的运送态势的整备

（3）应对周边事态

（4）应对新型流感

（5）收集军事情报

第三节　应对东日本大地震时得到的教训等

1. 应对东日本大地震的概述

2. 应对东日本大地震的总结

（1）大规模震灾应对

（2）原子能灾害应对

（3）日美合作

3. 应对东日本大地震时得到的教训等

4. 应对东日本大地震的评价

第二章　日美安全保障体制的强化

日美安保体制以《日美安保条约》为基础，是我国国防的支柱之一。日美同盟以这一体制为核心，是确保我国乃至亚太地区和平与稳定所不可缺少的基石。日美之间的紧密合作关系则以日美同盟为基础，对于有效解决全球诸多安全难题发挥着重大的作用。在向国际社会推广日美两国所共有的民主主义、法治意识、尊重人权和资本主义经济等基本价值观方面，日美同盟已变得越来越重要。“10大纲”也指出，要深化发展日美同盟，以适应新的安全保障环境。

驻日美军的存在是日美安保体制的一大核心要素，不仅有利于我国的防卫，而且对威慑和应对亚太地区紧急事态都有着重大作用。然而，由于驻日美军的驻留问题会对当地居民的生活环境产生影响，我国必须努力减轻冲绳等地的负担，使其与实际情况相符。

日美安保体制对我国的安全保障具有重要意义，为此本章第一节将对日美安保体制的意义及基本框架、驻日美军现状等情况进行说明，第二节将对深化日美同盟的历史进程、深化扩大同盟的日美协商以及调整驻日美军整编计划的相关协议等加以说明，最后在第三节阐述普天间机场搬迁等与驻日美军驻留相关的举措。

第一节　日美安保体制概要

本节将对日美安保体制做一简单说明，主要内容有：日美安保体制对我国安全保障的意义、支撑这一体制的基本框架、驻日美军现状以及与驻日美军驻留的相关框架。

1. 日美安保体制的意义

（1）确保我国的和平和安全

（2）确保我国周边地区的和平与稳定

（3）改善国际安全保障环境

2．支撑日美安保体制的基本框架

（1）日美之间的政策协商

（2）《日美防卫合作指针》和确保其实效的各种举措

3．驻日美军现状

（1）驻日美军驻留的意义

基于日美安保体制的日美同盟对于维护我国防卫乃至亚太地区的和平与安全具有威慑作用。为了充分发挥其威慑作用，确保驻日美军的存在以及驻日美军平时在我国及周边范围内保持可以在紧急状态时能够采取迅速机动的应对态势，都是非常必要的。

为此，我国依据《日美安保条约》允许美军驻留。如上所述，如果有哪个国家试图对我国发动武力攻击，它势必要做好同我国自卫队和美军直接对决的心理准备。驻日美军是防止我国遭受侵略的威慑力量。为了在发生针对我国的武力攻击事态时，日美两国能够根据《日美安保条约》第 5 条迅速采取共同的应对措施，必须确保驻日美军的稳定驻留。此外，在保卫我国安全的行动中，美军有可能需要其他部队的增援。此时，驻日美军将是增援部队的基础。

为了使驻日美军能够发挥上述作用，有必要统合包括驻日美军在内的美军各军兵种的职能。比如说日美两国在合作应对针对我国的武力攻击时，美军是“矛”，主要发挥打击作用。在发挥这一作用时，驻日的美国海、空军和海军陆战队要实施一体化作战，充分发挥各自的作战职能。

如上所述，《日美安保条约》第 5 条规定了美国对日本防卫的义务。第 6 条则规定了我国允许美国在保障我国安全和维持远东地区和平与安全时可以使用我国的设施和基地。如此一来，日美双方的义务保持了综合平衡。这一点与《北大西洋条约》截然不同，后者只规定了缔约国负有共同防卫的义务。

（2）驻日美军的设施、基地及当地社会

为了使驻日美军的设施、基地充分发挥其应有功能，其所在地区的理解与合作是不可或缺的。《日美安保条约》缔结后这数十年间，由于城市化建设的逐步推进等原因，驻日美军设施、基地的周边社会环境发生了巨大变化。为了得到我国国民的真心支持与认可，也为了使驻日美军的设施、基地充分发挥作用，有必要依据环境变化，尽可能减少驻日美军设施、基地所带来的影响。

我国的国土狭长且平原较少，驻日美军的设施、基地与城市、工业区相邻的情况不在少数。在这些地区，驻日美军设施和基地的存在、飞机的起飞着陆等因素无疑会给当地居民的生活环境和地方经济振兴造成较大影响。因此，有必要根据各地的实际情况，努力减少当地的负担。

（3）冲绳的驻日美军

冲绳与夏威夷、关岛或美国本土相比，距离东亚较近。因此，当需要在该区域紧急展开部队时，驻扎在冲绳的美军能够迅速应对。此外，冲绳有地理上的优势，它和我周边诸国之间有一定距离。而且，它大致位于西南诸岛的正中央，距离我国的海上交通线很近，在安全保障方面处于极其重要的位置。具有高机动性和快速反应能力、负责处置各种紧急事态的海军陆战队等美军，驻扎在具有上述地理特征的冲绳，有利于我国乃至整个亚太地区的和平与稳定。

另一方面，机场、演习场、后勤支援设施等驻日美军的诸多设施和基地都位于冲绳县内。截至 2012 年 1 月，驻扎在我国的美军设施和基地（专用设施）从占地面积来看，大约有 74% 都集中在冲绳。因此，有必要在充分考量上述安全因素的基础上，尽最大努力减轻冲绳的负担。

4. 驻日美军驻留的相关框架

（1）基于日美地位协定所采取的措施等

（2）驻日美军驻留经费负担

（3）特别协定

（4）驻日美军相关经费

5. 日美共同训练

6. 日美物资劳务相互提供协定（ACSA）

7. 装备与技术层面的交流

8. 在东日本大地震时的合作

第二节　日美同盟的深化和扩大

1. 发展历程

2. 面向深化和扩大同盟关系日美间的协定

（1）“2 +2”会谈（2011 年 6 月 21 日）

（2）日美防卫大臣会谈

3. 调整驻日美军整编计划的相关协议

（1）协议过程

（2）“2 +2”共同宣言

4. 动态的防卫合作

第三节　驻日美军驻留的相关政策

1. 驻日美军在冲绳的驻留

（1）旨在整理、统合、缩小驻日美军设施和基地的举措

（2）冲绳事务特别行动委员会最终报告和进展状况

（3）驻冲绳美军的整编经过和进展状况

（4）旨在减轻驻冲绳美军基地负担的举措

（5）利用驻留军用地拆除后的土地

2. 冲绳外驻日美军的驻留

（1）神奈川县驻日美军设施基地的整理等

（2）路线图所示美军整编的现状等

3. 推进驻日美军整编的举措

（1）整编补助金

（2）公共项目特殊补贴率

（3）日本金融公司业务特别条款等措施

（4）针对驻军当地雇员的措施

（5）法律的有效期限

4. 减少驻日美军设施基地影响的措施

（1）与驻日美军设施基地相关的环保措施

在2000年9月举行的“2+2”会谈上，两国政府基于对环境保

护重要性的共同认识，将保障驻日美军设施基地周边的居民、美军相关人员及其家属的健康和安全作为两国的共同目标，发表了《有关环境原则的共同声明》。为深化该声明的主旨，日美加强了共同协商。具体来说，两国的相关部门（省）和机构（厅）共同参与，不仅在《日本环境治理标准》（JEGS）定期评估方面加强了合作，还就环境情报交流和环境污染应对等问题进行了磋商。

在 2010 年 5 月举行的“2 + 2”会谈上，两国政府研讨了建立“绿色同盟”的可能性。双方还讨论了把可再生能源技术引进在日本国内整备中的美国基地，并将其作为驻日美军驻留经费负担（HNS）的一个组成要素。其结果反映在驻日本军驻留经费负担的总评估当中。

此外，此次会议还决定将迅速、认真地围绕达成与环境相关的协定展开讨论，其中包括在发生环境事故时合理地进入美军设施和基地，以及为了在返还前进行环境调查而合理地进入美军设施和基地等。为此专设了工作小组，日美双方的事务当局进行了多次协商。

（2）其他措施

我国采取旨在改善驻日美军设施和基地周边地区生活环境的措施，并向市町村支付了带有固定资产税替代性质的基地担保金。

此外，在驻日美军设施和基地的周边地区，美国军人所引发的事件和事故还在影响着当地的居民。政府要求驻日美军针对军人采取教育和纲纪整肃等有效措施，以避免类似事件再次发生。此外，除了与驻日美军在这些防范措施上展开合作外，日本政府还将根据事件和事故造成的损失情况，迅速采取措施给予适当补偿。

第三章　国际社会上的多层安全保障合作

第一节　推进亚太地区多国间的安全保障合作和对话

1. 安全保障合作和对话、防卫合作和交流的意义和变迁

2. 多国间安全保障框架和对话方面的举措

（1）在东盟防长扩大会议（ADMM-plus）框架下的举措

（2）东盟地区论坛

（3）防卫省和自卫队主办的多国间安全保障对话

（4）其他

3. 推进实践性的多国间安全保障合作

（1）能力构筑支援

（2）太平洋伙伴关系（PP）

（3）多国间共同训练

第二节　推进与各国的防卫合作和交流

1. 日澳防卫合作和交流

2. 日韩防卫合作和交流

3. 日印防卫合作和交流

4. 日中防卫交流和合作

5. 日俄防卫交流和合作

6. 与东南亚各国的防卫合作和交流

7. 日英防卫合作和交流

8. 与欧洲各国以及其他国家间的防卫合作和交流

第三节　打击海盗活动的举措

1. 基本构想

2. 海盗行为的发生状况和国际社会的举措

3. 我国的举措

（1）应对海盗行动的法律整备

（2）自卫队的活动

4. 对我国举措的评价

第四节　支持国际和平合作活动的举措

1. 国际和平合作活动的框架等

（1）国际和平合作活动的框架

（2）把国际和平合作活动作为基本任务的意义

（3）为迅速适当地开展国际和平合作活动所做的平时努力

（4）和平贡献和国际合作上的《防卫装备品海外转移的相关基准》

（5）派遣部队的福利和心理保健

（6）关于国际和平合作理想状态展开的讨论

2. 参加联合国维和行动

（1）《国际和平合作法》概要等

（2）联合国苏丹特派团（UNMIS）

（3）联合国南苏丹共和国特派团（UNMISS）

（4）联合国东帝汶综合特派团（UNMIT）

（5）联合国海地稳定特派团（MINUSTAH）

（6）联合国脱离接触观察员部队（UNDOF）

（7）向联合国维和部派遣自卫官

（8）向非洲维和中心派遣教官

3. 参加国际紧急救援行动

（1）《国际紧急救援队法》概要等

（2）自卫队实施的国际紧急救援行动和态势

第五节　防卫省和自卫队展开国际合作 20 年回顾

1. 防卫省和自卫队展开国际合作的轨迹

2. 迎接展开国际合作 20 周年的总结

第六节　军控、裁军与不扩散方面的举措

1. 大规模杀伤性武器的军控、裁军、不扩散相关条约等方面的举措

（1）核武器

（2）生化武器

（3）运载手段（导弹）

2. 特定常规武器的军控相关条约等方面的举措

（1）特定常规武器使用禁止、限制条约（CCW）

（2）子母弹的相关条约

（3）杀伤人员地雷禁止条约

（4）联合国军备登记制度

（5）联合国军事支出报告制度

3. 国际社会防止大规模杀伤性武器扩散的举措

（1）针对扩散的安全保障构想

（2）与防扩散相关的安理会第 1540 号决议

第四章　国民与防卫省和自卫队

第一节　支撑防卫力量的组织和人员基础

1. 支撑防卫力量的组织

（1）防卫省和自卫队的体制编制

（2）防卫大臣辅佐体制

（3）地方防卫行政据点

2. 防卫省改革

（1）改革的背景和经过

（2）新政权防卫省改革的原则

（3）目前的探讨状况

3. 防卫省和自卫队人员的募集和雇用

（1）募集

（2）雇用

4. 日常的教育训练

（1）自卫官的教育

（2）自卫队的训练

（3）安全管理的举措和课题

5. 旨在充实人员基础的措施

（1）人员基础的相关改革

（2）防卫大学改革

（3）自卫队员待遇的充实

（4）进一步灵活使用女性自卫官

（5）支援自卫队员育儿方面举措

（6）遵守规则方面的举措

（7）防止自卫队员自杀的举措

（8）追悼殉职队员等

6. 自卫队员的退役和再就业等

（1）自卫队员的退役和再就业措施

（2）关于退役队员再就业的规定

（3）再任用制度

第二节　防卫生产和技术基础以及装备的获取

1. 防卫生产和技术基础

（1）防卫生产和技术基础的重要性

（2）旨在维持、发展、提高防卫生产和技术基础的举措

2. 装备的获取

（1）装备获取的现状

（2）装备获取的措施

（3）装备采购合约制度的探讨

（4）针对国际环境变化探讨防卫装备品方面的对策

3. 技术研究本部的研究开发

第三节　防卫省和自卫队与地方社会和国民的关系

1. 在市民生活中的活动与社会贡献活动

2. 地方公共团体等组织对自卫队的协助

（1）对自卫官募集与再就业的协助

（2）对自卫队活动的援助和协助

3. 旨在保持防卫设施与周边地区的和谐所采取的措施

（1）防卫设施的规模和特征

（2）围绕防卫设施的各种设施方面的举措

4. 宣传活动和信息公开等

（1）各种各样的宣传活动

（2）信息公开制度和个人信息保护制度的合理运用

（3）举报人保护制度的合理运用

（4）政策评价方面的措施

（5）其他举措

（译者：解放军外国语学院讲师　付红红）

印度国防部《年度报告 2011—2012》*

印度国防部

一、安全环境

印度的安全与周边邻国直接相关。导致这种关联的一些因素包括：与恐怖主义挂钩的意识形态的出现；小型武器和轻武器（small arms and light weapons，SALW）的扩散；大规模杀伤性武器的扩散和经济的全球化。

1.1　印度的陆地边境线超过 1.55 万公里，其海疆俯瞰三大主要航线。我国位于亚洲大陆和印度洋地区，战略地位重要。陆地面积为 330 万平方公里，人口超过 10 亿，他们具有不同的种族、语言、宗教和文化背景。

1.2　印度地形多样，既有众多山峰，即高于 2.8 万英尺且白雪覆盖的喜马拉雅山脉，又有沙漠；既有茂密的丛林，也有广袤的平原。北方的锡亚琴冰川是世界上海拔最高的战场，其哨所海拔高达 2.1 万英尺。印度西部边境贯穿沙漠、肥沃的平原和森林茂密的山区。东北边境由陡峭的高山和茂密的热带森林构成。南方则既有靠近大海的山川，也有河谷众多的内陆高原；既有滨海平原，也有分

* 原文出自 http：//mod. nic. in/reports/AR-eng-2012. pdf，本书收录了该报告的第 1—8 章及第 14 章的译文。

布广泛的岛屿领土，如西部大拉克沙群岛和东部的安达曼和尼科巴群岛。从古吉拉特邦到西孟加拉邦，印度在三个方向分别毗邻阿拉伯海、印度洋和孟加拉湾。距离我国东海岸最近端约 1300 公里的安达曼和尼科巴群岛的战略地位极其重要，因为它们是马六甲海峡的入口。在阿拉伯海、拉克沙群岛和米尼科伊岛位于从波斯湾和红海往东的海上交通通道上，距西海岸的最近端 450 公里。因此，印度既是海洋国家也是大陆国家。

1.3　印度的地理和地形具有多样性，特别是在陆地边界上，我国与 7 个国家（即阿富汗、孟加拉国、不丹、中国、缅甸、尼泊尔和巴基斯坦）为邻。这就给我国的武装力量提出了独特的挑战。印度的半岛地形使其紧邻世界上最重要的海上通道之一，即从苏伊士运河到波斯湾再到马六甲海峡的航道。每年有 5.5 万艘船舶和大量来自海湾地区的石油从此经过。

1.4　印度位于亚洲大陆的底端和印度洋的顶部。相对于中亚和印度洋地区（Indian Ocean Region，IOR）而言，印度处于有利位置。此外，印度的国土面积、战略位置、对外贸易联系和专属经济区也都使其安全环境与周边国家直接相关，尤其是与中亚、东南亚、海湾地区和印度洋地区的周边国家与地区。这些战略和经济因素赋予了印度越来越大的责任。

1.5　在冷战后的国际格局中，针对美国的“9·11”恐怖袭击，以及在世界其他很多地方发生的恐怖袭击使得国际社会在安全问题和挑战方面形成更多共识。印度的安全与周边邻国直接相关。导致这种关联的的一些因素就包括：与恐怖主义挂钩的意识形态的出现；小型武器和轻武器的扩散；大规模杀伤性武器的扩散和经济的全球化。

1.6　南亚的政治经历和制度呈现多样性。该地区还面临着恐怖主义威胁以及因武器、毒品扩散而导致的其他问题。在此背景下，印度成为一个抵御原教旨主义和极端主义的壁垒。同时，印度也是该地区一个具有经济活力的中心、一个多元民主国家、一个稳定与和平共处的堡垒。

（一）全球安全环境

1.7　在过去几年中，全球的力量平衡经历了种种新的调整；充满活力的各种变革正在进行中，它们正在产生新的战略不确定性。欧洲和西方世界持续的经济危机是造成对全球经济产生忧虑的一个主要原因。同时，亚太地区在经济和战略力量平衡中的重要性越来越突出。相对于既定的全球秩序，印度、中国、巴西和南非等国家的崛起也是一个重要的新动态。

1.8　随着新兴国家和非国家行为体变得更加强大，新出现的风险需要引起更多的关注。由于恐怖主义和海盗等非对称威胁的存在，安全环境已经变得更加复杂。电信和其他领域的技术进步对恐怖主义行为的能力和影响产生了强大的力量倍增效应。尽管国际社会正努力对付恐怖主义，但是恐怖主义的威胁仍然非常严重。对我近邻继续成为国际恐怖组织中心的担心一直在持续。海盗和恐怖主义对国际贸易和海上运输通道的安全所构成的威胁以及海盗的蔓延仍然是人们的关注点。

1.9　国际安全形势继续受到持续冲突和暴力的不利影响。西亚和北非的“阿拉伯之春”运动导致剧烈的政治动荡，这使人们对该地区本已复杂的安全形势产生了新的担忧。亚太地区复杂多变的经济、外交和军事因素相互作用，也持续对该地区作为一个整体的全面安全评估产生重大影响。

1.10　考虑到多重的安全问题和全球层面的诸多挑战，印度加大了在多边机构中的参与力度，深化了与各国的战略伙伴关系，以期作为一个负责任的利益攸关者，能够有效地促进地区和世界的和平与稳定。

> 印度加大了其在多边机构中的参与力度，深化了与各国的战略伙伴关系，以期作为一个负责任的利益攸关者，能够有效促进地区和世界的和平与稳定。

1.11　亚太地区的发展变化继续凸显了采取主动行动在该地区建立信任和信心的必要性。在政治层面，一个关键的举措是东亚峰会论坛的建立，而印度是其中的积极成员。印度支持建立一个开放包容的地区安全架构。印度的政策是鼓励并参与各种合作，从而使该地区所有国家都能应对传统和非传统安全挑战，并确保该地区重要海上航行和贸易通道的开放、安全和自由。印度继续参与东盟主导的论坛，如东盟防长扩大会和东盟地区论坛，这是我国同东盟共同体进一步建立多层面双边和多边伙伴关系的一部分。与此同时，印度也将留意国家间紧张关系可能对经济关系和该地区军事平衡产生影响，以及它们会以何种方式影响我国家利益。

1.12　与“阿拉伯之春”相关的发展动态被看作是给西亚和北非地区注入民主的动力。虽然受到普遍欢迎，但就这些发展对本地区的安全形势所产生的影响以及对能源供应所造成的后果而言，人们也存在担忧。印度从这些地区的很多国家大量进口石油，满足了相当比例的能源需求。此外，印度有近 600 万的劳动人口在这些国家，他们的利益也必须要考虑在内。印度与这些地区的所有国家有着长期、良好和广泛的关系，并将在互尊互利的基础上继续加以保持。我们共同关注包括恐怖主义和西印度洋及波斯湾海上运输通道安全等问题，以此为基础，印度将继续与该地区的国家（包括阿曼、卡塔尔和阿联酋）就防务和安全问题保持接触。印度还与沙特启动了一个具有实质内容的防务项目，该项目将以两国共同的关切和利益为基础。

1.13　印度和伊朗不仅有着历史和文化联系，而且开展双边贸易并在各个领域展开合作。印度将继续支持通过外交手段和平解决伊朗核问题，也继续支持伊朗继续履行其国际义务和承诺。伊朗核问题的和平解决对西亚的持续和平与稳定非常重要。

1.14 非洲在国际体系中的重要性一直在持续上升。印度与众多非洲国家有着传统的历史联系，我们正试图加强与非洲大陆诸多国家的关系。鉴于新出现的安全挑战，除了通过印度—非洲论坛首脑会议（India-Africa Forum Summits）等措施加强与这些国家的经济往来外，印度还在与众多非洲国家的关系中增加了战略层面的合作。在诸多安全挑战中，最重要的是西印度洋海盗构成的持续威胁和索马里海盗活动给海上通道安全带来的挑战。以索马里为基地的恐怖分子同跨国有组织犯罪集团之间的联系也是人们的一个重大关切。印度海军一直积极独立地或协同他国海军打击该地区的海盗活动。印度还积极参与经联合国授权的非洲维和行动。

（二）地区安全环境

1.15 一个安全、稳定、和平、繁荣的周边环境是印度安全架构的最重要组成部分。印度继续与邻国开展积极合作，以促进相互理解和本地区的和平与稳定。

> 印度继续与邻国开展积极合作，以促进相互理解和本地区的和平与稳定。

1.16 由于恐怖组织在巴基斯坦的活动并未减弱，巴基斯坦的安全仍将是一个值得关注的问题。印度一直认为，一个强大而繁荣的巴基斯坦最符合印度的利益，我们也一直支持与巴基斯坦进行对话和接触。然而，印巴边境恐怖分子训练营的存在和对控制线（LoC）[①] 的持续渗透都继续构成一种威胁。

1.17 阿富汗的局势对印度至关重要，而该国恐怖袭击事件的增多是一个值得关注的问题，特别是在驻该国国际部队人员减少的

① LOC是line of control的缩写，指印度和巴基斯坦在克什米尔实际控制地区的分界线。——译者注。

背景下。印度仍致力于由阿富汗主导的解决该国危机的方案，并继续支持阿富汗安全部队为此目的所进行的能力建设工作。印度和阿富汗之间的战略合作伙伴关系协议标志着两国承诺在各个领域建设双边关系，包括进行安全合作以提高双方打击各自所面临的恐怖主义和应对其他安全挑战的能力。

1.18 虽然印度和中国之间尚未解决的边界争端一直是印度安全考量的一个重要因素，但两国建立了战略合作伙伴关系，努力在能够促进两国实现增长和发展的共同目标的互利领域开展工作。印度的政策一直是在相互信任和相互尊重彼此利益和关切等原则指导下与中国保持交往。印度保持清醒并警惕中国军事力量对近邻和周边国家所带来的影响。

1.19 印度与尼泊尔保持着独特的友谊与合作关系。两国关系的特点是边界开放、两国人民的亲属间走动和文化交往根深蒂固、两国安全利益和经济利益相互交织。尼泊尔的民主过渡进程已经形成势头。作为亲密朋友和邻居，印度致力于支持尼泊尔人民和政府巩固和平民主过渡进程、发展本国经济。

1.20 印度和孟加拉国之间的合作关系继续成为该地区安全局势的一个积极因素。两国在安全事务和管理边界安全问题方面观点趋同。双方共同努力寻求解决有关边界的问题，并加强边界管理。两国继续在经济和社会发展等问题上开展建设性合作。

1.21 印度与缅甸的关系因为历史、文化、民族和宗教纽带而得以加强。印度继续与缅甸在各方面开展合作，包括贸易和基础设施。两国也在寻求安全方面的合作。缅甸政府已作出保证，不会允许在其领土上发生针对印度的敌对活动。

1.22 印度和斯里兰卡仍然保持密切友好的合作关系。如何应对印度洋地区的海上安全挑战及维护地区和平与稳定，这是巩固两国共同战略利益的基础。印度继续敦促斯里兰卡实现民族和解，尽快达成持久的政治解决方案，从而使其所有公民享受和平生活。印度正与斯里兰卡政府共同致力于该国北部地区的恢复和重建，并努力加强两国在包括国防和安全在内的一系列领域的合作。

1.23　印度和不丹在相互信任和相互理解的基础上建立了互惠互利的双边关系。印度与不丹在众多领域有着广泛的合作，如电力、交通、通讯基础设施、教育、信息技术、工业、医药和农业。印度继续致力于帮助不丹王国政府发展其社会经济。

1.24　印度和马尔代夫拥有传统的密切友好关系，其基础是两国在区域性和国际性战略问题上的观点和利益一致。作为一个海上邻国，马尔代夫在印度的安全架构中占有重要地位，这体现在两国基于共同利益而进行的强有力的国防和安全事务双边合作。

1.25　印度洋面积为 6856 万平方公里，是印度海上利益和关切的核心。印度的经济发展严重依赖海洋，一方面是因为在这个相互联系日益密切的世界里，海上贸易极为关键；另一方面则是因为海洋蕴藏着巨大的潜在经济资源。印度横跨印度洋上主要的商业路线和能源命脉，即马六甲海峡、六度海峡、十度海峡和波斯湾。每年价值 2000 亿美元的石油通过霍尔木兹海峡，价值 600 亿美元的石油经由马六甲海峡。因此，印度洋地区海上运输线的安全事关印度的切身利益。印度的海上利益涉及保护我国的海岸线和岛屿领土，保护我国专属经济区的利益以及保持海上航道的开放和安全。

1.26　印度洋地区海盗事件的增加、枪支的流动和恐怖主义的存在依然是需要严重关切的问题。尽管许多国家的军舰在亚丁湾开展巡逻行动，海盗的威胁并未减轻。印度海军已全面负责起海上安全，正与海岸警卫队和其他中央级和邦级机关共同应对来自海上的威胁与挑战。通过建立联合作战中心（Joint Operation Centres）和多机构协调机制，情报共享机制已得以改进。印度海军和海岸警卫队已经加强了沿海监视和巡逻，并与其他机构定期进行联合演习以增强作战协同。印度也加强了与印度洋地区各国的合作性互动和交流以应对共同的安全挑战。印度海军正与亚丁湾各国海军通力合作。

印度赞成在联合国框架内加强多边合作，以应对复杂的海上安全挑战。

（三）国内安全挑战

1.27　印度一直面临着多方面的内部安全挑战，包括左翼极端主义、克什米尔地区正在进行的代理人战争和一些东北邦存在的武装暴乱。

1.28　来自巴基斯坦和巴控克什米尔地区（Pak occupied Kashmir，POK）的恐怖分子企图对查谟和克什米尔实施渗透。虽然这些企图正被安全部队有效化解，但仍继续引发关注。东北地区各邦的安全局势持续改善。某些武装团体继续竭力扩大自身实力，但其活动正受到密切监视。鉴于其中一些叛乱组织与外国存在联系，因此必须保持警觉并做好解决该地区武装暴乱问题的准备。

1.29　不断变化的区域和全球安全环境对印度提出了广泛的挑战。印度必须迅速有效应对，从而持续保障国家的发展、崛起和人民的进步。我国和我国的国防力量将继续充分准备以战胜一切挑战。

二、国防部机构与职能

国防部的首要任务是制定形成与国防和安全事务相关的政策指示，并下达到各军种司令部（Services Headquarters）、跨军种机构（Inter-Service Organisations，ISOs）、生产部门（Production Establishments）和研发机构（Research & Development Organisations），供它们落实执行。

（一）机构设置和功能

2.1　印度独立后成立了国防部（Ministry of Defence），由一名内阁部长（Cabinet Minister）负责，而各军种则由其军种总司令（Commander-in-Chief）负责。1955 年，三个军种总司令分别更名为陆军总参谋长（Chief of the Army Staff）、海军总参谋长（Chief of the Naval Staff）和空军总参谋长（the Chief of the Air Staff）。1962 年 11 月，国防生产部（Department of Defence Production）成立，负责国防装备的研究、开发和生产。1965 年 11 月，国防供给部（Department of Defence Supplies）成立，负责国防进口装备替代产品方案的制订和执行。后来，这两个部门合并为国防生产和供给部（Department of Defence Production and Supplies）。2004 年，国防生产和供给部更名为国防生产部。1980 年，国防研究与开发部（Department of Defence Research and Development）成立。2004 年，退伍军人福利部（Department of Ex-Servicemen Welfare）成立。

2.2　防务部长（Defence Secretary）是防务部（Department of Defence）的首脑，还额外负责协调国防部下属四个二级部的相关业务。

（二）国防部及其下属各部

2.3　国防部的首要任务是制定形成与国防和安全事务相关的政策方向，并下达各军种司令部、跨军种机构、生产部门和研发机构，供它们落实执行。它必须确保政府的政策指示得到有效贯彻，批准的计划能够根据所分配资源得到落实。

2.4　国防部下属四个二级部的主要职能如下：

2.4.1　防务部负责综合防务参谋部（Integrated Defence Staff,

IDS）、三大军种和各类跨军种机构。它还负责国防预算、编制事宜、国防政策、涉及议会的事务，与外国的防务合作以及所有国防相关事宜的协调。

2.4.2 国防生产部由一名部长（Secretary）负责，主要处理下列事务：国防生产，进口原料、设备和备件的本土化，兵工厂委员会（Ordnance Factory Board）和国防国有企业（Defence Public Sector Undertakings，DPSUs）下属的生产单位的计划与管理。

2.4.3 国防研究与开发部由一名部长负责，该部长同时也是国防部长（Raksha Mantri）的科学顾问。该部的职能是就军事装备和后勤的科技问题向政府提供建议，并制定军种所需装备的研究、设计和开发计划。

2.4.4 退伍军人福利部由一名部长负责，主要处理退伍军人的安置、福利和抚恤金等事项。

2.5 国防部下属各部和国防部财务司（Finance Division of the Ministry of Defence）所负责的事项见本报告附录一列表。

2.6 本报告涵盖时间期限内的国防部部长、副部长、三军参谋长、各二级部的部长和国防部财务司司长/军种财务顾问的信息见本报告附录二。

（三）综合防务参谋部

2.7 根据部长小组的建议，综合防务参谋部成立于2001年10月1日，主要负责审核“高级别防务管理”事宜。在三军参谋长委员会（Chiefs of Staff Committee）主席的领导下，综合防务参谋部一直致力于实现军种间联合与协同的目标。

> 在三军参谋长委员会主席的领导下，综合防务参谋部一直致力于实现军种间联合与协同的目标。

2.8 成立安达曼和尼科巴司令部：综合防务参谋部开始采取行动，加强安达曼和尼科巴司令部（Andaman and Nicobar Command，ANC）的基础设施建设并实现其现代化，以确保其作战和行政的效率。

2.9 人道主义援助和救灾（Humanitarian Assistance and Disaster Relief，HADR）：综合防务参谋部负责协调武装部队以应对国内外灾害。今年的主要救援行动包括：对斯里兰卡人道主义援助；从利比亚撤离印度公民；2011—奥里萨邦洪水赈灾行动和2011—锡金地震救援行动。

2.10 军事合作：综合防务参谋部协调了下列军事合作分组（Military Cooperation Sub Groups，MSGs）会议：

a）2011年1月24—25日在新德里举行的第5届印度—德国军事合作分组会议。

b）2011年3月3—4日在新德里举行的第7届印度—意大利军事合作分组会议。

c）2011年4月20—21日在新德里举行的第11届印度—美国军事合作分组会议。

d）2011年12月14日在新德里举行的印度—法国军事分委员会会议。

2.11 三军联合特种部队训练营（Tri-Services Joint Special Forces Training Camp）：2011年10月4—13日在卡尔尼克、安达曼和尼科巴群岛，综合防务参谋部会同安达曼和尼科巴司令部举办了联合特种部队训练营。来自三大军种的共90名特种部队队员参加了训练营。

2.12 国防军种参谋学院（Defence Services Staff College，DSSC）：为了满足三大军种军官的需求，已经开始分阶段采取行动将参谋课程培训能力提升到500人。

2.13 国防管理学院（College of Defence Management，CDM）：为了最大限度利用信息技术、现代化的教学手段和加强学院的招生能力以满足印度武装部队的要求，学院已采取以下措施：

a）高层次国防管理课程（Capacity of Higher Defence Management Course，HDMC）培训能力增加至 150 人。

b）通过将案例研究、论文和项目研究报告等内容上传于学院门户网站来分享国防管理学院的知识资源库。

c）通过与班加罗尔和印多尔的印度理工学院（Indian Institute of Managements，IIM）、班加罗尔的泽维尔管理教育学院（Xavier Institute of Management Education，XIME）以及知名嘉宾和客座教师进行合作提高授课内容的质量。

2.14　印度国防大学（Indian National Defence University，INDU）：为了创建本大学，2011 年 5 月 31 日，国防部防务部与印度教育顾问有限公司（Educational Consultants India Limited，Ed. CIL）签署了一份谅解备忘录，以制定详细的项目报告，印度国防大学项目的法令、章程和发展蓝图。印度教育顾问有限公司已经提交了初步报告。

2.15　有关武装部队招收女性军官入伍并为其永久授衔的政策：根据高级委员会的政策文件精神，经三军参谋长委员会批准，国防部于 2011 年 11 月制定了女性参军并任职的政策。

2.16　医疗处（Medical Branch）：综合防务参谋部新近成立的医疗处已经开始运行，发放健康智能卡并开发武装部队医疗服务信息技术，特别强调医疗物资及供应链管理网络和远程医疗。

（四）三军总部

2.17　三军总部即陆军司令部、海军司令部和空军司令部，分别归陆军参谋长、海军参谋长和空军参谋长领导。他们分别得到各自首席参谋军官（Principal Staff Officers，PSOs）的协助。防务部下属的跨军种机构负责执行满足三军共同需要的任务，如医疗保健、公共关系和总部文职人员的人事管理。

2.18 众多处理与国防有关业务的委员会协助国防部长的工作。三军参谋长委员会就是一个论坛，用于三军参谋长讨论各类影响三军的事宜，也用于向国防部提供咨询。三军参谋长委员会主席先由军龄时间最长的参谋长担任，之后三位军种参谋长轮流担任。

（五）成立武装部队法庭

2.19 为给武装部队的成员提供更快捷的法律服务，政府已成立了一个武装部队法庭（Armed Forces Tribunal，AFT）来裁决涉及军队事宜的投诉和争端，以及三大军种（陆军、海军和空军）人员对各自军事法庭裁决的上诉。

> 为给武装部队的成员提供更快捷的法律服务，政府已成立了一个武装部队法庭来裁决涉及军队事宜的投诉和争端，以及三大军种人员对各自军事法庭裁决的上诉。

2.20 自2011年6月9日起，孟买的地区法官已经开始履行职能。此外，德里的首席法官和钦奈、斋浦尔、勒克瑙、昌迪加尔、加尔各答、高知和古瓦哈提的地区法官也已履行职能。

（六）国防部（财务司）

2.21 国防部财务司负责处理一切涉及财务的事项。该司由国防部财政司司长/（三军）财务顾问负责，并与国防部完全融合。它还发挥咨询作用。

2.22 为实现更为快速的决策，国防部享有增强的财务授予权。这些权力的行使都需得到财务司的同意。为了确保国防采购事宜的财务权行使的透明度，并确保遵守既定的政策方针，《国防采购程序和国防采购手册》（Defence Procurement Procedure and Defence Procurement Manual）会不时更新。

2.23 财务司编制及监督国防部军种的预算、民事预算和退休金的预算。2009—2010 年度及 2010—2011 年度的实际开支的明细，以及 2011—2012 年度修订后的预算和 2012—2013 年度涉及国防军种预算的财政预算见表 2.1。

表—2.1 军种/部国防开支明细

<table>
<tr><th colspan="2">军种/部</th><th>2009—2010 实际开支（修订后+总额）</th><th>2010—2011 实际开支（修订后+总额）</th><th>2011—2012 修订后预算（修订后+总额）</th><th>2012—2013 财政预算（修订后+总额）</th></tr>
<tr><td colspan="2">陆军</td><td>75228.00</td><td>78239.69</td><td>86816.67</td><td>96564.83</td></tr>
<tr><td colspan="2">海军</td><td>22693.59</td><td>27119.20</td><td>29606.01</td><td>37314.44</td></tr>
<tr><td colspan="2">空军</td><td>32790.86</td><td>38176.49</td><td>43872.16</td><td>48220.26</td></tr>
<tr><td rowspan="3">国防生产部（DDP）</td><td>兵工厂总局（DGOF）</td><td>1975.83</td><td>-133.32</td><td>-56.63</td><td>-135.13</td></tr>
<tr><td>质保总局（DGQA）</td><td>617.42</td><td>565.73</td><td>684.29</td><td>807.23</td></tr>
<tr><td>总计</td><td></td><td></td><td></td><td></td></tr>
<tr><td colspan="2">研究与开发（R&D）</td><td>8475.38</td><td>10148.92</td><td>10014.31</td><td>10635.56</td></tr>
<tr><td colspan="2">总计</td><td>141781.08</td><td>154116.71</td><td>170936.81</td><td>193407.29</td></tr>
</table>

2.24 由印度审计署（Comptroller & Auditor General of India，C & AG）提供的总审计长关于国防部工作最新报告的摘要见附录三。

2.25 2011 年 12 月 31 日发布的行动进展附注中针对审计署报告所提出的意见见附录四。

三、印度陆军

印度陆军致力于保卫国家，通过各种战争方式战胜内部和外部的威胁。陆军的作战行动已经明显减少了恐怖主义事件。

（一）安全概述

3.1 不断变化的全球地缘政治格局对印度提出了多重安全挑战。印度陆军不断审视自身的战备状态/态势以应对可预见的安全挑战，同时陆军也致力于保卫国家，通过各种战争方式抵御内部和外部的威胁。此外在发生灾难/自然灾害的时候，印度陆军总是冲锋在前，为受灾民众提供援助和救助。

（二）查谟和克什米尔

3.2 2011 年查谟和克什米尔的安全局势一直比较稳定，暴力事件整体减少。然而，该地区局势仍有可能在短时间内恶化。巴基斯坦一直支持正在进行中的代理人战争，巴基斯坦国内以及巴控克什米尔地区的恐怖组织基础设施仍完好无损。巴基斯坦、恐怖分子、分裂分子这三者的关系错综复杂，他们仍继续企图挑起事端，旨在使克什米尔问题国际化。印度陆军致力于保卫国家，通过各种战争方式战胜内部和外部的威胁。陆军的作战行动已经明显减少了恐怖主义事件。

3.3 通过持续不断的积极的外科手术式的反恐作战行动，印度陆军和其他安全部队为改善安全环境做出了重大贡献。阿马尔纳特朝圣（Amarnath Yatra）没有骚乱发生，近日举行的村务委员会选举（Panchayat Elections）实现高投票率，境内外旅游人数激增，这些都表明武装部队在提供有利和安全的环境方面卓有成效。虽然形势已有所好转，但很有必要进一步巩固成果。

3.4 边境局势：边境地区的停火出现一些异常。本年度边境地区已经有 56 例违反停火的事件，而 2010 年是 57 例。对于违反停火的事件，正在通过现有的机制加以处理，其中包括印巴两军作战部长会谈、两国戍边军官边境会晤和电话热线。

3.5　我们始终保持对边境的严格警戒，进一步加强陆军的反渗透措施。不过，渗透行为仍屡禁不止。一年里，陆军共挫败渗透行为16次，其中有15名恐怖分子被击毙。

3.6　内陆地区形势：2011年，以自身伤亡15人的代价，陆军共击毙恐怖分子95名，逮捕35名。恐怖分子领导层已经被成功锁定，共有21名恐怖分子头目被击毙。由于陆军取得的作战优势，与恐怖分子有关的暴力事件始终被控制在较低水平。

3.7　阿马尔纳特朝圣：阿马尔纳特朝圣从2011年6月29日持续至2011年8月13日。在此期间，陆军负责提供预防性安全保障。这一年，朝圣者的响应十分热烈，约64.8万名朝圣者来到了阿马尔纳特。2010年，约45.4万名朝圣者因见到圣地、圣人而得福。

> 阿马尔纳特朝圣从2011年6月29日持续至2011年8月13日。在此期间，陆军负责提供预防性安全保障。这一年，朝圣者的响应十分热烈，约64.8万名朝圣者来到了阿马尔纳特。2010年，约45.4万名 朝圣者因见到圣地圣人而得福。

3.8　村务委员会选举：在查谟和克什米尔地区，邦政府分16个阶段成功举行了村务委员会的选举，共选出4130名村长和29719名村务委员会委员。尽管恐怖分子和分裂分子煽动抵制选举，但还是有77.73%的民众积极参加，这非常令人鼓舞，也显示了民众对和平的渴望。

（三）东北地区

3.9　东北地区的安全局势已经稳定下来并在掌控之中。与前几年相比，地区暴力程度大幅降低。社会各阶层普遍支持和平，发展项目得以推进。目前，与15个主要团体的会谈/停止敌对行动/停火正在进行。陆军会同其他安全部队为实现这一可喜变化发挥了举足轻重的作用。

3.10　阿萨姆邦：该邦的安全局势是和平且可控的。安全部队的持续行动大幅减少了该邦地下团伙的暴力活动。安全部队已经赢得了对地下活动的道义优势。

3.11　安全部队持续的施压与政府的和平倡议相结合，导致大量“阿萨姆邦联合解放阵线”（United Liberation Front of Assam，ULFA）的干部在阵线主席阿尔宾达·拉贾克瓦的领导下转为公开活动。阿萨姆邦政府、印度中央政府、“阿萨姆邦联合解放阵线”支持和谈的派别，这三方之间的会谈进展顺利。然而，帕雷什·巴鲁阿领导的反对和谈势力继续企图恢复暴力，破坏和平谈判。自 2011 年 1 月以来，有超过 11 名联合解放阵线的干部被安全部队击毙，另有 9 人投降、51 人被捕。

3.12　与其他地下团体达成的有关停止敌对行动的协议仍在执行当中。这些团体包括“波多民族民主进步阵线”（National Democratic Front of Bodoland，NDFB）、“迪马哈拉姆族支队”（Dimasa Halam Doagah，DHD）的两大派别、人民民主团结党（United Peoples Democratic Solidarity，UPDS）的两个派别。“波多民族民主进步阵线”反对和谈的一派最终成为最暴力的团体，今年陆军针对该团伙的行动已经击毙其 148 名干部。该团体已被迫宣布单方面停火，停火于 2011 年 8 月 1 日起生效。

3.13　迪马哈绍区的社会和谐因该地区的重新命名而面临压力，迪马人和非迪马人之间的种族关系持续紧张。陆军采取积极主动行动，确保了一个安全的环境，从而减少了该地区潜在冲突的数量。

3.14　那加兰邦：该邦的暴力程度已经下降。“那加兰邦民族社会主义议会”IM 派和 K 派之间的派系冲突也大为减少。停火条款也扩展到“那加兰邦民族社会主义议会”K 派分裂后出现的“那加兰邦民族社会主义议会”科勒/基托维一派。

3.15 由于民众渴望和平，由“那加和解论坛”（Forum for Naga Reconciliation）牵头的和解进程持续推进。陆军和阿萨姆步枪队压制住了地下团伙，并确保了《停火基本规则》（Ceasefire Ground Rules）得到遵守。在东部“那加人民组织”（Eastern Naga Peoples Organisation）的指导下，要求成立包括蒙恩、图恩桑、隆棱和基普哈尔在内的边境那加兰邦的呼声，正赢得一定的市场。

3.16 曼尼普尔邦：自治区委员会剩余的10名委员已经选出。该邦正在加紧准备定于明年2、3月份进行的议会选举。尽管曼尼普尔邦仍然是东北最不安定的邦，但是暴力程度较2010年已有所减少。大部分暴力行为被限制在不为人知的英帕尔山谷。陆军和阿萨姆步枪队仍在开展作战行动。自2011年1月起，安全部队已击毙来自不同组织的6名恐怖分子，逮捕670多名。

3.17 与钦族和佐米族地下组织达成的停止敌对行动协议已经为钦族和佐米族居住区开创了和平。他们也意识到了遵循停止敌对行动基本规则的重要性。

3.18 自2011年8月1日开始，该邦经历了时间最长的封锁。要求成立一个独立的萨达尔山地自治区的钦族族人自2011年11月1日取消了封锁，而那加人在2011年11月29日也解除了封锁。这种封锁给当地民众造成了巨大的不便。

3.19 阿鲁纳恰尔邦（特拉普和沧浪）：该地区局势虽然在掌控之中，但仍然不够稳定。这主要是因为“那加兰邦民族社会主义议会”的IM派和K派目前还在争夺地盘。

3.20 特里普拉邦和米佐拉姆邦：该地区局势已在掌控之中。不过，延迟将特里普拉邦难民营的布鲁斯族/瑞昂族遣返到米佐拉姆邦，这仍然是未来潜在的爆发点。

3.21 梅加拉亚邦：“加罗民族解放军”（Garo National Liberation Army）在加罗山区的活动有所增加，需要加以监控。

（四）边界沿线的局势

3.22 与中国的双边关系：在过去几年里，两国关系有所改善。政治和外交层面的积极接触持续不断，同时伴有有限的军事交流。两国都已任命特别代表，从双边关系的政治视角出发，探讨解决边界问题的有关框架。

3.23 中国正集中精力通过发展经济和升级技术来提升其综合国力，这反过来又为其武装部队的现代化和力量投送能力的加强提供了必要的动力。中国在印度近邻积极开展外交活动，通过政治、军事和经济方面的合作和接触，其影响正在逐步增加。中国崛起的国力加上迅猛发展的经济，增强了它的信心，这将影响地区和国际安全格局与力量平衡。西藏自治区和新疆省[①]的基础设施发展迅速极大地提升了中国针对印度的兵力投送和运用能力，也增强了中国整体战略和作战的灵活性。

3.24 我们的焦点：印度陆军完全清楚国家的安全要求以及边境地区基础设施建设的需求，我们已经采取了所需的必要措施，以实现基础设施和军力结构的升级换代，从而确保实现国家在北部边界所希冀的安全目标。与“边境地区发展计划”相配合，我们已经开始全面评估自身的基础设施建设和军事现代化计划。我们已经确定了“实际控制线”（Line of Actual Control，LAC）沿线具有重要战略意义的基础设施的需求，并正分阶段进行建设。

3.25 未来的道路：印度一直希望与包括中国在内的所有邻国保持和平、友好的关系。为此目的，我们要确保执行积极接触并维持“实际控制线”沿线地区和平与安宁的政策。同时，为了应对当前和未来的安全挑战，我们必须进行必要的基础设施建设和包括军

① 原文如此，应为新疆维吾尔自治区。——译者注。

队现代化在内的军事准备。

（五）武器现代化计划

3.26 装甲部队：装甲部队正按照当代战场的要求而快速现代化。为此，工作重点在于消除坦克的夜盲症，为其配备现代化火控系统，并为其提供更好的电源组。陆军正努力为坦克提供主动防御装置，使其能够探测并消灭外来的威胁。陆军已经签订了装甲救援车的合同。为“T－72”坦克采购数字控制线束和最先进火控系统的方案正取得进展。“T－90”和“阿琼”坦克的列装正按计划进行。其它重要的进入后期阶段的采购方案包括为“T－90”坦克建立元件级修理设备，采购 AMK339 和 3UBK20“殷钢”导弹。

3.27 机械化步兵：为给机械化步兵提供其所希冀的进攻能力，陆军正着力实施一项雄心勃勃的计划以实现整个步兵战车系列的现代化，包括为步兵战车装备双管导弹发射器、现代化的火控系统和其他进攻性武器系统。陆军正在采购现代化的最先进的反坦克制导导弹。同时，正在进行的其他武器的采购项目包括 BMP－2 发动机性能的改进和热成像瞄准仪与火炮的集成。

3.28 炮兵：炮兵装备采购的重点主要是加强监视能力和火力。为了提高监视能力，除了去年为远程侦察与观察系统采购战场监控系统及移动伸缩套管式天线外，采购平原地区使用的“苍鹭”无人机和武器定位雷达的工作也进入后期阶段。在火力方面，为“皮纳卡”火箭炮团进行的采购已经进入后期阶段，采购 155 毫米自行火炮（轮式）和 155 毫米超轻型榴弹炮的工作也进展顺利。采购 155 毫米牵引式火炮和一个团的“布拉莫斯”导弹装备及 BM21“冰雹”多管火箭炮发射车的工作也都在进行当中。

3.29 步兵：步兵现代化的基本目标是提高单兵的杀伤力和自我保护。特种部队使用的冲锋枪和突击步枪正在进行试验评估。在反叛乱行动中使用的防弹背心和防弹头盔的采购已进入后期阶段。为各步兵营的“加塔克”步兵突击排采购先进特殊武器装备的方案也进入后期阶段。为了提高步兵的监视能力，购买微型无人机的计划也在进行中。现代第三代反坦克导弹的采购已进入试验导弹阶段。

3.30　工程部队：通过采购自动变化检测剂和化学剂监控仪，工兵部队在核生化环境中的作战效率大大提高。为了增强工兵障碍跨越和架桥能力，正为工兵采购“萨瓦特拉”架桥系统、10米短跨度桥梁和5米短跨度桥梁，所有这一切都已进入后期阶段。

3.31　通信部队：通信部队为合并印度陆军的各种数据和通信网络已经采取了多项重大步骤。目前正在建立“国防通信网络”，这是一个声誉很高的三军项目计划，目的在于提高一线反叛乱作战部队的电子战能力和移动通信能力。

3.32　陆军航空兵：我们正在进行采购行动，用功能更佳的现代直升机替换现有的侦察和监视直升机。陆军航空兵正在为国产高级轻型直升机配备武器。为了提高作战效率，陆军航空兵也正在采购“印度豹”直升机。

3.33　陆军防空兵：陆军防空部队在火炮和导弹系统升级方面取得了重大进展。在上一财年已经完成“阿卡什”导弹系统的采购合同。自行防空火炮导弹系统、“席尔喀”火炮系统和L70火炮的升级工作也正在进行中。

（六）国家步枪队

3.34　2011—2012年间，国家步枪队展开了多次外科手术式作战行动，击毙大批恐怖分子（特别是其指挥和控制人员），从而瓦解了印度恐怖主义的中坚力量。安全部队、情报机构、警察、当地政府机关和公众之间协同合作，使作战行动得以顺利进行，为查谟和克什米尔邦的恢复正常提供了帮助。

3.35　现代化建设：为了更有效地打击恐怖主义，很有必要应用印度和世界的最新技术，不断升级国家步枪队的武器和装备。恐怖分子武器装备和战术的变化，进一步增强了现代化建设的必要性。国家步枪队共计42个现代化建设项目获得批准。现代化建设项目内容主要集中在以下方面：

a）火力。

b）监视和夜视能力。

c）通信。

d）保护。

e）机动性。

3.36　战果：

> 2011年，国家步枪队击毙恐怖分子63名，逮捕恐怖分子34名。

a）失去战斗力的恐怖分子：

（1）毙命　63名

（2）投降　6名

（3）被捕　34名

b）缴获：

（1）步枪（各种类型）	152支
（2）手枪	84支
（3）轻机枪/通用机枪	4挺
（4）火箭筒/枪管下挂式榴弹发射器	24个
（5）手榴弹	845枚
（6）简易爆炸装置	29套
（7）无线电台	32部
（8）炸药	208.75公斤
（9）子弹	3.2399万发

（七）地方自卫队

3.37　授予荣誉军衔：M. S. 东尼先生和阿比纳夫·宾德拉先生被授予中校荣誉军衔。首位专门从事现代近距离战斗训练的印度人迪帕克·拉奥医生，被授予荣誉少校军衔。

3.38　首位参加铁路工程师团（地方自卫队）的女性普通士兵（Other Rank，OR）：969 铁路工兵团（地方自卫队）招募了首位女性普通士兵/工兵。萨珀·尚蒂·提伽于 2010 年 11 月 15 日参加了地方自卫队，被任命为（阿萨姆邦）阿里布尔杜阿尔铁路局局长管辖下的恰尔撒火车站的扳道工。2010 年 11 月 15 日至 12 月 14 日，她接受了新兵营训练，综合考核第一并荣获最佳新兵奖。

（八）相关装备

3.39　印度陆军的长远打算是将自己锻造为一支积极进取、装备先进、战备充分的现代化军队。其座右铭“后勤是有序与无序的分界线”激励印度陆军努力提供充分的后勤保障和有效的工程支持。为此目的，目前正在努力进行有效的装备管理，具体如下：

a）国产炮管：TK T－90：国产可发射化学炮弹的炮管与炮管组件于 2010 年 9 月成功进行了评估测试，并已获得成批生产许可。

b）VT 72B 型装甲救援车和 WZT－3 型装甲救援车在 512 装甲旅修理所的大修：正根据 2008 年《国防采购程序》第 45 段的规定，处理有关在 512 装甲旅修理所安装设施对 VT 72B 型装甲救援车和 WZT－3 型装甲救援车进行大修的问题。三军重要采购计划分类高级委员会（Services Capital Acquisition Plan Categorization Higher Committee，SCAPCHC）已经颁发许可证。

c）采购无人机备件：为了降低对原始设备制造商的依赖和减少

处理过去进口的设备所耗费的时间，已经确定了轮胎、软管、电池和某些防腐剂的本地供应商，并正在通过他们进行采购。

d）炊具：已经开始实施陆军炊具现代化的计划。现代化的炊具定为SS－304级（萨利姆），同时被批准为食品级材料。SS－304级是通过商业模式为陆军研发的，与以前的SS－20级相比，具有更长的寿命。

e）新近引进的ECC&E用具：基于相关研究的建议，引进了一些全新用具。除了一种用具（防晒乳液）正在制定其等级标准外，对其他所有新近引进的ECC&E用具已经开始采购。新近引进的ECC&E用具列举如下：

（1）保暖背心。

（2）围巾（羊毛）。

（3）背包。

（4）露营床垫。

（5）防晒乳液。

（6）面膜。

（7）绑腿。

（8）护目镜的备用镜片。

f）为所有车辆安装改进型的后视摄像头：作为产品改进项目，员工设备改造委员会（Staff Equipment Modification Committee，SEMC）已推荐引进该设备。

g）为锡亚琴冰川地区部队采购履带式雪地汽车：2010年12月与芬兰的M/s BRP公司签订了20部履带式雪上汽车的合同，已经全部收货并由联合接收检查组进行了核查。截至2011年3月，已经用创纪录的3个月时间在该冰川地区部署完毕。

h）为锡亚琴冰川地区部队采购羊毛袜子：2010年9月，已经与英国的M/s富兰克林公司签订合同，采购38.2914万双羊毛袜子。在创纪录的7个月时间内已经完成交付。2011年5月，根据购股权条款签订了相同数量的另一份合同，并可在 2011 年 12 月前完成交货。

i）采购 84 毫米火箭发射器弹药的合同：一份采购数量达 6.6 万发的 84 毫米火箭发射器弹药合同于 2011 年 3 月与瑞典 M/s FFV SAAB 公司签订。2011 年 12 月，可交付 20000 发，剩余弹药将于 2012 年 11 月前交付。

j）为“T－90”坦克采购 125 毫米尾翼稳定脱壳穿甲弹（FSAPDS）：2010 年 12 月已经同俄罗斯国防出口公司签订合同，为“T－90”坦克采购 1.6 万发的尾翼稳定脱壳穿甲弹。合同于 2011 年 3 月生效，预计可在 2012 年 3 月前全部交货。

（九）作战后勤

3.40 国防旅客订票系统：在众多边远地区和主要兵站已经开通了国防旅客订票系统，主要是为军人及其家属提供电子化的铁路订票服务。目前，全国共有 72 个旅客订票系统和 1 个非预定票务系统在运行。此外，4 个旅客订票系统正在安装中。

3.41 防务部配额：目前，每天共有 7131 个列车座位作为防务部配额使用。临时机动的部队使用这些配额。我们始终与铁路部门保持联系以确保这些配额，尤其是空调座位的分配。

3.42 包机：东北军区的部队一直在使用从新德里到列城、托伊塞和斯利那加以及加尔各答和帕尔之间的包机。这些航班明显减少了部队进出驻地的时间。

3.43 增加初级军官/普通士兵的肉/鸡（肉鸡）供应量：初级军官和普通士兵的肉/鸡（肉鸡）供应量已从 110 克每人/天增加为 180 克每人/天。

3.44 采购软饮料来替代汽水：已授权为装甲部队的普通士兵和配备装甲战斗车辆的其他单位人员提供软饮料以代替汽水：

序号	饮品	数量
a)	碳酸饮料	每天300毫升
b)	酸橙类饮料	每天250毫升
c)	果汁/拉昔/椰子水等	每天250毫升

3.45　采购品牌精制盐：已取得政府许可从知名供应商处采购品牌精制盐。

（十）联合国维和行动中心（Centre for United Nations Peacekeeping，CUNPK）

3.46　维持和平行动是特别行动，需要理论指导以及在研究和经验基础上产生的特殊技术。为了满足这种需要，凭借印度在联合国维和行动领域的丰富经验，在新德里成立了联合国维持和平行动中心。该中心为军事分队军官、军事观察员、参谋和后勤军官开设国际培训课程。该中心定期举办研讨会、联合工作组以及国家级和国际级的指挥所演习。联合国维持和平行动中心也是印度参与联合国维和行动的信息库，它将继续开展和更新对维和相关问题的研究。

> 联合国维持和平行动中心定期举办研讨会、联合工作组以及国家级和国际级的指挥所演习。该中心也是印度参与联合国维和行动的信息库，它将继续开展和更新对维和相关问题的研究。

3.47　2005年10月以来，联合国维持和平行动中心已经接替了国际维持和平培训中心协会（International Association of Peacekeeping Training Centres，IAPTC）秘书处的职责。更多信息可从www.iaptc.org网站获取。

3.48　培训课程：2011年1月1日至12月31日，联合国维持和平行动中心已经开设了以下国际级和国家级的课程，培训对象包括印度武装部队军官、准军事部队军官、来自友好国家的被指定部署到联合国不同任务区担任军事观察员、后勤军官和分队军官的军官。

3.49 国际课程

a）联合国参谋和后勤军官课程。

b）联合国军事观察员的课程。

c）联合国军事分队军官课程。

国际研讨会：2011年2月25日，在联合国维持和平行动中心举行了“联合国任务区内的平民保护”国际研讨会，总计177名来自印度国内外的军官，包括本主题的专家演讲者，参加了研讨会。

3.50 国家课程：开设了5门课程，为正式赴联合国任务区维和的部队进行培训。

3.51 国际合作：

（一）外国代表团访问：下列代表团访问了联合国维持和平行动中心：

（1）越南代表团。

（2）美国代表团。

（3）俄罗斯代表团。

（4）意大利代表团。

（5）蒙古代表团。

（6）厄瓜多尔武官。

（7）南非代表团。

（8）日本代表团。

（9）马来西亚代表团。

（10）厄瓜多尔代表团。

（11）印度尼西亚代表团。

（二）第17届国际维持和平培训中心协会执行委员会会议：陆军的代表参加了下列会议：

（1）3月27—31日在美国宾夕法尼亚州卡莱尔市陆军战争学院

举行的第 17 届国际维持和平培训中心协会执行委员会会议。

（2）2011 年 11 月 14—18 日在美国宾夕法尼亚州卡莱尔市由“美国陆军维持和平与稳定行动协会”（United States Army Peacekeeping and Stability Operations Institute，PKSOI）与“美国陆军战争学院及军民关系中心”共同举办的年度国际会议。

（三）FSA 演示：来自 28 个国家的代表参加，代表团总计 31 人（有 3 个国家各增派一人）。

（四）参加“寻找可汗”演习：由 2 名高级军官、3 名初级军官和 25 名士兵组成的一个分队参加了在蒙古乌兰巴托进行的此次演习。

3. 52 分队培训：2011 年，所有正式派遣至联合国任务区的分队都在联合国维持和平行动中心主持下进行了培训。

（十一）联合国维和行动中的印度陆军

3. 53 作为联合国的创始国之一，印度一直是联合国理想和原则的坚定支持者。自联合国各机构成立以来，印度一直积极向这些机构派遣人员，而且是联合国维和行动中派遣军队和警察人数最多的国家之一。1950 年，印度首次派遣部队参加联合国维和行动，当时在韩国部署了由 346 人组成的 60 支野战救护队。

3. 54 自 1950 年以来，印度已经参加了全球 69 个联合国任务区中的 45 个。迄今为止，超过 16. 5 万名印度军人参加了各类联合国的任务区。

3. 55 印度陆军最显著的贡献是确保了非洲和亚洲部分地区的和平与稳定，展现出了独特的能够长时间持续大规模部署部队的能力。为了兑现印度对联合国与和平的承诺，迄今已有 136 名印度士兵贡献了自己的生命。

3. 56 在联合国维和行动中担任领导职务：迄今为止，印度已为各类联合国维和任务区提供了 13 位总司令。1950 年，K. S. 蒂迈雅中将在韩国成为被任命为中立国遣返委员会（Neutral Nations Repatriation Commission，NNRC）主席的首名印度军官。曾荣获塞纳勋章和杰出服役勋章的钱德尔·普拉卡什中将目前在刚果担任联刚稳定团的总司令。除了担任任务区总司令外，印度也有幸提供了一名师长、5 名副总司令和 2 名联合国秘书长军事顾问。

3.57　目前派遣部队情况：印度也为联合国维和行动贡献了相当大的兵力。目前，我们在联合国的各任务区有 7099 名军人（大约）。具体情况如下：

第一，联刚稳定团：刚果民主共和国（1999 年—至今）：印度对联刚稳定团的贡献始于 1999 年派遣的军事观察员组。随着联合国不断要求印度出兵，印度自 2004 年 11 月在刚果部署了 1 个步兵旅，包括 4 个步兵营、1 个旅属通讯连和 1 个三级医院。2009 年在任务区又部署了 1 个陆军航空飞行队。刚果民主共和国是非洲大陆第二大国，自 1960 年独立以来一直面临旷日持久的动乱和不稳定，尤其是两次内战和种族冲突。印度旅在这里的作战环境是具有挑战性的，面临的是荒凉的地形和恶劣的气候条件。该旅的主要任务是保护平民。北基伍旅（North Kivu Brigade）为执行联刚稳定团任务作出了显著贡献，得到国际社会的高度认同。该省整体基础设施、安全管理以及联刚稳定团的活动都依赖于该旅。印度维和部队在执行任务以及达成保护平民和投降人员、实施地区控制等行动目标方面面临着许多挑战。该旅在此期间展开了许多行动，主要是确保平民受到保护、确保成功进行总统选举和省级选举。几个重要的作战行动包括："新太阳行动"（Operation Jua Mupia）、"恢复希望行动"、"鸟眼行动"和"神力行动"。该旅发起"蓝色铁拳行动"，成功地结束了基穆阿地区的武装集团冲突。这次行动是一个巨大的成功，它证明了多国环境下印度士兵的作战能力。北基伍旅采取了很多举措来减轻当地刚果人的苦难，实施了各种人道主义活动，例如"培养下一代”活动是对任务区的儿童进行积极的思想教育。该旅的基层单位执行了很多“快速收效”项目来帮助当地居民，总价值约 73535 美元。2011 年，北基伍旅通过自己的基地帮助了很多投降人员，其中包括 398 名干部、228 名儿童兵和 288 名家属，促进了该地区恢复正常秩序。

第二，联合国驻黎巴嫩临时部队：黎巴嫩（1998 年—至今）：印度陆军向联黎部队派遣了 1 个步兵营、1 个一级医院和部分参谋军官。印度营任务区是联黎部队任务区的东部部分，位于多山地带，约 100 平方公里。现在的第 14 批印度营正在其任务区开展密集的作战活动。除了蓝线附近的 9 个临时观察哨外，印度营还把守 10 个联合国阵地，这也是整个联黎部队任务区中单国部队哨所数量最多的。该营控制着蓝线，随时监测任何越线行为并立即上报，从而确保没有任何穿越分界线的行为，该分界线是黎巴嫩和以色列占领的齐巴农场地区之间的双方均已撤离的地区。该营通过不断的巡逻活动，已成功地在其任务区内保持和平与稳定。这包括每日在其任务区内进行 26 次白天/夜间巡逻，其中还有与黎巴嫩武装部队密切协作，开展反火箭弹发射行动和蓝线巡逻。印度陆军第 10 批步兵营定期组织大量活动，包括医疗、牙科和兽医服务，向当地居民提供救助和安慰。因为这种援助，印度陆军与当地居民已经建立了密切的联系和特殊的关系，此举进一步协助了作战任务的完成。

第三，联合国苏丹特派团：苏丹（2005 年 4 月至 2011 年 7 月 9 日）：最初向苏丹派遣了 2 个步兵营、1 个战区司令部、1 个司令部通讯连、1 个建筑工兵连、1 个印度空军分队和 1 个二级医院。2011 年 7 月任务区结束。

第四，联合国南苏丹特派团（南苏丹）：2011 年 7 月 9 日联合国驻苏丹特派团结束。联合国总部开设了一个新的任务区，即联合国南苏丹特派团。印度政府批准将部署在联合国苏丹特派团的印度分队调遣至联合国南苏丹特派团。印度陆军分队已开始行动以支持联合国南苏丹特派团执行安理会授权。目前任务区正处于稳定阶段。2011 年 7 月 9 日，独立的南苏丹共和国在一个复杂和脆弱的地区环境中成立。联南苏团的干预最终解决了正在重新整合的苏丹人民解放军和反政府民兵团体之间因武器保留问题而发生的争议。但是，双方之间仍存在明显的不信任。

第五，联合国脱离接触观察员部队：戈兰高地—以色列（2006 年 1 月至今）：作为联合国脱离接触观察员部队的组成部分，印度在戈兰高地部署了后勤分队，负责为任务区提供二线后勤支援。自 2006 年替换加拿大分队以来，印度分队一直是联合国脱离接触观察员部队的一部分。

第六，联合国东帝汶特派团：东帝汶：印度只向该任务区派遣了 1 名参谋军官。派遣人数虽不多，但却始终坚持派遣。

3.58　在联合国维和行动中，迄今已有 136 名印度军人献出了生命。为表彰他们在保卫世界和平的崇高事业中英勇卓越的业绩，印度陆军维和分队被授予以下奖项：

（1）	帕拉姆·维尔·查克拉勋章	1
（2）	马哈·维尔·查克拉勋章	5
（3）	基尔提·查克拉勋章	1
（4）	维尔·查克拉勋章	19
（5）	肖里亚·查克拉勋章	3
（6）	尤德·席瓦勋章	4
（7）	塞纳勋章	10
（8）	维希斯·席瓦勋章	2
	合计	45

四、印度海军

由于其多维度的能力和活跃的力量存在，印度海军在印度洋地区一直发挥着海上领导作用。

4.1　由于其多维度的能力和活跃的存在，印度海军在印度洋地区一直发挥着海上领导作用。由于各种因素，其中包括地缘政治、地缘经济、新兴技术、非对称威胁不断变化的性质和海洋邻国持续壮大的实力，印度海军面对着一个动荡的作战环境。因此，印度海军的兵力规划和作战理念应着力应对可能出现的威胁和机遇，其总体目标是保护我国海洋利益。

4.2　随着印度因经济持续增长而不断发展，有越来越多的人接受了这样的事实，即海洋是我国发展的首要推动因素。我国超过90%的贸易量和超过77%的贸易额要通过海洋运输。我国超过97%的石油需求是进口或由海上油田生产的。因此，我国的经济增长与海洋密不可分。

4.3　印度海军正在回应越来越多的要求，去解决该地区涉及安全与稳定的问题。作为一个负责任的国家和友善的海上邻国，我国向国际社会承诺，在印度洋地区的国际执法、人道主义援助和救灾行动等方面，印度将继续走在最前列。印度洋地区复杂的海上安全环境要求印度海军始终保持高水平的作战节奏和战备状态。除了大量的作战部署外，印度海军已与友好国家的海军成功进行了多次演习。这些演习有助于加强双边关系，巩固我们之间的专业联系，并简化协同作战问题。

4.4　海盗问题仍然是印度洋地区关注的主要问题之一。在反海盗巡逻方面，印度海军令人称道。在过去一年中，印度海军挫败了多起针对印度和外国商船的攻击。我们在海盗出没地区的持续存在已经向海洋世界表明了我们应对这种威胁的承诺和决心。随着我国经济利益的不断扩大，保护相关利益的需求也在增加，印度海军保护本国海洋利益的作用和责任也将持续扩大。与此同时，我们作为一个成熟、负责任的地区海上力量，相应的领导责任也将加大。

4.5　印度海军一直全心全意地支持各种国产化计划，这与我国可持续发展和自力更生的整体国策相一致。现代化计划致力于最终实现军舰建造的国产化，这本身就是一个显著的成就。我们的首选就是通过本土建造来增加舰艇和潜艇。因此，在当前订购的 48 艘舰艇和潜艇中，44 艘正在印度船厂建造。其中最新的 P－28 反潜护卫舰，按计划其国产化率超过 90%。

（一）海外行动

4.6　海外部署：印度海军舰船所进行的海外部署行动都是开展友好访问，进一步促进与友好国家的关系并加强对外合作。2011 年重要的海外行动如下：

1. 东部舰队：2011 年 3—5 月，包括“德里”号、“蓝维杰伊”号、“蓝威尔”号、“乔蒂”号和“基尔希”号等在内的东部舰队舰只，在南中国海和西太平洋进行了海外部署。在此期间，这些舰船参加了印度海军与美国海军的“马拉巴尔－11”双边演习、印度海军与新加坡共和国海军的“新加坡－印度海上双边演习－11”，并访问了新加坡、菲律宾、俄罗斯、越南、文莱、马来西亚和印度尼西亚。

2. 印度海军“艾拉瓦特”号军舰：印度海军“艾拉瓦特”号军舰于 2011 年 7 月 4—9 日参加了在文莱举行的国际舰队检阅和文莱国际防务展。此后，该舰访问了柬埔寨的西哈努克市、越南的芽庄和海防以及马来西亚的巴生等港口。

3. 第一训练中队：2011 年 3 月，由“蒂尔”号、“奎师那”号和印度海岸警卫队的“维拉”号组成的印度海军第一训练中队的舰只被部署到阿曼、阿联酋和沙特阿拉伯。2011 年 8—9 月，又被部署到东南亚（新加坡、马来西亚、泰国和印度尼西亚）。

4. 勘察任务：为了开展水文调查，2011 年 3 月“萨尔瓦克沙克”号被部署到毛里求斯，同年 11—12 月又被部署到塞舌尔和肯尼亚。

4.7 “开花行动”：2011 年 2 月 26 日，“迈索尔”号、“贾拉希瓦”号和“阿迪塔”号执行非战斗人员撤退行动，从利比亚撤离印度公民。2011 年 3 月，这些舰只被部署到靠近的黎波里的海上，将 150 名印度公民撤离到马耳他。

4.8 部署印度海军分队服务南亚区域合作联盟峰会：应马尔代夫政府请求，“布拉马普特拉”号和一架“多尼尔”型飞机被部署到马尔代夫，为 2011 年 11 月 10—11 日在马尔代夫的阿杜环礁举行的第 17 届南亚区域合作联盟首脑会议服务。

4.9 亚丁湾的反海盗行动：与印度海军承诺在亚丁湾开展反海盗行动相一致，从 2008 年 10 月起印度海军一直持续在该地区部署一艘军舰。军舰的存在威慑了海盗，并为过境的悬挂印度国旗的商船提供了保护。截至目前，印度军舰已经为来自不同国家的 1800 多艘商船提供了安全的护航。2011 年，印度海军在东阿拉伯海开展了 4 次打击海盗母船的行动，共有 120 名海盗被捕，73 名渔民和船员获救。

> 与印度海军承诺在亚丁湾开展反海盗行动相一致，从 2008 年 10月起印度海军持续地在该地区部署了一艘军舰。

4.10 塞舌尔、毛里求斯和马尔代夫专属经济区的监视和反海盗部署行动：根据东道国的请求，印度海军分队被部署到塞舌尔、毛里求斯和马尔代夫专属经济区，开展监视和反海盗行动。

（二）重大演习

4.11　战备演习－11 演习：2011 年 2 月，在西部海岸举行了年度战区级战备演习（Theatre Level Operational Readiness Exercise，TROPEX）。这次演习分为独立集训阶段、两栖作战阶段、东部舰队和西部舰队的联合集训阶段和一个战术阶段。

4.12　两栖演习－11 演习：2011 年 1—2 月，印度军舰“贾拉希瓦”号，会同印度海军和陆军的其他两栖作战部队，参加了“两栖演习－11”演习。该演习从多方面验证了协同作战和两栖作战的一些概念。

（三）同外国海军的演习

4.13　“伐楼拿 10”演习：2011 年 1 月，在果阿市外的西部海岸进行了“伐楼拿 10”演习。法国海军派出了 5 艘舰艇参加，包括“夏尔·戴高乐”号、“福尔宾”号、“图维尔”号和“默兹”号等。印度派出了“维拉特”号航母以及“戈达瓦里”号、“恒河”号和“夏尔克”号舰艇。

4.14　“马拉巴尔－11”演习：2011 年 4 月，印度和美国两国海军在冲绳岛附近举行了代号“马拉巴尔－11”的双边演习。美国的海军舰艇“斯特瑞特”号、“斯特蒂姆”号、“普瑞布尔”号、“罗纳德·里根”号、“钱瑟勒斯维尔”号、“圣达菲”号、“蓝岭”号、“卡尔·布拉希尔”号和印度军舰“德里”号、“蓝威尔”号、“蓝维杰伊号”号和“乔蒂”号参与了本次演习。

4.15　“新加坡－印度海上双边演习－11”演习：2011 年 3 月，印度和新加坡共和国海军在南中国海举行“新加坡—印度海上双边演习－11”。参加演习的包括新加坡共和国海军舰只“无比”号、

“无畏”号、“坚强”号、“勇敢”号、“胜利”号、“征服者”号、海上巡逻机和新加坡共和国的空军战斗机。印度海军参加演习的有“德里”号、“蓝维杰伊号”号、“蓝威尔”号、“基尔希”号和“乔蒂”号等军舰和一架海上巡逻机。

4.16 “斯里兰卡—印度演习-11”：2011年9月，东部舰队的舰只参加了印度和斯里兰卡的双边海军演习“斯里兰卡—印度演习-11”。斯里兰卡方面派遣了巡逻舰和快速攻击艇。本次演习是2005年后重新开始的。

4.17 救灾演习：2011年3月14—19日，印度尼西亚和日本在印度尼西亚的万鸦老共同举办了首届东盟地区论坛救灾演习，东盟地区论坛成员和相关国际组织和区域组织参加。印度军舰“克萨里”号与印度尼西亚军舰（“特东那加”号、“苏哈索”号和“巴沙尔纳斯”号）、日本军舰（日本海上自卫队“大隅”号）和美国军舰（“哈珀斯·费里”号）一起参加了演习。

4.18 “康坎-11”演习：2011年10月，印度军舰“贝特瓦”号和“尚库希”号在西海岸附近参加了印度和英国皇家海军的双边演习“康坎-11”。参加演习的英国皇家海军的舰只有“汹涌”号和“勤勉”号。

4.19 HABUNAG 11演习：2011年10月，印度和美国两国海军在维沙卡帕特南举行了代号“HABUNAG”的远征军桌面推演（Expeditionary Table Top Exercise，EOTTX）。演习基于旨在进行人道主义援助和救灾的各种情境。桌面推演是为了促进人道主义援助和救灾的共同规划和讨论。

4.20 “温柔海风”演习：印度海军和阿曼皇家海军计划2011年12月底在孟买附近举行两年一度的海军演习。

4.21 与印度尼西亚的合作巡逻：印度海军和印度尼西亚海军沿其国际海事边界线（International Maritime Boundary Line，IMBL）已经开始了合作巡逻（被称为“印度—印尼合作巡逻”）。从2011

年4月6—26日开始进行第17次巡逻。印度海军舰只“猎豹”号和“巴蒂马维”号与一架“多尼尔”型飞机一起参加了联合巡逻。印尼方面派遣了“帕提姆拉”号军舰参加。第18次巡逻在2011年9月25日至10月5日进行。印度海军2艘舰船“马希什”号和“伯勒滕格”号与一架“多尼尔”型飞机参加了巡逻。印尼方面派遣了“赛拉斯·帕帕雷”号军舰参加。

4.22 与泰国的合作巡逻：第12轮印度和泰国合作巡逻于2011年4月25日至5月3日举行。印度海军“特拉萨”号与一架“多尼尔”型飞机参加了巡逻。泰方派遣了泰国皇家海军的“龙洛美”号和一架“多尼尔”型飞机参加。第13轮印度和泰国合作巡逻于2011年11月9—17日举行。

（四）海岸安全

4.23 2009年，印度海军被指定为负责整体海上安全的机关，其中包括国家的海岸安全和近海安全。为完成这一任务，印度海军已经开始在进行近海作战的同时开展远洋作战，以保卫我国海岸线免受威胁。印度海军已经开展协调工作来加强与所有部门/机构、沿岸各邦/中央直辖区之间的必要联系，从而实现协调有效的沿海安全管理。印度海军计划装备15艘快速追截船艇来确保海岸安全，2010年已经装备了6艘。

4.24 自2009年1月起，为了确保海岸安全，印度海军舰只的部署量增加了60%—80%，而印度海军飞机的部署量增加了100%。与此同时，海外发展管理局的监视活动也得到增强。到目前为止，为了确保海岸安全，印度海军已经进行了数次演习和海岸安全作战行动。我们已经开始从基层着手，将渔民整合到海上安全的利益攸关者群体中来。迄今为止，我们已进行361次宣传运动，目的是提高渔业社区的认识，使其成为海岸安全的眼睛和耳朵。

4.25　在过去几年中，我们取得的积极成果之一就是实现了机构间更好的协调。通过所有海事利益攸关者定期参与海岸安全演习，我们推动了彼此间的协调。成功开展联合行动以及对一些非法船只的成功调查，就是各相关机构有效协调的一个显著成果。

（五）总统检阅舰队

4.26　2011年度总统对舰队的检阅是2011年12月在孟买举行的。印度总统作为武装部队最高统帅，在其任期内检阅海军舰艇编队，这是印度海军由来已久的传统，自独立以来共进行了10次检阅。

4.27　总统检阅舰队（The President's Fleet Review，PFR）是展示国家海洋实力的标志性事件。参与单位包括军舰、潜艇、辅助船只、海岸警卫队船只和商船，均整齐列队停泊。印度总统登上了指定为“总统游艇”的海军舰艇，以巡航方式检阅所有的船只。当游艇驶过时，各舰船的所有船员均向最高统帅行军礼。同时，舰队航空兵的飞机从空中飞过致敬。其象征意义是为了向最高统帅和国民传递信心，表明国家海上力量已经做战斗好准备应付任何不测。

4.28　在总统检阅舰队时，海岸警卫队有10艘舰船参加，另外还有4艘商船。此外，在总统检阅时，有47架海军飞机按照惯例进行了低空飞行。

（六）国际会议/研讨会

4.29　2011年3月，第11届北印度洋水文地理委员会（North Indian Ocean Hydrographic Commission，NIOHC）和国际水文地理研讨会暨2011年印度洋水文地理学展览会在新德里举行。2011年印度洋水文地理学展览会的开幕式由国防部长致辞。

（七）对外合作

4.30　为了与印度在该地区卓越的海上大国地位相适应，印度海军将继续成为维护印度洋地区稳定的力量。在过去的一年中，印度海军进一步加强了其物资和培训援助计划，以帮助印度洋地区和地区外的的友好沿岸国家加强能力建设。

4.31　对马尔代夫海岸警卫队“胡拉维”号的产品售后服务：马尔代夫海岸警卫队的“胡拉维”号（前“蒂兰昌”号）是印度于 2006 年 4 月 16 日赠送给马尔代夫的。作为对该船产品支持的一部分，印度海军自 2011 年 10 月起，在海军船坞（维萨卡帕特南）对该船开展了为期 3 个月的整修。

4.32　海军与海军之间的参谋对话：以参谋对话形式开展的海军与海军层次的交流为制定和实施双边合作倡议提供了一个有效的论坛。我们已经与澳大利亚、法国、印度尼西亚、以色列、新加坡、日本、南非、斯里兰卡、英国、泰国和阿联酋的有关人员举行了参谋对话。

4.33　培训：培训是实现互通性的最佳手段之一，它将继续成为海军合作规划的重点领域。在过去几年建立的合作框架产生了很好的效果，被派到国外的受训人员和在我们的学院/学校受训的国际学员的数量都显著增加。这一趋势很可能持续下去，因此我们要使针对国际学员的培训更加充满活力、更具吸引力，我们还要邀请更广泛的全球参与。这方面的努力已见成效，2011 年来自巴布亚新几内亚、东帝汶和保加利亚的学员开始学习印度海军的课程。

4.34　印度洋海军研讨会：2008 年 2 月，首届印度洋海军研讨会在新德里举行，来自印度洋地区的 35 个沿海国家代表出席会议。各国海军最高领导层广泛参与，这凸显了本地区对于该机构的共同需求。2010 年 5 月，在阿联酋的阿布扎比举行了第二届印度洋海军研讨会，阿联酋海军司令担任了主席，任期是 2010—2012 年。第三届印度洋海军研讨会计划将于 2012 年 4 月在开普敦举行。

（八）服役和退役

4.35 新船服役：在意大利热那亚的 M/s 芬坎蒂尼造船厂建造的 2 艘新的海军油轮“迪帕克”号和“沙克蒂”号，已分别于 2011 年 1 月 21 日和 2011 年 10 月 1 日正式服役。第二艘印度自行设计和建造的“什瓦利克”级隐身护卫舰“萨特普拉”号于 2011 年 8 月 20 日正式服役。“卡布拉”号、“科斯瓦里”号和“卡鲁瓦”号也于 2011 年开始服役。

> 第二艘印度自行设计和建造的“什瓦利克”级隐身护卫舰“萨特普拉”号于 2011 年 8 月 20 日正式服役。

4.36 退役的旧船只：

2011 年，通用登陆艇 LCU 32 和 LCU 34 以及“沙拉布”号退役。

4.37 确保职业发展的修订计划：政府已经批准，从 2008 年 9 月 1 日起实施针对水兵的“确保职业发展的修订计划”。这项具有里程碑意义的计划，将使水兵有权在其第 8 年、第 16 年和第 24 年服役期时获得最低的保证升级到下一个更高档次工资的财务权利。水兵如果连续 8 年薪酬持续停留在同一档次，也有资格享受工资调档。水兵管理局的审查委员会将每 6 个月审查决定水兵是否能享受此权利。

4.38 水兵的职业资料审查：高科技设备和平台的引入已经对印度海军的组织结构和人力资源需求产生了相应的影响。印度海军需要年轻的、受过良好训练的和积极进取的人员队伍，从而能够承担与转型计划相一致的更大责任。为此目的，政府已批准实施水兵的职业资料审查，以此实现从领导层军官到士官的升级换代。该计划正在实施，为期5年。自2011年1月1日开始，每年将公布获批空缺的20%。本计划将提高运作效率并提高满意度水平，因为按此计划，所有水手在服役15年后只要符合资格，都能获得士官军衔。

五、印度空军

今天的印度空军正稳步成为一支可靠的空天力量，通过现代化进程和干练的领导，已随时做好准备以应对不断变化的全球技术挑战。

5.1 今天的印度空军正稳步成为一支可靠的空天力量。通过现代化建设和干练的领导，印度空军已随时做好准备以应对不断变化的全球技术挑战。印度空军信守“以人为本、使命第一”的承诺，正通过系统的方法来增强自身的战略、战术能力和国家建设能力。进入第十二个“五年计划”以来，印度空军已具备能够在各种冲突中以网络为中心进行作战的能力。军事技术的发展带来了新的挑战，也提供了独特的机遇，我们可以利用全新的和现有的军事能力来实现国家利益。为实现这一战略，印度空军本年度规划如下：全面加强空军防空网建设，采购配备最先进精确制导武器和使用其他赋能技术的一线作战飞机。同时，通过引进“C－130J”特种作战运输机和“米－17 V5”中型运输直升机，加强空军运输机和直升机机群。

（一）作战

5.2 建立以网络为中心的战略能力：通过不断引进苏－30MKI飞机、3架机载预警和控制系统飞机以及采购战略和战术空运平台，印度空军已经显著提高了其在紧急情况下投送部队的能力，无论是进攻作战还是防御作战。印度空军通过C4ISR系统（指挥、控制、通信、计算机、情报、监视和侦察），也加强了以网络为中心的各项能力并以此提升了作战能力。这主要是通过将传感器、决策者和武器系统经由网络相连接，以达成认识的统一，提高指挥结构的效能，实现更快的作战节奏和更大的杀伤力。

（二）贵宾护送行动

5.3 空军司令部交通中队（Air Headquarters Communication Squadron）被赋予护送要员/贵宾、国家元首和外国政要的任务。固定翼飞机运输联队使用波音公务机和巴西航空工业公司“E－135”飞机，而旋转翼飞机运输联队使用“米－8/17”直升机。巴西航空工业公司的E－135“莱格赛”飞机执行了无数次飞行任务：从印度飞往中亚各共和国、东盟和南亚区域合作联盟国家，远的甚至飞到东京和巴黎。他们也进行过到阿富汗和印度尼西亚的临时航班飞行。在国内也飞往一些其他交通方式无法到达的地方，如卡吉尔和伯德里纳特。

（三）采购及飞机升级

5.4 C－130J（“大力神”）：C－130J“大力神”飞机的服役大大提高了印度空军的特种作战能力。此飞机能进行全天候飞行。

5.5 中型运输直升机：随着装配有最先进航空电子设备和玻璃驾驶舱仪表的中型运输直升机“米－17 V5”的服役，空军增加了新的直升机分队。“米－17 V5”直升机可兼容夜视镜并得到有效保护，适合在敌对环境中进行夜战。该直升机有多重用途，可用于航空维修、战术作战地区（Tactical Battle Area，TBA）对陆军进行支援，或进行特种作战。这些都显著提高了印度空军的行动潜力和作战能力。自2011年9月开始增加直升机分队。

5.6 “幻影-2000 H/TH”的升级：2011年7月29日已与法国的原始设备制造商（M/s 泰利斯公司和 M/s 达索航空公司）以及 M/s HAL公司签署了升级“幻影-2000”飞机的合同。2架飞机已送到法国进行升级。法国的原始设备制造商在印度斯坦航空公司班加罗尔分部将对另外2架飞机进行升级。M/s 印度斯坦航空公司将在印度斯坦航空公司班加罗尔分部对剩余的飞机进行了一系列改进。

5.7 “米格-29”升级计划：1987年，印度空军引进了“米格-29”飞机，此后该型飞机一直都是有效的防空平台。随后，空军同俄罗斯签署了升级计划合同，其中包括雷达和航电系统的全面升级以及飞机的结构性升级。经过最初的设计与开发阶段，3架飞机正在俄罗斯进行飞行试验，另外3架也进入了升级的最后阶段。设计与开发阶段之后将对在印度的飞机进行系列升级。

5.8 “安-32”飞机升级：1984—1991年，印度从苏联引进了“安-32”飞机。目前飞机已使用了25年，鉴于其充足的剩余疲劳寿命，预计飞机使用寿命可长达40年。随着使用寿命的延长，正在考虑进行驾驶舱的噪声抑制并升级航空电子设备，加装部分根据国际民航组织规范运输类飞机可被授权使用的航空电子设备。为符合国际民航组织关于运输飞机的规范，“安-32RE”飞机重新配备了新一代的发电设备。

（四）苏-30 MKI

5.9 采购维修掩体：为了对停机坪上的飞机维修工作人员提供针对危险环境的保护并提高其士气，印度空军第一次为“苏-30MKI”中队采购了便携式全天候维修掩体。开始时为2个中队采购了27个掩体，另外50个正处于采购的最后阶段。

（五）防空网

5.10　空军已设想引进大量设备，不仅要用最新的技术传感器替换陈旧、老化的传感器，还要采购更多的传感器以确保强大的监视能力。这些新采购项目的具体细节如下。

5.11　“罗希尼”雷达：印度空军正在采购大量国产的“罗希尼”雷达。这些雷达正由国有巴拉特电子有限公司制造，并计划用以取代现有的低空移动式雷达。

5.12　“阿鲁德拉”中等功率雷达：印度空军正采购中等功率雷达，以确保对空域的中空和高空监视。印度空军已启用第一部这一型号的雷达用于作战。

5.13　地对空制导武器：印度空军的地对空制导武器主要包括“伯朝拉”（萨姆-3）防空导弹、OSA-AKM（萨姆-8b“壁虎”式）近程防空导弹和 IGLA“针式”导弹。“伯朝拉”（萨姆-3）防空导弹是印度空军地对空制导武器家族的骨干，主要是在 20 世纪 70 年代初引进的。在不久的将来有可能实施新的采购项目，更换老化的导弹，计划引进的有中/短距离地对空导弹、“阿卡什”导弹和 SPYDER 导弹。

5.14　引进预警机：2004 年签署了以“伊尔 76”为基础平台，配备相关地面设备的预警机的合同。2009—2010 年，引进了第一批 2 架预警飞机。2011 年 3 月，印度空军引进了配备相关地面设备的第三架预警机。

（六）航空安全

> 2009 年和 2010 年，引进了第一批 2 架预警飞机。2011 年 3 月，印度空军引进了配备相关地面设备的第三架预警机。

5.15 印度空军意识到需要保持较高的航空安全标准。空军各级机构正在进行不断的努力来实现这一目标。为了防止严重缺陷的反复发生，空军确保采取了一系列的措施，诸如缺陷调查机构进行缺陷调查并对推荐意见进行认真的后续调查等。通过精心策划和持续不断的努力，我们正在提高空军人员的技能以实现这一目标。

5.16 事故统计：截至目前，印度空军记录的一类事故率为 0.53（每 1 万飞行小时）。通过有针对性的战略和下定决心的努力，事故率已从 20 世纪 70 年代初的高点 1.84 降到目前的状态。

5.17 事故的主要因素包括技术缺陷和机组人员的人为错误。我们已经采取了一些积极预防措施，以减少印度空军的事故率。空军在这方面取得的显著成就如下。

5.18 主要措施：为改善飞行安全环境和降低事件/事故记录，印度空军采取的一些重大举措列举如下：

a）机场区域环境管理（Environment Management of Airfield Area，EMAA）：所有场站已基于其特定的飞行区域开始实施机场区域管理。

b）飞机机动区清扫设备的国产化：已经为 40 个场站采购了飞机机动区清扫设备，这被证明在保持工作表面清洁方面是非常有效的。

c）鸟类处（Ornithology Cell）：2007 年 6 月航空安全局（Directorate of Aerospace Safety）成立了鸟类处，至今已在 27 个空军基地和一个印度海军机场和两个印度斯坦航空公司机场进行了调查。通过对机场及周边地区的空域进行科学的调查来进行鸟害管理。鸟类处已经和分子生物学中心等实验室建立了联系，进行各种鸟类的DNA 条形码编码和鸟爪纹工作。

（七）国际培训/演习

5.19 2011—2012 年度，印度空军与各友邦进行了下列国际演习。

5.20 印度与阿曼演习：2011 年 10 月 17—21 日，印度与阿曼的“东大桥 - II”演习（2011）在贾姆讷格尔空军基地举行。阿曼皇家空军的 6 架“捷豹”飞机以及约 110 人参加了演习。印度空军派出了“捷豹”和“米格 - 29”中队参加。

5.21 印度与新加坡演习：根据印度政府和新加坡政府之间签署的双边协定，每年在卡莱昆达（克勒格布尔，西孟加拉邦）空军基地与新加坡共和国空军进行一次联合军事训练。2011 年 10 月 14 日至 12 月 9 日在卡莱昆达空军基地进行了“联合军事训练 - 11”。新加坡共和国空军派出了 8 架 F - 16 D + 飞机、便携式搜索与目标捕捉雷达、2 个 RBS - 70 发射单元和约 300 人参加。印度空军派出了“米格 - 27”飞机参加演习。2011 年 11 月 8 日，新加坡国防军总长访问了卡莱昆达空军基地。

（八）北部和东北地区机场的作战设施建设

5.22 政府已批准在东北地区建设空军基地和先遣登陆地。维杰耶纳加尔的先遣登陆地在跑道重新铺设后现已启用，自 2011 年 11 月 12 日起正式开始执行常规的空军后勤任务。

5.23 已婚人员住宿项目：为 100% 满足空军已婚军人的住房需求，在第一阶段，印度空军正在建设总计 7805 套住宅单元。其中已竣工 7223 套住宅单元，并已分配入住。剩余的 574 套住宅单元

（554 套在浦那，10 套在拉焦克里）正在建设中。第二阶段将在 39 个空军机场建设总计 7036 套住宅单元。30 个地点已经开工建设。

六、印度海岸警卫队

印度海岸警卫队装备有 44 艘舰只、29 艘船/气垫船、33 艘非现役的船只和 52 架飞机，任务是在印度的海洋区域进行定期监测。2011 年，4 艘拦截船、8 艘拦截艇和 4 架“多尼尔”型飞机加入了印度海岸警卫队的舰船序列。

6.1　1977 年 2 月 1 日，经内阁议会事务委员会批准，决定成立一个临时性的海岸警卫队组织，印度海岸警卫队应运而生。1978 年 8 月 19 日颁布《海岸警卫法》（Coast Guard Act），该军种正式成立为一个独立的组织。海岸警卫队在 1978 年开始之时，从印度海军接收了 2 艘护卫舰，从海关总署接收了 5 艘巡逻船。自成立以来，该军种已实现了广泛的水上和空中作战能力，在和平时期可以履行所赋予的任务，在战争期间则协助印度海军。

6.2　组织结构：海岸防卫队的指挥和控制由位于新德里的印度海岸警卫队总司令负责。它设有 4 个地区司令部，分别位于甘地讷格尔、孟买、钦奈和布莱尔港。这些地区司令部下属 12 个位于印度沿海各邦的分区司令部，指挥和控制印度整个海岸线的所有水域。此外，还有 31 个台站、2 个飞机场、5 个飞机用飞地和 1 个独立中队分布在不同的战略位置，可以有效部署船舶和飞机，完成搜索、救援和海监任务。

6.3　职权：海岸警卫队的职责如下：

a）确保人工岛屿、近岸码头、设施海洋区域的其他建筑和装备的安全防护。

b）为渔民提供保护，包括其在海上遇险时提供协助。

c）采取必要措施维护和保护海洋环境，防止和控制海洋污染。

d）协助海关和其他机构打击走私。

e）执行实施中的海洋区域成文法的相关规定。

f）完成包括采取措施保障海上人员生命和财产安全并按照规定收集科学数据等在内的其他事项。

g）自成立以来，随着时间的推移，更多的职责被赋予印度海岸警卫队。具体如下：

（ⅰ）国家海上搜救协调机构

（ⅱ）国家石油泄漏灾害协调机构

（ⅲ）协调近海油田安全

（ⅳ）协调印度反海盗行动的联络机构

（ⅴ）海上边界首席情报机构

6.4　现有实力：印度海岸警卫队装备有44艘舰只、29艘船/气垫船、33艘非现役的船只和52架飞机，任务是在印度的海洋区域进行定期监测。2011年，4艘拦截船、8艘拦截艇和4架“多尼尔”型飞机加入了印度海岸警卫队的舰船序列。

（一）沿海安全

6.5　自11月26日起，印度海岸警卫队又被指定为领水区域（包括海岸警方负责的水域在内的）沿海安全的负责机构。印度海岸警卫队司令也被指定为负责沿海指挥的指挥官，负责整体协调中央和各邦机构涉及沿海安全的所有事项。

6.6　海岸警卫队与海军协同，增加了对整个海岸线的巡逻和监测。本年度共进行了19次沿海安全演习，以确保协同巡逻的有效性。

6.7　除正常的专属经济区巡逻外，为了沿海安全，已经增加了海岸警卫队舰只和飞机的部署。除单独的沿海安全演习外，海岸警卫队还与海军协调，进行了15 次沿海安全演练。

（二）重要事件与成就

6.8 拦截船加入现役：4 艘拦截船，即ICGS C－150，C－151，C－152 和C－153 已在过去的一年中加入现役。ICGS C－150 和C－151 的服役时间是2011 年3 月28 日，另外2 艘拦截船服役时间分别是2011 年6 月18 日和10 月22 日。

6.9 拦截艇加入现役：8 艘拦截艇（编号从C－119 到C－126）在2011 年加入现役。

6.10 启用海岸警卫队飞机场：印度海岸警卫队站在勒德纳吉里（马哈拉施特拉邦）和蒙德拉（古吉拉特）的两个飞机场分别于2011 年3 月26 日和2011 年5 月19 日启用。

6.11 启用海岸警卫队飞机用飞地：2011 年3 月1 日和4 月1 日分别启用了在柯枝县和加尔各答的两个飞机用飞地。

6.12 位于阿支卡尔的印度海岸警卫队学院（Indian Coast Guard Academy）：2011 年5 月28 日，国防部长为位于喀拉拉邦阿支卡尔的印度海岸警卫队学院奠基。印度海岸警卫队学院将为海岸警卫队、海军、海警和印度洋沿岸国家的人员提供能满足所需的所有海事课程。

（三）国际合作

6.13 与马尔代夫的合作：2010 年4 月21 日，在马累举行的一个仪式上，一架印度海岸警卫队的“北极星”先进轻型直升机被移交给了马尔代夫国防和国家安全部。此外，应马尔代夫国防和国家安全部请求，2011 年1 月印度海岸警卫队“萨马”号被派遣到马尔代夫的甘市，运送该直升机到柯枝接受飞行500 个小时后需要进行大修/维修。2011 年 5 月，印度海岸警卫队派“桑格拉姆”号将完成维修的直升机送回。因马尔代夫提出在先进轻型直升机无法使用期间要求协助进行海域监视，印度海岸警卫队和印度海军联合建议使用“多尼尔”型飞机完成此任务。因此，从 2011 年 1—4 月，每月有 6 天时间由一架“多尼尔”型飞机执行此任务。

6.14　美国国土安全部副部长来访：2011 年 1 月 12 日，美国国土安全部副部长简·霍尔·卢特女士在访印期间参观了海岸警卫队总部，并拜会了印度海岸警卫队总司令。会谈中，两国的美国海岸警卫队讨论了包括合作在内的共同关心的问题。

6.15　印度海岸警卫队代表团访美：2011 年 2 月 17—24 日，由印度海岸警卫队总司令、阿蒂·维希斯·席瓦勋章获得者阿尼尔·乔普拉中将率领的印度海岸警卫队代表团访问了美国海岸警卫队。访问期间，双方共同讨论了如何加强两国海岸警卫队合作的问题。

6.16　亚洲地区打击海盗和武装抢劫船舶的区域合作协定组织（Regional Cooperation Agreement for Combating Piracy and Armed Robbery against Ship in Asia，ReCAAP）理事会会议：2011 年 3 月 6—8 日，印度海岸警卫队总司令、阿蒂·维希斯·席瓦勋章获得者阿尼尔·乔普拉中将率领印度海岸警卫队代表团，参加了在新加坡举行的亚洲地区打击海盗和武装抢劫船舶区域合作协定组织第五届信息共享中心理事会会议。

6.17　与马来西亚的合作：2011 年 3 月 14—19 日，印度海岸警卫队舰只“坚定”号访问了马来西亚，与马来西亚海事执法局（Malaysian Maritime Enforcement Agency，MMEA）就加强双方海上搜救、海上溢油应急反应和打击海上犯罪的合作等问题进行了交流。访问期间，与马来西亚海事执法机构、马来西亚海运学院和马来西亚海事警察局（Malaysian Maritime Police，MP）举行了高层次的互动。

6.18 与埃及的合作：2011 年 3 月 21 日，一个埃及两人军事代表团参观了印度海岸警卫队总部，双方探讨了搜救事宜。代表团还参观了位于孟买的印度海上救援协调中心，听取了关于印度海岸警卫队如何在印度搜救地区进行搜索与救援行动协调的详细介绍。

6.19 与越南的合作：2011 年 3 月 22—31 日，印度海岸警卫队“坚定”号访问了越南，并与越南的海上执法机构进行了交流。访问期间，与越南海事警察和其他海事执法机构进行了高层次的互动和并举行了联合演习。

6.20 第三次印度与孟加拉联合演习：2011 年 4 月 24—28 日，印度海岸警卫队“金刚”号和“拉济亚·苏丹娜”号访问了孟加拉国吉大港，参加第三次印度与孟加拉海岸警卫队联合演习。访问期间，印度海岸警卫队与孟方的海事执法机构举行了高层次的互动。

6.21 与缅甸的合作：2011 年 4 月 30 日至 5 月 4 日，印度海岸警卫队“金刚”号和“拉济亚·苏丹娜”号访问了孟加拉国吉大港，与缅甸的海事机构进行了互动。访问期间的 5 月 4 日，印度海岸警卫队船只首次与缅甸海军进行了“航行通过”(PASSEX)演习。

6.22 与菲律宾的合作：2011 年 6 月 20—24 日，印度海岸警卫队“萨加尔”号访问了菲律宾的马尼拉。访问期间，与菲律宾海岸警卫队的船只进行了互动/联合演习。

6.23 与文莱合作：2011 年 6 月 26—30 日，印度海岸警卫队“萨加尔”号访问了文莱的穆阿拉港，与其海事机构进行了首次互动。

6.24 马尔代夫国防军（Maldives National Defence Force, MNDF）海岸警卫队司令来访：马尔代夫国防部队海岸警卫队司令扎卡里亚·曼苏尔准将于 2011 年 7 月 22 日访问印度，并拜访了印度海岸警卫队总司令，双方讨论了加强两国海岸警卫队合作的措施，包括进行代号“多斯蒂 - XI”的联合演习。

6.25　与日本的合作：日本海上保安厅代表团搭乘部署到亚丁湾进行反海盗巡逻的日本海上自卫队舰只，分别于 2011 年 3 月、7 月和 10 月在柯枝港进行短暂停留。期间，日本海上保安厅代表团访问了印度海岸警卫队地区司令部。此外，一个 2 人的印度海岸警卫队研究小组自 2011 年 7 月 31 日至 2011 年 8 月 4 日访问了日本，讨论了包括研究日本海上保安厅的石油污染应急能力，并争取技术援助来升级印度海岸警卫队的能力等有关问题。

6.26　美国海岸警卫队流动培训队来访：有 4 名成员的美国海岸警卫队流动培训队（Mobile Training Team，MTT）于 2011 年 9 月 23—28 日参观了位于晨奈的海岸警卫队地区司令部（东区），并举办了一次舰上研讨会。

6.27　第 7 届亚洲海岸警备机构高官会议（Heads of Asian Coast Guard Agencies Meeting，HACGAM）：总监察长、“勇武勋章”获得者、海岸警卫队负责作战和作战支援的副总司令 V. S. R. 穆尔蒂于 2011 年 10 月 25—28 日访问了河内，并出席了第七届亚洲海岸警备机构高官会议。

6.28　亚洲地区打击海盗和武装抢劫船舶区域合作协定组织能力建设研讨会：2011 年 11 月 14—18 日，印度海岸警卫队与亚洲地区打击海盗和武装抢劫船舶区域合作协定组织信息共享中心在果阿共同举办了能力建设研讨会。作为第五届会议，来自 19 个国家的 38 名与会者参加了研讨，包括国际海事组织、项目实施单位和《吉布提行为规则》组织（Djibouti Code of Conduct，DCOC）。这是印度首次举行该研讨会。

6.29　印度海岸警卫队主要行动的详情见表 6.1。

表 6.1

SL 号	主 题	自开始以来	从 2011 年 1 月 1 日到 11 月 30 日
(a)	缉获走私货物	504.22 千万卢比	585000.00 千万卢比
(b)	缉捕非法捕鱼渔船及渔民	1310 艘船；11639 名船员	58 艘船；422 名船员
(c)	缉捕走私船只和人员	120 艘船；732 名船员	—；1 名船员
(d)	搜救任务	1932 项	322 项
(e)	搜救次数	2979 次	223 次
(f)	获救人员数量	5370 人	330 人
(g)	回应溢油事件	82 起	6 起
(h)	国外溢油事件	1 起	—

6.30 搜索和救援：

a）在缅甸的搜索和救援行动：2011 年 3 月 25—29 日，印度海岸警卫队进行了“巴恰夫”行动，搜索和救援失踪的缅甸渔民。印度海岸警卫队船只“瓦拉德”号、“杜尔加贝·德希穆克”号、“阿鲁纳阿萨夫·阿里”号，CGDHQ－9 号，“狄格利浦尔”号与飞行分队被一起部署，定位漂流的渔民并提供协助。通过海岸警卫队的有效协调和所有机构的集中努力，共有 133 名缅甸渔民获救。海岸警卫队船只和飞机进行了各种搜索和救援行动，本年度在海上共 303 人获救。

b）在西孟加拉微德海兹救援 57 名渔民：在西孟加拉邦微德海兹近海，印度海岸警卫队通过海空协同，救出 57 名渔民。印度海岸警卫队部署了“维什瓦斯特”号、“苏切塔·克里帕拉尼”号、“萨拉吉尼·奈杜”号、气垫船 H－186 号、CGDHQ—8 号和飞行分队来提供救助。

七、国防生产

多年来，国防生产部通过各类兵工厂和国家控股国防企业，已经建设起了广泛的生产设施，来生产多种国防装备。

7.1 国防生产部成立于1962年11月，目的是建设综合的国防生产基础设施。多年来，国防生产部通过各类兵工厂和国家控股国防企业，已经建设起了广泛的生产设施，来生产多种国防装备。生产的产品包括武器和弹药、坦克、装甲车辆、重型车辆、战斗机和直升机、军舰、潜艇、导弹、弹药、电子设备、推土设备、特种合金和特殊用途的钢材。

7.2 以下是主要的国防生产部下属组织：

- 兵工厂委员会（Ordnance Factory Board，OFB）
- 印度斯坦航空有限公司（Hindustan Aeronautics Limited，HAL）
- 巴拉特电子有限公司（Bharat Electronics Limited，BEL）
- 加登里奇造船工程有限公司（Garden Reach Shipbuilders & Engineers Limited，GRSE）
- 果阿造船有限公司（Goa Shipyard Limited，GSL）
- 印度斯坦船厂有限公司（Hindustan Shipyard Limited，HSL）
- 马扎冈船坞有限公司（Mazagon Dock Limited，MDL）
- 巴拉特推土设备有限公司（BEML Limited，BEML）
- 巴拉特动力有限公司（Bharat Dynamics Limited，BDL）
- 印度钢铁有限公司（Mishra Dhatu Nigam，MIDHANI）
- 质量保证总局（Directorate General of Quality Assurance，DGQA）
- 航空质量保证总局（Directorate General of Aeronautical Quality

Assurance，DGAQA）

• 标准化局（Directorate of Standardisation，DOS）

• 规划与协调局（Directorate of Planning & Coordination，Dte. 的 P&C）

• 防务展览局（Defence Exhibition Organisation，DEO）

• 国立国防船舶建造研究与发展研究所（National Institute for Research & Development in Defence Shipbuilding，NIRDESH）

7.3 为实现国防生产自力更生的目标，兵工厂和国家控股国防企业不断进行现代化改造，提升自己的能力和扩大其产品范围。除了在各个领域通过技术转让发展能力外，他们还自行开发了大量重要产品。

7.4 兵工厂和国家控股国防企业的产量和营业额一直在稳步增加。过去 4 年的营业额详见表 7.1：

表 7.1

年	兵工厂总销售额	国家控股国防企业总销售额	总计（单位：亿卢比）
2007—08	693.781	1674.025	2367.806
2008—09	722.931	2040.364	2763.295
2009—10	871.526	2589.964	3461.49
2010—11	1121.501	2597.506	3719.007

7.5 作为一项策略，国家控股企业和兵工厂一直在外包他们需求的许多产品，并在过去几年打造了一个广泛的供应商基础，其中除了大型工厂外，还包括大量的中小规模企业。

7.6 私营部门的参与：为实现国防领域的自力更生，只要技术上可行和经济上允许，印度一直在不断努力实现国防装备的国产化。

7.7 国防工业过去一直保留国家控股企业。2001 年 5 月，在获得许可的情况下，国防工业对印度私营部门的参与实行全面开放，外商直接投资可达到26%。工业政策和促进部（Department of Industrial Policy and Promotion，DIPP）已就武器和弹药的生产许可公布了详细的指导，具体参见2002年1月4日的附注2（2002系列）。

7.8　国防生产部成立了常务委员以处理工业政策和促进部转来的所有申请，决定是否授予制造武器和装备的工业许可，并将国防部的推荐意见转回工业政策和促进部。它还负责所有事关获得许可的公司生产国防装备的事项，如自我认证的申请、获准生产的产品的出口许可、以及因违反许可条件或安全规定而被取消许可证等情况。（负责电子系统的）联合秘书目前是常设委员会主席，成员来自不同的领域，如：海军司令部、空军司令部、陆军司令部、质量保证总局、航空质量保证总局、防务部、国防研究与发展组织和巴拉特电子有限公司。

7.9　产业政策与促进部到目前为止，已颁发178封意向书/工业许可（2011年颁发了10份工业许可），许可公司制造种类广泛的国防部推荐的国防装备。

7.10　由于当局开放国家控股国防企业，允许印度私营企业参与，并允许外商直接投资达到26%，经过许可，印度私人公司和外国公司已形成17个合资企业。

7.11　电子政务：国防生产部是正在启动“电子政务”项目。在这个过程中，关于国防设备生产许可授予的有关活动的信息将被显示在国防部/建议的国防生产部的网站上，并定期更新。该网站将提供一个在线界面，帮助热心公众了解国防产品的许可程序，包括外国直接投资在国防部门的情况。它还将包括外国投资促进委员会批准授予国防工业私人公司和外国直接投资/合资企业的国防工业许可证的更新列表。

（一）兵工厂组织

7.12　国防部下属的国防生产部在行政上控制印度的兵工厂。工厂拥有集成的基础设施，可生产高度专业化的国防硬件和设备。工厂的产品序列是非常广泛和多样的，主要满足陆军的需求。

7.13　印度兵工厂的历史可追溯至 1801 年，当时在加尔各答的戈西布尔成立了生产枪支的第一家工厂。随后，建立了其他工厂来满足基本武器装备需求。1962 年中印战争后，兵工厂才得到真正的推动和发展。今天，该组织拥有 39 个工厂和 2 个即将展开的项目，一个在比哈尔邦的那兰陀，另一个在北方邦的科尔瓦。根据陆军对不同武器的需求，产品序列在多样性和复杂性方面不断发展。这些工厂生产 T 90 主战坦克和“阿琼”坦克、BMP－II 步兵战车、105 毫米火炮和火箭炮、各类轻武器、迫击炮和中等口径武器以及全系列的弹药。工厂不断更新自己的产品序列，开发和生产日益复杂和先进的武器和弹药，来支持印度陆军的现代化和作战能力。

7.14　组织结构：印度兵工厂由兵工厂委员会管理，包括 1 名局长任主席和 9 名职务是副局长的委员。根据产品的类型和制造技术，工厂被分为 5 个运营部门。4 名委员负责职能机构，即人事、财政、计划和物料管理、项目工程和技术服务。除了 39 个生产性工厂和 2 个即将开展的项目外，该组织还有 8 个学院、3 个区域营销中心和 4 个安全管制局。那格浦尔的国立国防生产学院为 A 组人员提供培训。

除了 39 个生产性工厂和 2 个即将开展的项目外，该组织还有 8 个学院、3 个区域营销中心和 4 个安全管制局。

7.15　现代化：多年来已建成的兵工厂的基础设施需要通过引进最先进的技术实现不断更新，以跟上时代的进步。

7.16　为了满足三大军种和其他用户对质量和数量的要求，并紧跟不断发展的现代化进程，正在通过各类绿地项目[1]和棕地项目[2]来执行投资计划，并通过“新资本、更新及替代”性投资来更换陈旧的厂房及机器。进行现代化的目的是提高质量和生产效率，实现规模经济并获得新的生产技术。

7.17 兵工厂委员会有一个雄心勃勃的现代化计划，即在第12个计划期间（2012—2017年）设想投资1276.1亿左右卢比。投资计划表7.2给出了第11个和12个计划期间对厂房和机器进行现代化改造的投资计划。

表7.2 兵工厂投资计划 （单位：亿卢比）

投资	第11个计划花费	第12个计划展望
新资本、更新及替代	68.9	1027.1
	127.5	249

7.18 第11个和12个计划期间重大投资的重点领域如下：

a）用自动化流水作业工厂来替换制造炸药的老厂

b）装甲车辆的生产

c）“皮纳卡”火箭炮系统的生产

d）大口径火炮的生产

e）那兰陀兵工厂项目

f）科尔瓦轻武器工厂

g）生产和质量控制的自动化

7.19 2011—2012年度（截至2011年12月）的重大成就和奖项：兵工厂正通过内部研发努力，以及与国防研究与发展组织的合作，为军队竭力开发新产品。一些成就如下：

---

① 即全新项目——译者注。

② 即再开发项目——译者注。

（i）与德拉敦的仪器研发实验室合作研发的T－72坦克指挥官专用白昼热成像夜视仪（CTI T－72）。这是热成像夜视装置第一次由国内设计。

（ii）卡德基弹药厂已将第一批国产RGB－60火箭弹（训练弹）移交给印度海军。这些火箭弹用于反潜战，此前一直是从俄罗斯进口的。

（iii）根据陆军炮兵局的紧急要求，军械研发中心/炮架厂着手为105毫米轻型野战炮开发空中吊挂装置。该装置用于将该炮吊挂在直升机下面。接受吊挂的直升机是印度空军的米－17和印度海军的"海王"直升机。

（iv）贾巴尔普尔的炮架厂对12.7毫米的重型机枪进行了改造，并由印度海军在迈索尔进行了舰上实验。

（v）印度陆军批准引进特利奇兵工厂开发的40毫米榴弹发射器。过去这种武器一直由陆军从南非进口，且数量有限。

（vi）兵工厂委员会已上马了一个雄心勃勃的研发项目，生产155/39毫米和155/45毫米火炮。根据工厂提供的技术文件，其类似于印度陆军正在使用的FH77B火炮。

（vii）蒂鲁吉拉伯利兵工厂已经研发了7.62毫米的自动突击步枪来替代中央和各邦警察部队在反暴力行动中广泛使用的AK－47步枪。内务部已经进行了初步评估，该步枪正进行大规模使用前的测试。

7.20　透明度：5月9日，卡德基弹药厂已经通过电子媒介启动了财政采购。这是一个标志性的成就，将在物资采购的开发度方面迎来一个新的时代。兵工厂预计随着采购信息将被广泛获得，将有新的供应商参与，这将导致更激烈的竞争、更好的质量和经济性。

7.21　印度兵工厂网站（ofb. gov. in）定期更新，将更新的信息传播给公众、客户和供应商。已经为民间贸易客户提供了新的设施，使客户能够跟踪他们在各兵工厂的手枪和左轮手枪订单。

7.22　安全与环保：安全管制局总体负责整个企业级别安全领域的活动，包括工程、炸药和用电安全、污染控制、灾害管理和兵工厂委员会组织的职业健康。除安全管制局外，安全指挥和管理职能分散于4个区域安全管制局，分别位于坎普尔、那格浦尔（安巴加里）、清奈（阿瓦迪）和浦那（卡德基），覆盖了所有的39个兵工厂。在每个区域安全管制局，还有一个区域用电督察专门负责用电安全事宜。

7.23　关于涉及安全与环保的污染控制措施，兵工厂遵守了所有与污染/环境相关的法令和规定。从工厂排出的废水在废水处理厂/污水处理厂经过了必要的处理。所有兵工厂都确保了排放物（水和气）符合指定工厂所在邦的污染控制委员会所制定的标准，并且该委员会根据有关法律已授予水气排放的许可。工厂也有实验室设施（经过测试与校准实验室国家认证委员会的认证）。为了控制空气污染，工厂进行了烟道气监测。也进行了最大的努力将工厂的噪音污染控制在一定限度内。

7.24　为不可接触者（Scheduled Castes，SCs）/下等种姓族群（Scheduled Tribes，STs）和其他落后阶层（Other Backward Castes，OBCs）提供以下便利：

（ⅰ）政府相关政策得到了执行，为不可接触者/下等种姓族群和其他落后阶层的保留和晋升提供了保证。

（ⅱ）兵工厂委员会及其下属各机构都设立了一个处室，以维护上述人群的利益。

（ⅲ）联络人员已经被提名。他们负责检查名册，并向管理层提供有关人群保留、特许权和政府各种规定放宽等方面的建议。

（ⅳ）优先受理不可接触者/下等种姓族群和其他落后阶层的申诉。各单位的不可接触者/下等种姓族群事务处均监测这些活动。有时，机构/单位的行政首长也举行碰头会。

(二) 国家控股国防企业

1. 印度斯坦航空有限公司

7.25　印度斯坦航空有限公司是一家具有竞争优势的国家控股公司，也是国防部国防生产部下属的最大国家控股国防企业。该公司的法定及实收资本分别是 16 亿卢比和 12.05 亿卢比。它将自身定位为一个印度国防三军的综合解决方案提供商，包括航空、战斗机、教练机和轻型直升机。大约 90% 的销售额是面向印度国防三军的。2010—2011 年度该公司的营业额在 1300 亿卢比。政府计划从其持有的公司权益性资本中撤资 10%。

7.26　印度斯坦航空有限公司拥有 19 个生产部门和 10 个研发中心，分别位于班加罗尔、纳西克、海得拉巴、勒克瑙、坎普尔、科尔瓦、科拉普特和巴勒克布尔。已成立专门单位负责最新的设计和生产基础设施，应用于飞机、直升机、发动机、配件（液压、气动、燃料和仪器）和航空电子系统（雷达、导航系统、通信系统等）。

7.27　公司已经生产了 15 种型号自主研发的飞机和 14 种型号许可生产的飞机。本公司目前为空军、陆军、海军、海岸警卫队和民事方面生产下列类型的飞机：

- 苏 -30MKI 多用途战斗机
- “鹰”高级喷气教练机
- 轻型作战飞机
- 中型喷气教练机
- “多尼尔”228 - 轻型运输机
- “北极星”直升机（高级轻型直升机）
- “猎豹”、“印度豹”和“梅花鹿”直升机

7.28　目前正在印度斯坦航空有限公司设计和开发的新型主要产品是轻型多用途直升机和轻型战斗直升机。

7.29　轻型战斗直升机是印度斯坦航空有限公司设计和开发的一种专门用途直升机，2010年3月进行了首飞。这是攻击直升机的类别中印度自行设计和开发的第一架飞机。轻型战斗直升机适用于近距空中支援和攻击，以及空中支援与攻击，可携带空空/空对地导弹、火箭弹、炮塔枪，电子战系统和核生化武器传感器。

7.30　国产的轻型多用途第四代战斗机、“光辉”轻型作战飞机于2011年1月获得初次飞行许可。现在正努力获得最终飞行许可。预计到2012年年底可全面投入使用。

7.31　开发部门都集中在10个研发中心——主要是位于班加罗尔的飞机研发中心和旋转翼研发中心，分别负责设计和开发固定翼飞机和直升机。其他研发中心是战略电子研发中心、航天系统和设备研发中心、飞机升级研发中心、发动机和试验台研发中心、任务和作战系统研发中心以及燃气涡轮机研发中心。此外，有一个单独的旋转翼的设计和开发中心。

7.32　为印度空军和陆军开发了新型号的ALH（Mk. III）“沙克蒂”引擎、电子战传感器系统和防范措施系统。双“沙克蒂”引擎提供所需动力，可使武装轻型直升飞机在6公里的高度飞行。

7.33　目前在授权的情况下共分4个阶段生产苏-30MKI飞机。在所有的4个阶段已完成技术的吸收。在第四阶段授权从原材料直接制造飞机元件，甚至包括机身。从2010—2011年度已经开始了从原材料直接生产飞机的阶段。

7.34　2010—2011年财政年度，印度斯坦航空有限公司已经实现了23.739亿卢比的出口额。2011—2012年度签订的出口订单截至2011年11月总价值26.74亿

> 2010-2011年财政年度，印度斯坦航空有限公司已经实现了23.739亿卢比的出口额。2011—12年度签订的出口订单截至2011年11月总价值26.74亿卢比。

卢比。印度斯坦航空有限公司还计划在 2011—12 年度完成向苏里南和纳米比亚出口 6 架“猎豹”/“印度豹”直升机的供货合同。

7.35 已经建立一个专门的航空航天部门来完成印度空间计划的运载火箭结构。地球同步人造卫星运载火箭、极地卫星运载火箭和印度国家卫星系统（Indian National Satellite，INSAT）的结构、贮箱和热防护罩均是由位于班加罗尔的这一部门制造的。该部门已建立了特殊的高科技设施，以生产超大薄壁的铝合金结构（直径达长 4.5 米）。

7.36 印度斯坦航空有限公司荣获 2009—2010 年度“机构”类国防部长杰出表现奖。

7.37 印度斯坦航空有限公司的各部门已经实施了 ISO 9001—2000 质量管理体系标准的要求，并获得了认证。

7.38 印度斯坦航空有限公司的 7 个部门也实施了航空航天 9100 标准所述的航空航天行业质量管理体系要求并获得认证。其中 4 个部门也获得了无损检测、热处理、焊接等特殊工艺的 NADCAP 认证（国家航空航天国防承包商认证计划——美国）。

2. 巴拉特电子有限公司

7.39 巴拉特电子有限公司是一家具有竞争优势的国家控股公司，1954 年由印度政府成立于班加罗尔，隶属于国防部。根据美国防务新闻的排名，在防务收入方面，巴拉特电子有限公司在全球 100 强企业中排名第 64 位。巴拉特电子有限公司在全国各地有 9 个分部。

7.40 该公司在雷达和武器系统、声纳、通信、电子战系统、电子光学和坦克电子等领域具有核心竞争力。公司约 80% 的营业额来自这些业务部门。巴拉特电子有限公司生产电子投票机和各类元件，如集成电路、混合微电路、半导体器件、太阳能电池等。

7.41 除此之外，巴拉特电子有限公司还涉足门禁系统、安全系统、太阳能系统等非国防应用领域。

7.42　2011—2012 年度的一些主要供应包括“罗希尼”雷达、监视雷达元件、“阿卡什”导弹系统、无线电中继 F（低频段）、V/UHF 通信系统、战斗网络无线电台，即时火灾探测和灭火系统、“针”式导弹的热成像瞄准仪、被动夜视设备、低功率干扰机、地基移动电子情报系统、移动通信终端、远程侦察与观察系统天线杆、数字无线电集群系统、海岸监视系统、新一代船体安装的高级声纳，社会经济和种姓普查项目、平板电脑。

7.43　巴拉特电子有限公司是一家靠技术驱动的公司。所有单位都有自己的研发团队，它们都得到 3 个中心实验室的支持以开发尖端技术。巴拉特电子有限公司每年花费约 6% ~7% 的年营业额用于研发。2010—2011 年度，巴拉特电子有限公司投入 38.8 亿卢比，而在 2009—2010 年度则投入 31.6 亿卢比。

> 巴拉特电子有限公司每年花费约 6% ～7% 的年营业额用于研发。2010-11 年度，巴拉特电子有限公司投入 38.8 亿卢比，而在 2009—10 年度则投入 31.6 亿卢比。

7.44　考虑到需要开发新技术和产品以满足客户的要求，巴拉特电子有限公司发起了一系列的行动来提供必要的推力。已准备了技术路线图和一个为期三年的研发计划，为所有的研发部门设定了目标。已批准扩充资源和增加预算来实现研发计划。与国防研究与发展组织进行了很多联合开发计划。巴拉特电子有限公司赢得了如下荣誉：

（ⅰ）国家控股企业常务会议企业管理、研究与开发、技术开发与创新功勋奖。

（ⅱ）多项国防部长奖，类别包括出口、最佳表现部门、进口替代、设计与创新。

（ⅲ）被评为电气及电子设备和技术发展领域最佳印度公司，荣获邓白氏公司 2010 年企业奖。

（ⅳ）2011年度国际航空航天大奖，类别为“最具影响力的公司”和“卓越创新”。

（ⅴ）巴拉特电子有限公司荣获2010年邓白氏公司企业奖。

（ⅵ）2010—2011年度印度电子工业协会——“电子为你”集团奖，类别为出口和生意杰出奖。

7.45　在质量保证方面，公司于1990年采用了全面质量管理理念，缩写为“TORQUE”，代表全面结构质量的提高。TORQUE基于如下前提，即产品和服务的质量不仅是生产/车间一线人员的责任，其他支持和服务人员也发挥着重要作用，那就是通过提供优质的产品和服务来满足甚至超越客户的期望。公司已采纳印度工业联合会——印度进出口银行卓越业务模型以提高其整体业务和战略优势。自2002年采用此模式以来，公司进一步了解了各利益相关方的期望，并提高他们的满意度水平。2011—2012年度，巴拉特电子有限公司的5个单位/事业部参与了“印度工业联合会—印度进出口银行卓越企业奖”评选。班加罗尔的单位获得二级认可，即“重大成就表彰证书”。在此奖项框架中，公司在钦奈、科特德瓦拉、加济阿巴德、潘切库拉等地的下属单位获得了“奋发优秀表彰证书”。

7.46　2010—2011年度公司实现出口营业额4153万美元，而2009—2010年期间为2367万美元，比上年实现增长75.45%。出口的很大一部分与补偿相关。本公司履行了大额的补偿合同，包括意大利的M/s芬坎蒂尼公司、美国的波音公司和诺斯罗普·格鲁门公司。巴拉特电子有限公司多年来已采取了一系列的措施增加出口。该公司计划通过直接出口和补偿增加其出口。已经确定非洲和东南亚国家作为产品出口的特别重点。通过各种平台进行补偿贸易就是一个很重要的机会。

7.47　诚信协议：2010年7月31日，巴拉特电子有限公司对所有订单/合同采用了诚信公约，价值2亿卢比以上。根据中央监察委员会（Central Vigilance Commission，CVC）的建议，巴拉特电子有限公司已经任命印度行政管理机构（已退役）人员、前计划委员会主任和前国家控股企业遴选委员会主席 N. K. 辛哈先生为公司的工程经理。

7.48 公众普遍关心的问题—社会发展/社会责任活动：与巴拉特电子有限公司所秉承的履行社会责任的价值观相一致，公司致力于为其利益相关者的社会和经济发展作出贡献，并且公司的所有商业决策将遵循“企业社会责任”规定。巴拉特电子有限公司不断采取行动，目的在于赢得社会的善意和提升公司的形象。为此目标，公司对企业社会责任做了保险。2010—2011 年度共为此投入 2080 万卢比。

3. 加登里奇造船工程有限公司

7.49 自 2006 年 9 月 5 日以来，加登里奇造船工程有限公司成为国家控股企业。加登里奇造船工程有限公司被公认为本行业领先的造船厂和制造商，能够制造具有最先进技术的高价值船舶。公司的愿景是“成为一个世界级的造船和工程公司”。

7.50 主要业绩：

（ⅰ）交付给海军的船只：在本财政年度（2011—2012），下列 3 艘水面快速攻击艇交付给了印度海军：

A. 印度海军“卡布拉”号（加登里奇造船工程有限公司第 2064 号）

B. 印度海军“科斯瓦里”号（加登里奇造船工程有限公司第 2065 号）

C. 印度海军“卡鲁瓦”号（加登里奇造船工程有限公司第 2066 号）

（ⅱ）交付印度海岸警卫队的船只：

在本财政年度（2011—2012），2 艘近海巡逻舰将交付印度海岸警卫队。

A. 海岸警卫队“拉贾谢里”号（加登里奇造船工程有限公司第2072 号）

B. 海岸警卫队“拉贾塔朗格”号（加登里奇造船工程有限公司第2073 号）

（iii）船只下水：

在本财政年度（2011—2012），下列船只陆续下水：

A. 反潜战轻型巡洋舰［（ASW（C）］项目号 P-28

第二艘“卡德麦特”号反潜战轻型巡洋舰（加登里奇造船工程有限公司第3018 号）于2011 年10 月25 日下水。

B. 印度海岸警卫队近海巡逻舰。2011 年9 月30 日，印度海岸警卫队订购的8 艘近海巡逻舰中的第三、第四和第五艘同时下水。

a）印度海岸警卫队“拉贾基兰”号（加登里奇造船工程有限公司第2074 号）

b）印度海岸警卫队“拉贾卡马尔”号（加登里奇造船工程有限公司第2075 号）

c）印度海岸警卫队“拉贾拉坦”号（加登里奇造船工程有限公司第2076 号）

7.51　毛里求斯近海巡逻舰（加登里奇造船工程有限公司第3021 号）：2011 年5 月，同毛里求斯签署了向其出口近海巡逻舰的订单合同，2011 年6 月15 日开始建造（比合同规定的时间提前4 个月）。巡逻舰计划交付时间为2014 年。这是加登里奇造船工程有限公司有史以来第一次获得战舰的出口订单。

7.52　加登里奇造船工程有限公司实施企业资源计划系统。加登里奇造船工程有限公司在其现代化建设中成功实施了先进的企业资源计划系统。该系统在加登里奇造船工程有限公司完全运行，具有以下特点：

（i）数据中心托管服务器与局域网和广域网一起连接所有的8 个制造厂和2 个营销/区域办事处。

（ⅱ）文档管理系统帮助公司走向无纸化办公和更快的决策。

（ⅲ）基于智能卡的考勤记录系统为企业资源计划的所有员工自动生成工资单。

7.53　2011年10月24日，联合内阁国防部长举行仪式，正式启用并成功应用了信息和通信技术的国家数据中心。

7.54　企业社会责任：加登里奇造船工程有限公司与印度塔塔社会科学研究所签署了一项为期5年的谅解备忘录。印度塔塔社会科学研究所将协助实施企业社会责任项目，并为企业提供与该项目相关的服务。

7.55　企业社会责任是加登里奇造船工程有限公司企业理念的一个组成部分，企业为企业社会责任项目定义了以下几个领域：

A. 保健

B. 教育与技能发展

C. 社区发展

7.56　环境：加登里奇造船工程有限公司从来没有忽视对环境的关注。根据相关的1974年水和大气（防止及控制污染）法案的条款和1981年空气（防止及控制污染）法案的第21章，西孟加拉邦污染控制委员会已经授予该企业“同意运行”证书，有效期至2013年8月31日。

7.57　节能：这个船厂的平均功率系数截至目前为99.70，在本财政年度的最高值和最低值分别为99.87和99.04。

7.58　已采取/实施以下节能措施：

A. 在热饭食堂已经安装了太阳能热水系统。

B. 每年在加登里奇造船工程有限公司的所有单位进行能源审计，以优化燃料的消耗，即煤炭、电力和石油等，并实施审计后的建议。这也是每年“谅解备忘录”中的一个指标参数。

C. 采用电池供电的物料处理设备，并为照明系统增加安装电子镇流器。

D. 目前只有新的办公场所和部门的照明使用基于 LED 的紧凑型荧光灯、TL5 灯具、LED 照明灯具和太阳能供电的 LED 路灯照明。这些设备也正被广泛替换现有的灯具。

E. 已经开始使用星级窗式空调。在空调车间，已经引进了固态控制系统和高效节能压缩机。

F. 在旧电梯翻新过程中，对电梯已经应用了变频调速型控制系统，可降低能耗约 2%。

4. 果阿造船有限公司

7.59 果阿造船有限公司是国防造船厂中最年轻、最小规模的一个。1957 年其开始时，公司只是一个不起眼的小驳船修理和建造船厂。果阿造船有限公司现在已经发展为非常具有竞争力的船厂，能够为印度海军和海岸警卫队自行设计和建造复杂的高科技船只。2007 年 3 月，公司被授予一级公司的身份。

7.60 本年内，为印度海军建造的一艘帆船训练舰和为萨达尔·萨诺瓦尔·纳尔默达·尼加姆有限公司建造的一艘玻璃钢船已交付使用。

7.61 该船厂正在实施一项现代化计划，以应对未来在技术和工作量方面的挑战。该计划分 4 个阶段展开，预计开支 80 亿卢比。2011 年 5 月 21 日，国防部长已经命令开始第 1 阶段及第 2 阶段工程，包括建造 6000 吨升船机系统、建设码头泊位，并为第 3 阶段和第 4 阶段工程奠基。第 3、4 阶段计划建造的设施包括建设新的船体制造和舾装车间，从而在为印度海军建造扫雷舰时提供模块化结构和玻璃钢综合结构。

7.62 生产和研发项目：果阿造船有限公司通过自己的研发项目来设计和开发其产品系列。新的造船项目是基于自己的设计，这是超过 30 多年研发的成果。值得注意的是，果阿造船有限公司自行研制设计巡逻舰，无需进口船只和委托国外设计，为国家节省了大量的外汇。这也极大促进了国家继续努力在船舶设计中实现自力更生。

7.63 多样化：果阿造船有限公司已经将其业务多元化。正在实施的项目包括：

A. 在柯枝为印度海军建造损伤控制模拟器。

B. 在印度海军航空兵基地汉莎建造岸基试验设施。

C. 艉轴齿轮系统的供应、安装和服务支持。

7.64 环境：果阿造船有限公司已采取了几项措施，努力符合必要的法律要求，还采取了很多节约能源的措施，例如：

A. 为应急照明变电站安装太阳能照明。

B. 为集装箱和盥洗室安装占用传感器。

C. 为集中式压缩机单元安装变频驱动装置。

7.65 公司管理：果阿造船有限公司已经实施了“2010年重点国家控股企业管理指南”，并新近修订了“董事会成员及高级管理人员商业行为及道德守则”。果阿造船有限公司董事会的董事包括全职董事、政府委派董事和独立董事。

7.66 人力资源：一些活动如下：

A. 残疾人/不可接触者/下等种姓族群/其他落后阶层人员的福利：果阿造船有限公司一直遵循“1995年残疾人（机会均等、权利保护和充分参与）法”的规定，从而使残疾人能够享受到为其保留的福利。

B. 赋予妇女权力：在果阿造船有限公司，非常重视赋予妇女权力。女职工的权利受到保护，她们也享受与男性同事相同的待遇。

C. 企业社会责任类活动：在果阿造船有限公司企业社会责任涉及多项自愿活动。作为良好的企业公民，该公司致力于对社会发展作出贡献，同时提高社会的生活质量。

D. 2011年2月7日，该公司与塔塔社会科学研究所签订了协议备忘录，对其实施企业社会责任情况进行基线调查和需求评估。

E. 根据国家控股企业部指南制定了新的企业社会责任政策，并与塔塔社会科学研究所国家企业社会责任中心签署了协议备忘录，通过遴选非政府组织开展其企业社会责任项目，如培训、监测、影响评估和举办活动/出版物，以协助其执行企业社会责任项目。

7.67　奖项：果阿造船有限公司已经获得了以下奖项：

A. 2009—2010 年度最佳表现船厂国防部长奖。

B. 2009—2010 年度设计工作国防部长奖，表彰其自行设计和开发推进系统、集成和机械控制。

C. 2011 年印度商会国家控股企业优秀奖。

D. 在“全球企业人力资源卓越成就奖”评选中获得“2010—2011 年度人力资源实践创新奖”。

5. 印度斯坦船厂有限公司

7.68　印度斯坦船厂有限公司是印度国防部国防生产部下属的最大造船厂。它能够满足船运、石油和国防部门的需求，可建造和维修散货船、客船、拖轮、调查船、钻井船、近海巡逻舰、挖泥船、油轮、石油钻井平台和常规动力潜艇等。该船厂迄今已建造并交付 164 艘船只，其中包括印度石油天然气公司的 11 座井口平台，为不同的客户群维修了约 1870 艘船只，为印度海军维修了一艘 F 级潜艇。一艘项目代号为 877 的“基洛”级潜艇正在进行现代化改装。作为组装行业，造船业是一个非常复杂的工程和劳务导向型产业，涉及很多人的努力。约有 100 名设计工程师在设计和绘图室工作，设计商船、散货船和拖船等。根据“标准灵活设计”的原则，设计室可自行设计 14000—30000 载重吨的散货船，以及拖船。

7.69　印度斯坦船厂有限公司拥有装备精良的设施，以及最新的 TRIBON 3 M 和 AutoCAD 2008 造船软件。

7.70　船厂的基础设施进行了升级，现在可建造从 8000 载重吨的蒸汽货船到 53000 载重吨柴油机驱动的散货船。已升级了技术，从铆接阶段升级到了半自动/自动焊接阶段，从1950年的最大5吨钢材制作块升级到了250—300吨块。

7.71 印度斯坦船厂有限公司的愿景是成为最好的船厂之一，因为它有巨大的潜力，可推动公司更上一层楼。

7.72 生产计划：建造中的货船

A. “M. V. 古德·特雷德”号53000载重吨的散货船

B. 印度海军“拉尼·阿巴卡”号近海巡逻舰

7.73 信息技术：本年度印度斯坦船厂有限公司已经成功实施了以下任务：

A. 开始采取行动在公司内部推出电子采购，可能于2012年3月实施。

B. 启动了国家信息中心的邮件服务，使所有印度斯坦船厂有限公司公函的保密性和安全性更强。

C. 使用组策略以增强网络安全。

7.74 环境保护：印度斯坦船厂有限公司持续关注环境，并符合中央和各邦污染控制委员会的所有法定要求。本公司致力于符合所有为维护和保护环境而规定的标准。

7.75 不可接触者：印度斯坦船厂有限公司来自不可接触者/下等种姓族群的员工有“不可接触者/下等种姓族群员工福利协会”这一选举产生的机构代表。印度斯坦船厂有限公司管理层正在扩大合作范围，以确保其选举顺利进行，从而选出他们的代表，并为其提供办公室场所开展福利活动，以及和管理层一起受理这些员工的申诉。遵循政府时常发出的指令，公司为来自不可接触者/下等种姓族群的员工预留就业岗位。

7.76 财务重组：国防部已经批准了82.49亿卢比进行一揽子金融重组计划，具体如下：

A. 45.268亿卢比（四十五亿两千六百八十万卢比）的赠款援助用于清偿欠银行的旧债、对员工的拖欠、拖欠的税款及其他负债。

B. 现有政府贷款及利息和印度储蓄银行贷款的政府担保费总计为37.222亿卢比（三十七亿两千二百二十万卢比）已被转换为永久性无息贷款。

7.77 现代化：船厂需要进行现代化改造，以提高其在未来建设复杂国防船只的能力和效率。

7.78 国防部已经批准了45.736亿卢比，用于对老旧的机械/基础设施进行现代化改造和升级。

7.79 研究与开发：虽然没有建立一个专门的研发部门，印度斯坦船厂有限公司已经发展了自己的内部设计能力，可以标准灵活地设计14000—30000载重吨的散货船，以及各种大小的拖船。

6. 马扎岗船坞有限公司

7.80 马扎岗船坞有限公司于1960年5月14日成为国家控股国防企业，去年庆祝了它的金禧年。1960年，该公司还仅仅是一个船舶修造厂，如今已成为世界领先的军舰建造厂。

7.81 在所有建造军舰和潜艇的国防公共企业船厂中，马扎冈船坞有限公司处于领先地位。船厂目前正在建造技术先进的隐身护卫舰（项目代号P17）、导弹驱逐舰（项目代号P15A）和“鲉鱼”级潜艇（项目代号P75）。

7.82 2011年7月9日，马扎岗船坞有限公司交付了P17护卫舰项目中的第二艘舰——印度海军“萨特普拉”号。像印度海军“萨特普拉”号这样强有力的水面战斗舰艇将为海军舰队增添尖端技术，并将有助于更好地维护国家利益。一旦服役，“萨特普拉”号无疑将成为印度海军的一支强大力量，对进一步增加印度海军的“蓝水”能力将发挥重要的作用。

7.83 马扎岗船坞有限公司不满足于已有成就，意识到在未来它必须面对民营船厂的竞争，因此它建设了一个虚拟现实中心，配备了最先进的设备，来配合3D建模软件，实现在3D立体化身临其境的环境中整艘船的可视化，从而在早期设计阶段就能够解决许多与布局相关的问题。马扎岗船坞有限公司还通过电子采购来执行采购程序，通过采取简化透明的招标程序，替代了传统的手工招标。电子采购涵盖了完整的周期，包括购买、买家和供应商联系/电子招投标、目录、合同、定订单、发票等的电子交易。电子采购解决方案可想到的好处很多，包括提高形象和透明度、降低成本、更好地决策、提高流程效率、审计跟踪、价格/供应商行为预测、供应商的行为监控等。

7.84 环境：本公司符合中央和各邦污染控制委员会的所有法定要求。本公司致力于满足所有为维护和保护环境所规定的标准，开发了绿色覆盖集水和垃圾堆肥项目，这些项目都正在进行中。

7.85 节能：节能已经成为大公司非常重要的活动。马扎岗船坞有限公司也采取了有效措施来节约能源，包括用高效节能灯取代现有的灯管，用最新的获得三星级评分的空调取代旧的耗电量大的窗式空调，用变频驱动控制系统来对电动桥式起重机进行现代化改造，用带有变频驱动控制的新的螺旋式低压空气压缩机来取代旧的压缩机。本公司还将三辆柴油车改装成了压缩天然气车。该公司正在进行水收集和在其建筑物上安装太阳能电池板的方式来使用非传统能源。

7.86 现代化：本公司已着手进行基础设施和技术的现代化升级计划，主要涉及建造300吨的巨型起重机、创建一个模块化车间和另外一个额外的湿坞，总成本约82.6亿卢比。这些设施完成后，预计将减少军舰/潜艇的建设周期。

7. 巴拉特推土设备有限公司

7.87 巴拉特推土设备有限公司隶属国防部，分布地域广泛、产品众多，主要从事广泛的矿业及建筑设备、国防和航空航天产品以及铁路及地铁产品的设计、制造、营销和售后服务。该公司所服务的经济核心部门包括国防、航空航天、采煤/非煤类采矿、水泥、电力、水利、基础设施部门、铁路和地铁交通系统。

7.88 巴拉特推土设备有限公司成立于 1964 年，其公司总部和中央营销部位于班加罗尔。4 个制造中心分别位于班加罗尔、迈索尔、科拉尔金矿区和伯拉卡德，下辖 9 个生产单位。该公司还拥有一家附属公司——位于卡纳塔克邦德里盖雷市生产钢铸件的维格尼安实业公司。该公司拥有一个全国性的网络，包括销售和服务办事处以及临近主要客户的备件仓库。

7.89 通过现代化建设、收购和扩张来加强能力：公司的远大梦想是通过扩张和多元化的计划成为大型商业企业集团。这是可行的，主要依靠的是资本支出的匹配、识别和兑现新出现机会的能力、在一定时间内预见并引进突破性技术、扩大产品系列和多样化以及进入移交—经营—移交模式的活力、能够提高劳动生产率和纪律，并采取适当的商业模式。建设制造能力是最优先的事项。已经划拨了资金，来加强能力和进行所有的生产单位的厂房及机器的升级和现代化建设。

7.90 公司认识到拓展业务的基本条件是需要扩大生产基础设施并使其现代化。为此，在 2007—2008 年度，公司在这些方面注入了相当大的资本开支，也是这几年来的第一次，而以前的投入是可以忽略不计的。此外，为了满足未来的业务需求，作为一项战略扩张行动，从毗邻的国家控股企业巴拉特金矿有限公司收购了 1109 英亩土地和 2 个车间，来扩大公司位于科拉尔金矿区的生产基础设施。一个设施已被确定为铁路客车第二生产厂，在以每天生产 1 台客车的速度进行生产，范围包括从配件生产到包括装饰在内的整体客车制造。另外一个被确定为重工制造厂（为其他部门提供设备），现在已经发展成能够组装成套设备的工厂。

7.91 全新项目投资（Green Field Venture）：作为又一战略举措，公司扩大了卡纳塔克邦之外的生产设施，开启了巴拉特推土设备有限公司的全新项目——“伯拉卡德制造中心”。这是喀拉拉邦伯拉卡德市专门的国防生产设施，从而扩大了铁路与地铁和国防业务的生产能力，增加了公司的收入。位于喀拉拉邦的伯拉卡德市的新制造中心成立于2010年5月，并自此开始进行生产。

7.92 再开发项目投资（Brown Field Venture）：巴拉特推土设备有限公司的子公司维格尼安实业有限公司投资于快速回路烘烤成型机，增加产能到6000吨来满足巴拉特推土设备有限公司对铸钢件越来越多的垄断性需求。

7.93 矿业及联合机械公司：随着对环境问题的不断关注，矿业公司特别是印度煤炭有限公司，正在计划从露天开采转为地下开采。巴拉特推土设备有限公司投资10亿卢比，通过与政府全资拥有的印度煤炭公司和达莫德尔河谷公司组建合资企业，收购了位于西孟加拉邦专门从事地下采矿设备制造的经营不善的国有控股企业采矿及联合机械公司的资产，来满足对地下高科技产品不断增长的需求。巴拉特推土设备有限公司拥有被收购企业的48%股份，而印度煤炭公司和达莫德尔河谷公司分别持有26%。通过购买矿业及联合机械公司的资产和组建合资企业，可有助于矿业及联合机械公司在这一领域扩大其产品范围，进一步确保未来10年印度煤炭有限公司和达莫德尔河谷公司的业务。这给巴拉特推土设备有限公司提供了一个机会，可提供整个从地表到地下采矿所需的设备，同时如有需要，还可与全球技术领先者进行适当的技术协作。此外需要指出的是，巴拉特推土设备有限公司将是亚洲第一家能够提供一站式服务，同时制造露天采矿和地下采矿产品的企业。

7.94 巴拉特推土设备有限公司目前正在扩大其产品范围，具体如下：

A. 生产装甲救援车及相关产品，并使用其在科拉尔金矿区专用的世界级的测试跑道。

B. 生产主战坦克的车体和零部件，包括变速器、主减速器和发动机在内的动力装置。

C. 计划检修 BMP－II 主战坦克。

D. 为所有系列的坦克及相关产品制造备件和总成。

7.95 多样化：全新项目：

A. 航空航天制造部：该公司已预见到在航空航天应用方面新出现的机会，同时考虑到国防补偿政策。因此，这一部门在迈索尔工厂开始生产和供应航空航天应用的地面处理设备、工具和元件。

B. 挖泥船设备制造部：作为一项重大举措，该公司已进军挖泥船设备制造业，来兑现出现的机会，并在迈索尔成立了挖泥船部。

C. 铺轨业务—基础设施项目：为推动其雄心勃勃的铁路和地铁部门发展计划，巴拉特推土设备有限公司进入到铺轨业务，为印度铁路公司、印度各地铁公司和新型煤炭热电厂的圆形轨道开展轨道铺设工程。

D. 专用货运走廊：巴拉特推土设备有限公司已经在铁路部门开展客运业务，并已将业务多元化，拓展至货运业务。巴拉特推土设备有限公司预计到专用货运走廊项目上马后的需求，已经生产铝货车和不锈钢货车。

7.96 研发项目：巴拉特推土设备有限公司有一个完善的研发机构，是印度同类最大的。在联合国开发计划署的协助下，已建立研发实验室，并经由科学技术部认可。研发的主要活动包括设计和开发新产品和新产品的骨料，如推土机、翻斗车、挖掘机、装载机及其他国防与铁路产品、技术的吸收、国产化、移交—经营—移交模式以及公司标准化等活动。研发设施包括电力线实验室、结构工程实验室、流体动力实验室、材料科学实验室、电子及仪器仪表实验室和样机车间。

7.97 已成立了一个独立的企业级技术处，在世界各地扫掠技术。该公司能够主持与全球主要领军公司进行的技术合作。正大力推动内部研发的发展，对研发经费支出也提供了必要的资源，最终研发了几种主要的新产品。凭借上述努力，新型/升级产品已占总营业额的29%以上。这也有助于在某些产品领域保持和提高市场份额。该公司已预留其营业额的1.8%用于2011—2012年度的研发经费支出。

7.98　内部研发所推出的产品：正大力推动内部研发的发展，对研发经费支出也提供了必要的资源，最终研发了几种主要的新产品，如BE1250挖掘机、BH150E自卸车、BH205E自卸车、BG405A自动平地机、BE450挖掘机、格拉德BM21多管火箭发射系统，6X6野战火炮牵引车以及为印度铁路生产的带架空设备的列车车厢。

7.99　出口：截至2011年3月，巴拉特推土设备有限公司出口货物和服务的总价值约280亿卢比。过去三年中，巴拉特推土设备有限公司出口已超过67.8亿卢比，因此被从“星级出口商”提升到“贸易商行”。2010—2011年度的出口量达到21.7亿卢比，已成功进军泰国、津巴布韦、加纳和斯里兰卡等国的新市场。

7.100　企业愿景和未来计划：本公司已初步制定了一个雄心勃勃的目标，即在2013—2014年度实现销售额500亿卢比。并为此已采取各种战略举措，如上述的扩张、多样化、重组、技术收购、建立合资企业、人力资源计划等。通过所有这些举措，计划在2011—2012年度/2012—2013年度实现500亿卢比。因此，本公司已重铸愿景和战略，下一个里程碑是在2018—2019年度实现1000亿卢比的营业额，并制定路线图，计划在公司二期计划中实现相同的目标。

7.101　质量：各部门的各类“质量保证团队”已制定了必要的质量计划和检查表，并在生产过程的检查中准备完毕并移交给了生产车间，运营商也正在实施过程中。在组装和最终测试阶段，分阶段的检查表也正在准备中。

7.102　自2012年1月起，使用了位于钦奈的国家质量和可靠性机构提供的顾问服务，时间为6个月，以加快各部门的质量检测和质量保证的实施。

7.103　所有制造部门继续拥有 ISO9001—2008 质量管理体系（QMS）认证。位于科拉尔金矿区、班加罗尔和迈索尔的制造厂通过了 ISO14001—2004 环境管理体系（EMS）认证。班加罗尔的制造厂通过了 BS OHSAS18001—2007 综合管理系统认证。迈索尔综合设施的发动机部通过了 AS9100B 航空航天认证。科拉尔金矿区的研发部门和迈索尔的发动机部的实验室继续拥有 NABL 认证。

7.104　在这一年，位于德里盖雷市的维格尼安实业有限公司也成功实施和取得了 ISO9001—2008 质量管理体系认证。

7.105　质量小组活跃在整个企业，为产品和生产过程的质量带来了持续的改善。

7.106　企业管理：巴拉特推土设备有限公司继续追求基于财政纪律、道德高标准、透明度和完全信任等价值观的企业长期目标。“通过正确的方式获得更好的结果”，这句话总结了巴拉特推土设备有限公司企业管理的方式。

7.107　环境和绿化：

A. 绿化：为了保护厂房/乡镇周边的环境，种植了树木。在公司所属的空置土地上共种植了约 1.8 万棵各类路边树木/开花树木，以在周边地区维护生态平衡。

B. 环境污染控制措施：在生产经营单位的厂房内已建成污水处理厂来处理工业废水。此外，在工厂和乡镇不同的地点已经建成了经由自然过程处理污水的处理厂/氧化塘。经处理的污水由生产部门的环境美化部门来利用。在制造综合设施方面已建成人工水箱来收集雨水，限制土壤侵蚀和提高地下水水位。按照 ISO14001 标准的要求，建设了存贮场地来处理各部门准备回收的危险废物。

7.108　社会责任活动：

A. 寡妇康复中心：科拉尔金矿区制造厂设立一个雇佣 20 名寡妇的康复中心，主要为位于科拉尔金矿区和班加罗尔的巴拉特推土设备有限公司食堂供应和准备“叭叭旦”。[①] 巴拉特推土设备有限公司提供机会给没有技能但受过教育的劳动者，通过提供职业技能训练扩展培训从而使他们最终能正规就业。

B. 为来自不可接触者/下等种姓族群阶层的工科本科学生提供奖学金：公司赞助一项奖学金计划，为在全国各地工科院校攻读全日制工科课程的来自不可接触者/下等种姓族群阶层的学生提供奖励。该计划的目的还在于为成功完成工程课程的学生提供就业。

C. 领养联合残疾儿童学校的儿童：巴拉特推土设备有限公司已经领养了4名哥印拜陀联合残疾儿童学校的孩子——尼韦达、默德文、绍德拉拉金和迪利普。每年赞助3.4万卢比。管理层已指示继续抚养，直到孩子们根据残疾人配额可以适当就业为止。

7.109　奖励：赛普全球媒体有限公司宣布，巴拉特推土设备有限公司因“雪铣刀”为航空航天和国防“杰出国产技术”奖得主。

8. 巴拉特动力有限公司

7.110　巴拉特动力有限公司于1970年成为国防部下属公司。巴拉特动力有限公司开始时仅制造反坦克导弹，但今天已成为一个企业集团，可制造最新一代的反坦克制导导弹、地空武器系统、战略武器、发射器、水下武器、诱饵和测试设备。公司即将生产重型鱼雷和广泛的尖端武器。

7.111　公司的产品大多是单发设备，因此要求最高的可靠性。为了实现这一目标，公司制定了质量政策，重点是确保从基本的输入电平直到生产出的最终产品的质量。对质量的追求最终使得生产部门、设计和工程设计和信息技术部门获得了ISO—9001：2008的认证。

7.112　与武器系统技术的全球领军企业以及国防研究与发展组

① 一种用米和豆制成的印度薄饼——译者注。

织的技术合作，已使本公司能够为武装部队提供有效和具有竞争力的解决方案。巴拉特动力有限公司已经制定计划，力图成为一个有效和可行的外包中心，以具有竞争力的价格向全世界的导弹制造商提供精密部件/子系统。

7.113　公司下辖三个单位，分别位于肯琴伯格（海得拉巴）、伯努尔（梅达克）和维沙卡帕特南。

7.114　巴拉特动力有限公司生产自行研制的“大地”（战术战场地地导弹）和“阿卡什”（面空导弹），两个导弹系统均为综合制导导弹发展计划的一部分。此外，公司还与俄罗斯合作生产“竞赛 - M”和“殷钢”3UBK - 20 反坦克导弹，与法国的欧洲导弹集团合作生产“米兰”2 - T 型反坦克导弹。在内部开发了干扰分配系统，已经被印度空军应用于“捷豹”战机和轻型战斗机。在其他平台也正在进行试验。巴拉特动力有限公司与国防研究与发展组织紧密合作，进行技术吸收/同化，并通过提供导弹子系统/集成来提供支持。与位于维沙卡帕特南的海军科技实验室（Naval Science and Technological Laboratory，NSTL）合作，通过同步工程模式，公司已涉足生产如先进轻型鱼雷的水下武器系统、重型鱼雷（“海神”）等。同时为三军开始进行使用周期延长研发，包括反坦克制导导弹、防空导弹和空空导弹。巴拉特动力有限公司已经制定了一个长期的远景规划，设想通过采用最先进的技术来制造新产品，来满足三军未来的需求。

目前的产品：

“阿卡什”地空导弹

“毒蛇”反坦克导弹

“殷钢”3UBK - 20 反坦克导弹

“米兰”2 - T 型反坦克导弹

“竞赛 - M”反坦克导弹

先进轻型鱼雷

潜射诱饵

7.115　新的进展：

A. 目前巴拉特动力有限公司正在执行印度空军对“阿卡什”导弹和地面保障装备的订购。

B. 巴拉特动力有限公司也被任命为印度陆军订购的“阿卡什”低空导弹的首席集成商。巴拉特动力有限公司已经开始采取行动，以增加其设施。

C. 巴拉特动力有限公司也被任命为印度海军订购的远程面空导弹的首席集成商。该导弹是巴拉特动力有限公司和国防研究与发展组织以及以色列飞机工业有限公司共同开发的。

D. 巴拉特动力有限公司也被任命为印度陆军订购的正在研发的中程地空导弹的首席集成商。

E. 国防研究与发展实验室、巴拉特动力有限公司和法国的欧洲导弹集团建议签署一个三方协议的单一合同，来共同开发和生产短程面空导弹武器系统。

7.116　荣誉/奖励/成就：“金孔雀创新奖”——因其干扰分配系统的设计与开发对策中级测试系统，2010年董事协会授予其“金孔雀奖”。

7.117　企业社会责任奖——2011公共企业研究院和苏比尔·拉哈企业管理中心授予，表彰巴拉特动力有限公司在企业社会责任最佳实践方面作出的贡献。

9. 印度钢铁有限公司

7.118　印度钢铁有限公司成立于1973年，是国防部国防生产与供应部行政控制下的国家控股企业。成立目的是实现自力更生，能够通过外国合作者学习的技术知识，制造广泛的高温合金、钛合金、特殊用途钢等。此后，印度钢铁有限公司开发、制造和提供了超过105种不同的形状、大小、形式和等级的高性能合金，作为国防、航天和原子能部门的国家重大项目服务。

7.119 印度钢铁有限公司在过去已经连续8年在谅解备忘录评级中获得优秀。

7.120 公司的现代化升级计划在最近已进入最后完工阶段，将有望对公司的业务产生重大推动。公司本年度的营业额水平今年将增加到50亿卢比，到2015年则达到100亿卢比。

7.121 印度钢铁有限公司致力于不断发展。最终于2011年6月16日与印度钢铁管理局缔结了谅解备忘录，来探索共同合作为国防部门生产/转换附加值的产品的可能性。2011年9月14日，与果阿造船有限公司签署了另外一份谅解备忘录，在具有共同利益的各个领域进行联合运作和建立合资企业。

7.122 与加尔各答的兵工厂委员会签署谅解备忘录，经国防部批准，为宽钢板轧制厂注入30.7亿卢比资金，平衡国防研究与发展组织先进系统实验室的20亿卢比的资金。

7.123 印度钢铁有限公司设想其目标是维持其在高级金属领域的“国家卓越中心”地位。

7.124 亮点：

• 自主研发的水冷却50KW等离子体焰炬已经完成，成本为8000万卢比，从而为公司节省了170万卢比。

• 已建立一个专门的电子采购门户网站（eprocuremidhani.gov.in）来发布和处理电子采购招标。第一批公布的电子采购招标于2011年12月23日发布，网站由国家信息中心管理。

7.125 研发活动：为满足国防需求，2011—2012年度的优先重点是增加研发活动。这导致了6个等级的研发：

A. 155WPH和12-10PH低温发动机用钢材。

B. 铁镍合金-39和15-5导弹用钛PH钢。

C. 太空用超级镍钢214。

D. DMR1700车辆装甲，直到2011年12月。

另外3个等级的海洋专用低合金钢80HLES、HY80和HSLE100和航空航天应用的钛15V－3A也正在开发中。也为印度空间研究组织开发了STA条件下“泰坦”31级的外径1200毫米×内径1100毫米×高400毫米的大环。

7.126 升级与现代化：第一期设想包括一个改造和升级项目，已完成15.1亿卢比左右的投资。二期工程的资本支出约20亿卢比，旨在提高本公司的产能。目前处于实施的高级阶段，国防部提供了10亿卢比的资金支持，剩余金额从内部资源支出。这些阶段交付的主要设备包括6.5吨真空感应熔炼炉、10吨真空电弧重熔炉和10吨的电渣炉。目前，6000吨的锻压机和径轴向轧环机正处于采购的不同阶段。

7.127 具体落实制造先进设备的设想：如4台高强度宽板轧机和20吨电弧炉。目前已从国防研究与发展组织的高级系统实验室和兵工厂委员会（OFB）获得50.7亿卢比的财政支持。

7.128 质量：印度标准局对印度钢铁有限公司质量管理体系ISO 9001在2008年内进行了审核和并将至2014年2月进行重新认证。

7.129 符合ISO/IEC17025：2005关于化学试验的规章制度，2011年12月通过了NABL认证。

7.130 企业管理：公司继续在所有活动领域实施“企业管理”领域最好的制度和做法。作为其社会责任的一部分，印度钢铁有限公司员工为“总理救济基金”捐出一天的工资，救助查谟和克什米尔的洪水灾民。

7.131 节能：本年度印度钢铁有限公司获得“优秀”评级，因其电力及石油气等能源消耗在限度之内，并采取了积极主动的步骤来节约能源。在锅炉房使用机械式的泵用于VIR炉砖的真空生产来减少燃料油消耗，并用陶瓷毯子更换加热炉的砖砌体使其更省油。

7.132 环保：印度钢铁有限公司在其处所和乡镇通过种植树

木，不断努力维护和促进生态平衡。

10. 质量保证总局

7.133　质量保证总局是国防部国防生产部下属的质量保证组织。质量保证总局是负责所有国防必需品和设备的乙方质量保证人，包括陆军，海军（海军装备除外）进口的以及自行研发的，以及从私营部门、国营企业和兵工厂为空军采购的通用客户型的物资和装备。因此，它在国防战备中发挥着至关重要的作用。

7.134　组织结构和功能：质量保证总局下属 10 个技术处，每个处负责一个单独系列的设备。为更好发挥其职能，技术处在结构上分两层，包括他们的管理机构和一线质量保证机构。此外，证明机构负责按照武器装备规定进行武器和弹药的证明工作。该组织所执行的基本功能如下：

A. 质量保证：一些重要的功能是：

a）为制造商就质量相关的问题提供技术指导。

b）技术评估和最终验收。

c）为防务订单方提供合同订立前后的服务。

B. 技术服务/指导：

a）规范控制和密封资料保管机构。

b）为一线/总部单位/培训机构/三军司令部的客户提供与产品相关的技术服务。

c）为三军司令部提供技术咨询。

d）颁发质量保证总局的认证/分配表和进行国防物资编目。

C. 缺陷调查：对使用中的设备的过早失效现象进行调查，确认和指明原因，并提出补救措施，以消除/减少相同情况的出现。

7.135　质量保证活动：

A. 物资的质量保证：过去三年经过质量保证的物资的价值见表 7.3。

表7.3　被检查物资的价值（单位：亿卢比）

2009—10	2010—11	2011—12（截至2011年11月）
1620.3	1922.3	912.5

B. 用户满意度：同总部一级的用户定期交流，定期走访一线单位，以获得第一手反馈信息并提供技术意见。

C. 自行认证：至今59个制造商已经获得自行认证资格。

D. NABL认证：质量保证总局的21个测试实验室已被授予NABL的认可。

E. ISO认证：质量保证总局的73个机构已通过ISO 9001：2008认证。

11. 航空质量保证总局

> 航空质量保证总局负责军用飞机、配件和其他航空物资的质量保证和竣工验收。

7.136　航空质量保证总局是国防生产部下属的机构，负责军用飞机、配件和其他航空物资的质量保证和竣工验收。该局提供技术指导，以确保在所有阶段，如设计、开发、生产、检修和维修的质量保证。

7.137　在航空物资采购的各阶段，航空质量保证总局也起着重要的作用，为军种司令部和制造商提供技术指导。该局已经建立了质量管理体系，以确保采购的物资能够满足所需的规格和性能参数。

7.138　该局总部在新德里，有34个基层单位分部在国家的不同地区。对关键性产品和配件进行了多次质量审核，以确保符合规格。该局还参加了很多调查，以及与军种司令部和主要合同商开展联合研究，以提高航空物资的产品质量和易读性。

12. 标准化局

7.139 目的：标准化局成立于 1962 年，目的是控制国防各军种项目的扩散。因此，标准化局的首要目标是对三大军种的设备和部件建立通用性，从而使国防三军的整体库存降低到最低点。这正在通过以下措施逐步实现：

A. 编制各种标准化文件。

B. 编纂国防财产目录。

C. 入库控制。

7.140 国防标准化处及和支队：为切实推动标准化活动，在标准化局下面设立了 9 个国防标准化处（位于衣查普尔、坎普尔、班加罗尔、浦那、贾巴尔普尔、钦奈、阿姆利则、新德里、海得拉巴），以及 4 个支队（位于阿迈德那格尔、孟买、维沙卡帕特南和科钦）。在浦那和德里的国防标准化处设立了专门的培训机构，以确保标准化局的官员及工作人员完全具备所需知识，可应对标准化和编纂进程所带来的不断增长的挑战。

7.141 有效的各类标准的网络：一个包括标准化局各类国防标准的网站，即 http：//www. defstand. gov. in 及其印地语版，可由国防用户任何时候登录。截至 2011 年 11 月 30 日，669 名用户已经注册了国防标准化局网站。标准化局制定的国防标准，如联合服务规范、联合服务指南、联合服务的首选范围、联合服务合理化列表等都正在标准化局网站进行更新/上传。所有的国防标准化处及和支队通过一个专用的服务器也与标准化局保持稳定的通讯。此外，关于标准局和各类标准的信息也已上载于三军内部网，并以季度为基础进行更新。

7.142 标准化和编纂：目标和业绩：标准化和编纂主席委员会标准化分委员会和国防装备编纂委员会每年分别进行两个主要活动来确定/审查年度目标。2011—2012 年度主要活动的目标和成绩对照如下：

A. 标准化：2011—2012 年度设定的标准化目标包括制定 839 个新标准文件和修改 624 个文件。针对这些目标，截至 2011 年 11 月 30 日，已准备了 508 个新标准文件和 361 个修订的文件。截至 2011 年 11 月 30 日，总共制定了 4906 个联合军种文件。

B. 编纂：2011 年 3 月 10 日联合秘书（MS）主持了国防装备编纂委员会 2011 年第二次会议，审查了编纂工作的目标和取得的成就。2011—2012 年度的编纂目标是 54111 项，其中 11031 项到 2011 年 11 月 30 日已经编纂完毕，因此目前的编纂总数为 487374。

C. 升级：该过程由 AsHSP 发起。标准化局从 AsHSP 收到的升级细节可有助于数据库更新。2011—2012 年度的更新目标为 24070 项，其中 14055 项至 2011 年 11 月 30 日已更新，因此目前的总数为 413129 项。

13. 规划与协调局

7.143　国防生产部规划与协调局下属的国际合作处是国防生产领域有关国际合作活动的结点。国际合作处负责所有涉及国防工业合作的事宜，对象是与印度有防务合作协议的各个国家。国际合作处在国防生产部的作用和职能与国防部的计划与国际合作局相似，该部门也是国防部处理涉及国际合作有关的所有事项的结点。

14. 防务展览局

7.144　防务展览局的主要功能是组织和协调在印度和国外的防务展览，主要目的是提高印度国防工业开发和制造的以防务为导向的产品和服务的出口潜力。

> 防务展览局组织和协调在印度和国外的防务展览，主要目的是提高印度国防工业开发和制造的以防务为导向的产品和服务的出口潜力。

7.145　防务展览局在新德里国防馆的国际展览中心保持永久性

的防务展。国家控股的国防企业、兵工厂委员会、国防研究与发展组织、质量保证总局和航空质量保证总局已经在这个展会上展示了它们的产品、创新和服务。

15. 国立国防造船研究和开发研究所

7.146 现代海军的平台复杂且技术密集，因此国家必须具有技术基础和各种技能来进行设计和开发。

7.147 因此政府成立了国立国防造船研究和开发研究所，位于查利亚姆，靠近喀拉拉邦的科泽科德（卡利卡特）。目的是在这一国防科技关键领域实现国家的自力更生。国立国防造船研究和开发研究所是根据社团登记法建立的一个社团组织，并是国防生产部的一个部分。其资金来自于国防部和全国的国防造船厂。

7.148 国防部长任理事会主席，成员包括国防部、印度海军、海岸警卫队的代表和各国防造船厂厂长。

投　资　（单位：亿卢比）

国家控股企业名称	2009—2010		2010—2011	
	净值	政府贷款	净值	政府贷款
印度斯坦航空有限公司（HAL）	12.05	—	12.05	—
巴拉特电子有限公司（BEL）	8	—	8	—
巴拉特推土设备有限公司（BEML）	4.177	—	4.177	—
马扎冈船坞有限公司（MDL）	19.92	—	19.92	—
加登里奇造船工程有限公司（GRSE）	12.384	—	12.384	—
果阿造船有限公司（GSL）	2.91	—	2.91	—
巴拉特动力有限公司（BDL）	11.5	—	11.5	—
印度钢铁有限公司（MIDHANI）	18.334	4.42	18.334	4.42
印度斯坦船厂有限公司（HSL）	30.199	14.987	30.199	14.987
总计	119.474	19.407	119.474	19.407

工作成果：产值和销售额　　　　　（单位：亿卢比）

国家控股企业名称	2009—2010		2010—2011		2011—2012（截至2011年12月31日）	
	产值	销售额	产值	销售额	产值	销售额
印度斯坦航空有限公司（HAL）	1348.959	1145.7	1645.084	1311.55	663.636	570.825
巴拉特电子有限公司（BEL）	524.788	521.977	552.08	552.969	345.365	346.295
巴拉特推土设备有限公司（BEML）	370.866	355.767	376.86	362.352	285.024	250.011
马扎冈船坞有限公司（MDL）	285.613	315.094	261.141	63.656	171.841	216.45
加登里奇造船工程有限公司（GRSE）	87.074	42.427	105.33	54.622	91.174	31.97
果阿造船有限公司（GSL）	86.648	47.289	99.032	51.446	40.105	13.019
巴拉特动力有限公司（BDL）	63.161	62.723	91.092	93.91	68.347	58.539
印度钢铁有限公司（MIDHANI）	37.324	37.121	48.546	41.787	35.645	35.056
印度斯坦船厂有限公司（HSL）	60.843	61.896	60.384	65.214	33.95	36.356
总计	2865.276	2589.964	3239.54	2597.506	1735.087	1558.521

兵工厂委员会产值和销售额　　（单位：亿卢比）

2009—2010		2010—2011		2011—2012（截至2011 年 12 月）（暂定）	
产值	销售额	产值	销售额	产值	销售额
1181.789	871.526	1538.958	1121.501	1002.533	681.501

税后利润产值和销售额　　（单位：亿卢比）

国家控股企业名称	2009—2010	2010—2011
印度斯坦航空有限公司（HAL）	196.741	211.426
巴拉特电子有限公司（BEL）	72.087	86.147
巴拉特推土设备有限公司（BEML）	22.285	14.976
马扎冈船坞有限公司（MDL）	24.019	24.352
加登里奇造船工程有限公司（GRSE）	11.481	11.571
果阿造船有限公司（GSL）	13.072	17.613
巴拉特动力有限公司（BDL）	3.377	5.171
印度钢铁有限公司（MIDHANI）	4.462	5.042
印度斯坦船厂有限公司（HSL）	0.232	5.5
总计	347.756	381.798

八、国防研究与发展

国防研究与发展组织已经演变成为一个高度专业和成熟的组织，具有雄厚的技术基础和强大的管理系统，能够全面进行自主研发最先进的防务系统，包括设计、开发、集成和生产。

（一）背景

8.1　国防研究与发展组织自 1958 年初创以来已经走过了漫长

的道路。从最初的10个实验室开始，国防研究与发展组织已经发展成为一个具有庞大网络的核心研究机构，拥有遍布全国各地的52个实验室和机构。其远景是使印度拥有最先进的技术，为印度三军装备具有国际竞争力的系统。国防研究与发展组织已经证明了其能力，能够在多个领域生产最先进的战略和战术的军事硬件并拥有相关技术。这些领域包括航空航天、武器装备、战车、作战工程、电子、导弹、生命科学、先进材料和复合材料以及海军系统。国防研究与发展组织技术实力的核心是过去50年里建立起的在系统设计、系统集成、测试与评价及项目管理方面的专门知识，这使它能够自主研发武器及其运载系统。

8.2　国防研究与发展组织已经演变成为一个高度专业和成熟的组织，具有雄厚的技术基础和强大的管理系统，能够全面进行自主研发最先进的防务系统，包括设计、开发、集成和生产。国防研究与发展组织在一些关键领域取得了很多自力更生的成就，包括弹药、装甲系统、导弹、声纳系统、航空电子设备、雷达和电子战系统、传感器、核生化防御、低强度冲突技术和先进计算技术，这使印度为之骄傲。

8.3　国防研究与发展组织在支持国防政策方面扮演着重要角色，为国防部提供科学和技术咨询，评估符合军事行动要求的国防装备，并产生新的技术知识以供国防工业开发尖端武器系统。该组织还向政府提供建议，对国际安全威胁以及现有和潜在对手的军事能力进行技术评估。

（二）组织结构

8.4　国防研究与发展组织是任务模式结构，由国防部长的科学顾问任领导，同时此人也是印度政府的秘书。部长属下有多名首席审计主任，他们分别管理武器装备、作战车辆和工程；海军系统和材料；资源与管理；人力资源；导弹和战略系统；低强度冲突；航空；航空电子；军种交流；生命科学和国际合作；电子与计算机科学；微电子设备与管理信息系统和技术。该组织设有两层体系，即在新德里的国防研究与发展组织总部；位于全国各地不同地点的实验室/设施、区域中心、场站等。

（三）国防研究与发展组织总部

8.5 技术局（处）包括：航空航天局；武器装备局；战斗车辆与工程局；电子与计算机科学局；微电子设备局；管理信息系统和技术局；材料局；军种业务局；国际合作局；工业协作和技术管理局；导弹局；海军研究与发展局；生命科学局；土木工程与不动产局以及技术检查处。这些业务局作为“单一窗口”采取行动，促进下属的实验室和机构运作并获得政府批准的新项目，协助对正在进行的项目进行监测和审查，以及其他实验室的协调。除此之外，陆军参谋长、空军参谋长、海军参谋长和联合国防参谋部的副参谋长的技术顾问们同时担任技术局长。

8.6 企业局包括：人事局；人力资源开发局；物资管理局；规划与协调局；管理服务局；官方语言和组织与方法局；预算财务及会计局；安全和警戒局；校外研究和知识产权局。他们负责与公共协作，来帮助实验室改善基础设施、建设新设施、人才引进、回答议员们和议会委员会提出的问题，与其他部委/部门协调等，以及获得政府对各自领域上马项目的批准。

（四）国防研究与发展组织的实验室/设施

8.7 国防研究与发展组织的使命是设计、开发和最终生产最先进复杂的战略防御系统和技术；为武装部队提供技术解决方案以优化其战备；建立一个强大的本土技术基地；培养高素质的员工队伍。通过遍布全国不同地点的各种实验室/设施、场站、军用适航性区域中心（Regional Centres of Military Airworthiness，RCsMA）等构成的网络来开展和进行若干数量的项目。这些实验室从事航空领域、航空电子设备、武器、导弹、战斗车辆、高级计算机与网络、电子、工程系统、生命科学、新材料和复合材料；水下传感器/武器、战舰技术、低强度冲突技术等方面的研发活动。这些实验室也与学术界和工业界相互交流，共同开展项目。

（五）项目和工程

> 国防研究与发展组织为印度提供了最先进的技术，为印度三军装备了具有国际竞争力的系统。在过去五十年中，它通过研发最先进的武器系统和技术，使得印度武装部队能够不断提升其战斗力。

8.8 国防研究与发展组织为印度提供了最先进的技术，为印度三军装备了具有国际竞争力的系统。在过去 50 年中，它通过研发最先进的武器系统和技术，使得印度武装部队能够不断提升其战斗力。国防研究与发展组织正集中精力研发战略级的、复杂的和与安全相关的系统。正在开发其他类型的设备并正在进行产业的升级。国防研究与发展组织已进行军种的《长期综合远景规划》（Long Term Integrated Perspective Plan，LTIPP）分析，以及国防研究与发展组织规划的筹划/整合；与三军不断相互交流，以进一步微调国防研究与发展组织计划；在可行的情况下与可靠的合作伙伴进行联合开发；开发关键技术，设计和进行原型试验、用户试验，向生产机构进行技术转让，从而最终能批量生产并装备部队；准备科技路线图；面向未来需求，赞助最优秀的学术研究机构承担来自国防研究与发展组织的研究活动；并在各关乎国防利益的领域开设卓越人才中心。

8.9 这些措施将大幅提高国防系统的自力更生与自主成分。国防研究与发展组织已经开发了一系列的系统/产品/技术，其中很多已经量产并装备部队，许多正处在制造和生产阶段。国防研究与发展组织开发并已经或正在装备部队的系统/产品/技术的价值超过1.3亿卢比。

8.10　国防研究与发展组织致力于如下几个领域的项目，如导弹、航空系统、电子系统、战斗车辆、武器装备、海军系统、先进材料和生命科学。过去一年所取得的部分成就简要说明如下：

8.11　导弹系统

“大地”导弹：“大地”面对面战术战地导弹有三个型号，射程分别为150公里、250公里和350公里。所有型号都已装备部队。2011年6月9日，“大地-II”导弹在奥里萨邦昌迪普尔综合测试靶场三号发射场进行了飞行试验。此次发射是作为武装部队常规训练演习的一部分进行的。导弹到达了孟加拉湾的预定目标，具有非常高的精度，误差在10米以内。飞行试验满足了所有的任务目标，就像一次教科书式的发射。

“烈火”系列导弹：2011年12月1日，武装部队在惠勒岛从公路机动发射系统成功地进行了“烈火-I”导弹的飞行试验，导弹到达了在孟加拉湾的目标点。2011年9月30日，在训练演习中，武装部队发射了“烈火-II”导弹。该二级导弹都装备有先进的高精度导航系统，由固体火箭推进剂系统推进。导弹到达220公里的最高点（最高飞行高度），并击中目标。2011年11月15日，国防研究与发展组织还从公路机动系统试射了最先进的远程导弹系统“烈火-IV”导弹。导弹沿着其轨迹，以教科书式的完美方式上升到900公里左右的高度，并到达在孟加拉湾国际水域的预定目标，实现了所有的任务目标。所有的系统在最终返回大气层温度超过3万度之前功能完全正常。这种导弹是其系列之一，第一次验证了许多新的技术，代表着在导弹技术方面一个质的飞跃。导弹重量更轻，有二级固体推进器和有效载荷，并配有重返大气层的防热罩。第一次使用的复合火箭发动机性能非常优异。

远程面空导弹（Long Range Surface to Air Missile，LR-SAM）：这是国防研究与发展组织、印度海军与以色列航空工业公司的一个联合开发项目。它的射程为 70 公里，采用双脉冲火箭发动机、弹道末段主动雷达导引头和中途惯性制导校正。首个军舰武器控制系统已经完成了交货。首部舰载多功能监视与威胁警戒雷达（multi-function surveillance and threat alert radar，MFSTAR）工厂验收测试已经完成，系统正在交货。

中程面空导弹（Medium Range Surface to Air Missile，MR-SAM）：这是一个陆基的防空系统，开发的目的是满足印度空军的需求。这是国防研究与发展组织与以色列航空工业公司的一个联合开发项目。中程面空导弹武器系统能够摧毁距离在 70 公里内和高度在 20 公里内的各种目标，如固定翼飞机、直升机、导弹（亚声速、超声速和战术弹道导弹）。发射单元经过配备可同时消除多个目标威胁。

“布拉莫斯”超音速巡航导弹：这是一种通用型导弹，能够从陆地、海面、海底和空中的多个平台发射来打击海上和陆地目标。“布拉莫斯”射程为 290 公里，速度超过 2.8 马赫数。海军和陆军已经部署了不同版本的“布拉莫斯”导弹到海军舰只和机动综合系统。陆军“拦截－III”型导弹可使用先进的系统和软件，进行轨迹机动和多个航点的俯冲。被安装该武器系统到 4 艘战舰，并正逐步安装到另外 5 艘舰只。2012 年印度空军正在进行飞行试验，以实现在苏－30MK－I 战机上集成“布拉莫斯”导弹的航空版。

“阿斯特拉”导弹：正在自行设计和开发“阿斯特拉”空空导弹来拦截和摧毁高速机动的超音速空中目标。已经完成低烟推进剂的开发，并已完成 Su－30 战机俘获性飞行试验的第一阶段。

“普拉哈尔”面对面战术导弹（Surface-to-Surface Tactical Missile）：2011 年 7 月 21 日，国防研究与发展组织奥里萨邦巴拉索尔的三号发射场成功进行了“普拉哈尔”面对面战术导弹的飞行测试。

导弹射程为150公里，至关重要地填补了多管火箭和中程弹道导弹之间的差距。该导弹能够携带不同类型的弹头，可作为印度陆军的战场支援系统。导弹长度为7.3米，直径为420毫米，重量为1280公斤，为单级固体推进系统。导弹高程为150公里，在约250秒的范围内可达到150公里内的目标。该型导弹配备了最先进的高精确度导航、制导和电子机械驱动系统，以及最新的弹载计算机，可实现终端精度小于10米。

“阳蝇”导弹：这是为高级轻型直升机装备的射程超过7公里的第三代反坦克导弹。2011年2月27日，“阳蝇”导弹进行了地面发射的首飞试验。2011年10月17日，“阳蝇”导弹进行了从高级轻型直升机自动弹道飞行试验。

“萨尤尔亚”导弹：“萨尤尔亚”导弹射程为700公里。2011年9月24日，在巴拉索尔的三号发射场成功进行了飞行试验。导弹以地面发射模式发射，如教科书般完美，完全按照预定轨迹，击中了在孟加拉湾的预定目标。东海岸所有雷达站、遥测站、光电站一直跟踪和监测了所有的任务参数。靠近目标的船只跟踪，并见证了最后一刻。导弹以数米范围的精度击中了目标。

陆战游戏：为陆军设计、开发和实际运用了最先进的战争游戏系统，还在姆郝的陆军战争学院建立了名为“婆罗玛斯特拉（Brahmastra）”的战争游戏设施，以便进行营级水平的战争游戏。这个设施可以使军官能够在电脑化的战争游戏中练习战术。

数据分析与模式识别版本2.0：已经开发了数据分析与模式的识别决策支持软件，并采用各种统计和数据挖掘算法（假设检验、判别分析、聚类分析、回归分析）来对电子情报（ELINT）系统接收到的发射器进行分类，从而创建一个改进的主发射器数据库。数据分析与模式已被交付给印度海军。

研究网络中心战的战略软件仿真测试床：已经为在综合防空方案中进行网络中心战的研究而成功地设计、开发了概念软件测试床，并安装在一个实验性的基于面向服务框架的架构和基于代理的决策建模应用程序上。

8.12 航空系统中程高空长航无人飞行器“鲁斯图姆-I”：自行设计和开发的“鲁斯图姆-I”已经进行了第五次成功飞行。在霍苏尔附近25分钟的巡航中，飞行高度达到海拔2300英尺，飞行速度为100节。飞行很成功，因为所有进行的改良都运转良好，而且重量为661公斤的无人机达到了所有的参数。具体而言，改良后的剥离方案、修改后的高度和速度的保持逻辑均工作良好。该无人机具有执行军事任务的潜力，如侦察与监视、目标捕获、目标指示、通信中继、战斗损伤评估与信号情报。研发成功后，该无人机最高速度可达150节，高度达2.2万英尺，巡航时间为12—15小时，作战距离达250公里。

轻型作战飞机（海军）教练机原型机（NP-I）：印度国产化努力的第一梦想是生产航母舰载的海军战斗机。随着2011年9月26日第一架轻型作战飞机（海军）教练机原型机（NP-I）进行了第一次发动机地面运行，该梦想跨越了另一个具有显著意义的里程碑。进行轻型作战飞机（海军）项目的团队包括印度海军、印度空军、印度斯坦航空有限公司、国防研究与发展组织、军事适航性及认证中心、航空质量保证总局，科学与工业研究院实验室、教育机构、其它公共和私营部门的合作伙伴。第一架NP-I飞机发动机地面运行的首要目标是检查飞机引擎的整合和各种系统的激活情况，如飞行控制、液压、燃油、电力、航空电子设备等等，这一目标已成功实现。现在，这架飞机将根据建造过程中发现的反馈意见和在发动机地面运行时观察到的反馈意见为基础，进行一个阶段的改进，然后通过一系列最后的整合检测和实验测试，最后进行首飞试验。

机载早期预警和控制系统：2011年12月6日，第一架装备印度自行研制的机载早期预警和控制系统并经过完全改装的飞机在巴西圣荷西坎波的巴西航空工业公司的设施进行了升空首航，国防研究与发展组织提供了约 1000 个任务系统部件。这些包括有源电子扫描天线雷达天线这样的关键性配件，由国防研究与发展组织研发并经巴西国家民航局、国际前沿警戒雷达（Forward Alerting Radar, FAR）认证机构认证。这次飞行是实现自主研发的机载早期预警和控制的梦想方面一个重要的里程碑，将使印度进入能实现此系统的由少数国家组成的俱乐部。随着这一时刻的到来，印度期待着加入由少数国家组成的联盟，从而能够开发并向用户交付此类复杂的机载系统。

轻型作战飞机电子战套装：正在为轻型作战飞机开发先进的电子战套装，这是国防研究与发展组织和 M/s 埃利斯拉公司之间的联合开发项目。该套件包括信号处理器、发射器和其它最难维修的设备。该系统目前已安装在轻型作战飞机“光辉”原型机 - 1 上，并进行飞行性能评估，正在飞机上集成电子战系统。

MLH - Mi - 17 电子战套装：已经为 MI - 17 直升机开发并集成了电子战套件，并已经完成飞行试验。

8.13 印度空军电子系统的三维监视雷达系统——“罗希尼”雷达：此款中程警戒雷达是陆基的机械扫描 S - 波段脉冲多普勒雷达，用于空间监视。即使是在恶劣的电子战作战环境下，也能可靠探测和跟踪空中目标。该雷达具有先进的技术，如数字接收机和可编程信号处理器，分辨率高、精度高、反应快和获得信息能力强。软件控制的高速数字技术为操作人员提供了实时配置。先进的软件算法、多个高速处理器和最先进的数字技术，使雷达成为一个有效的用户友好的传感器，在平时和战时，都能为指挥官提供每周 7 天每天 24 小时的空域识别。

印度海军的三维监视雷达系统——“拉瓦瑟”雷达：这是独立的中程全天候 3D 监视雷达，工作波段为 S 波段，能够对空中和地面目标边扫描边跟踪。天线可机械旋转进行 360 度全周边覆盖，并安装在一个稳定的平台上，该平台的两个致动器能够校正侧倾和俯仰误差。这是最先进的技术产品，就准确度和重量而言，其结构高度优化。

武器定位雷达：这种连贯性电子扫描 C－波段脉冲“多普勒”雷达可自动定位敌方火炮、迫击炮和火箭炮，可跟踪友军炮火并定位其弹着点，从而帮助进行必要的修正。该雷达采用了先进的信号处理技术，能够在地面、气象杂波和电子战时其他形式的干扰下检测和跟踪弹丸。该雷达配备了先进的导航系统，可提供精确的位置信息。

电子支援措施系统“伐楼拿”：现代的电子支援措施系统能够拦截、发现、分类和识别脉冲型、连续波型、脉冲重复频率捷变型和频率捷变型雷达，包括从 C 频段到 J 频段的低截获概率雷达。该系统可以通过内置的雷达手指打印功能进行内部以及相互的脉冲分析，可以同时报告 500 部雷达发射器的活动。已经在 K－级海军平台实现了电子支援措施系统“伐楼拿”的工程模式并安装上舰。海上验收试验已成功完成。印度海军正在使用该系统。

车队保护干扰发射机系统“跨越”：设计车载静音系统主要是用于防范印度敌对分子所使用的无线电控制简易爆炸装置。这些系统的目的是为重要贵宾车队提供安全保障，免遭无线电控制简易爆炸装置的威胁。武装部队和准军事部队正在使用这些系统。

指挥信息决策支持系统（Command Information Decision Support System，CIDSS）：2011 年 10 月 5 日，第一阶段的指挥信息决策支持系统正式移交给用户。该事件标志着研究和测试工作的一个正式结果，一线用户已经最终接收该系统。在移交之时，用户向在场者确认，包括 58 个节点的整个系统可完全运作和使用，其中包括硬件、庇护所、原动机和应用软件。

印度海军的安全解决方案：根据印度海军提出的要求，已经为其设计、开发并交付了能满足所有无线电频率的通信安全解决方案。在海军网络中提供和部署了两个层次的安全解决方案。

地理空间可视化系统设施：已经建造该设施，可在协同环境中对地理信息系统和地形数据进行交互式的 3D 可视化和演示。在一个真正的协作环境中对地理空间情况进行可视化，有利于有效进行恰当的决策和规划。这个可视化环境将能够把多种来源的数据显示到一个大的屏幕上并统一起来，实现高品质的三维立体可视化效果。

受保护的数据转换器：这是一个加密/解密设备，设计和开发的目的是为任何通过飞机、船舶和陆地通信系统的宽带或无线通信介质发送的数据提供保护。这是一个小型 USB 供电的先进加密装置，可连接到一个标准的数据终端。终端的数据输入使用了高级别专用的加密算法进行了加密。

敌我战斗识别系统：进行地面近战的装甲车辆已经应用了该系统。它减少自我误伤，并提高了目标命中率。三重设计的原型系统已经研发成功，并安装在 T－72 坦克上进行战地测试。在有效范围、识别时间和精度方面它已经达到了对其功能的要求。

头盔式热成像相机：印度海军在“希瓦吉”号军舰上进行了试验评估，在船舶发生火灾的情况下可以看透烟雾。它非常有用，可进行免提操作，建议在水面舰艇的消防应用中引入此设备。

微波管中心：J. C. 波斯微波管中心是新建成的综合型的微波管研发单位，拥有最先进的精密加工机械、高电压试验设备、环境试验设备和高功率微波生产和诊断设施，于 2011 年 4 月 9 日正式成立。在此之际，由国防研究与发展组织开发并由巴拉特电子有限公司生产的产品微波功率模块已被移交给了项目主任（阿卡什）。

8.14　战斗车辆和工程

主战坦克“阿琼”MK－I：印度陆军已在阿瓦迪重型车辆厂下了 124 辆“阿琼”主战坦克的订单。110 辆坦克已如期交付陆军。藉此已组建了两个“阿琼”主战坦克团，并形成战斗力。剩余的 14 辆

> 印度陆军已在阿瓦迪重型车辆厂下了124辆“阿琼”主战坦克的订单。110 辆坦克已如期交付陆军。

坦克可能于2012年年中交货。

“阿琼”主战坦克MK－II指挥官全景瞄准镜MK－II：已经在“阿琼”主战坦克MK－II上应用了指挥官全景瞄准镜MK－II，新功能包括热成像摄像机、激光测距仪和弹道计算机接口。它为坦克指挥官提供了夜间监视和全程火力能力。在博克兰山区已对指挥官全景瞄准镜MK－II成功地进行了监视和射击试验。

大功率1000马力发动机：T－72坦克的V46－6发动机的输出功率已从780马力提升到1000马力，从而提高了机动性。在测试平台上一台发动机完成了400小时的运转测试。已在两辆T－72坦克安装了该发动机，并由国防研究与发展组织和用户进行密集的野外测试。对冷却系统、空气过滤系统、进气系统、油过滤器进行了多项改进，并优化了发动机的性能，以提高其性能和寿命。

机载附加变速箱：机载附加变速箱是轻型作战飞机“光辉”第二动力系统的核心部件。它用来驱动4个附件，即2个液压泵、1个综合驱动发电机和1个喷气发动机燃油启动器，以实现飞机的操作。国防研究与生产组织已经生产并测试了12部机载附加变速箱，其中已有7部已交给了防空局用于飞行测试。这些变速箱包括印度斯坦航空有限公司生产的TOT变速箱，迄今已经完成了1756个架次共计2594小时的飞行试验。通过规定的1000小时耐久性测试和合格性测试，设计确认得以成功完成。所需的文件、测试报告、设计升级文件、维修手册和图文并茂的部件列表均已完成并移交给适航检验局。根据变速箱的性能和所提交的文件，机载附加变速箱的型号设计得以确认。

动力输出轴：已经设计并开发出一种用于“光辉”轻型作战飞机的重量轻、速度快的柔性动力输出轴，该轴可达每分钟16810转，输出功率250马力。该动力输出轴的飞行测试已经完成。随着规定的合格性测试得以顺利完成，两个批号的动力输出轴已经交付用户。对该轴进行了1200小时的功率测试和900次循环启动模拟测试。该轴关键部件组装的技术转让工作已经开始。

机械化步兵战车巷战生存工具包：该项目的目的是为机械化步兵战车开发出一套巷战生存工具包，以便提升其防御敌武器的能力。该项目已得到成功设计和开发，其特点显著，如战车前部和左右两侧均装有轻型复合防护装甲以便分散/引爆火箭推进榴弹；为战车驾驶员的观察塔安装了防弹玻璃以便在那些有人打冷枪的居民区实施机动；为回转炮塔和战车后门装备了火箭推进榴弹防护网；安装了有助于狭窄道路驾驶的端点标志杆；安装了金属丝护网以保护光学仪器和观察设备免遭碎片损坏。目前，该款战车正接受用户对其功效的评估，因此，将考虑用户试用后的建议或意见，进而做出一些变动。

装有导航仪的雪崩量杆：为了使运动更便捷并获取积雪信息，国防研究与发展组织设计开发了一种装有导航仪的雪崩量杆。该设备集成有测力传感器、磁性深度传感器、热电偶和全球定位系统。考虑到诸如军人、追捕者和科学家等用户的需求，国防研究与发展组织开发了三种不同类型的雪崩量杆。该雪崩量杆还可以提供雪崩遇难者探寻、救援行动，并为雪崩灾害评估和其他科学活动收集积雪数据。

8.15　武器装备系统

炸药探测工具包：国防研究与发展组织下属的一个位于浦那的实验室——高能材料研究实验室开发出了炸药探测工具包。位于美国的一家公司已经与国防研究与发展组织达成许可协议，将获得该工具包的生产技术。高能材料研究实验室开发的该工具包能根据任何含硝基盐硝基酯、三硝基苯甲硝胺、三硝基甲苯、硝化甘油或黑火药的化合物，实现对各种炸药的快速探测和识别。该技术非常奏效，已运用于印度安全部队，并将为国际社会提供帮助。

用于印度轻武器系统 5.56mm 口径步枪和轻机枪的室内近距离战斗弹药：印度轻武器系统 5.56 × 45mm 的弹药已经过重新设计，

近距离的杀伤力更大。陆军已在位于姆郝的印度林业局进行了第一、二阶段的用户试验，目前正接受进度评估。

拐弯射击武器：这是一款专门用途武器，可用于低烈度冲突行动，特别是巷战或者解救人质行动。该武器可以在拐角处发射榴弹和动能弹药，射手却不会暴露。该武器平台的可折叠部分将因具体武器而异。为了进行拐弯射击，该武器还可装配不同的附件，如可拆卸摄像头、可视红外激光和战术手电筒、彩色 LCD 显示器，以便提供录像观察和具有传递能力的瞄准系统。

105 毫米 37 英寸口径印度野战炮的模块化炮弹装填系统：印度自主开发了一种黄铜炮弹底座。根据它对炮闩闭气结构的影响，一个双模块野战炮炮弹装填系统已被开发出来。模块化炮弹装填系统的所有部件都已设计开发出来并已确定了印度国内生产厂家。这些部件包括可燃药筒模块箱、推进剂、黄铜底座、点火药、火帽、聚酯包、防磨损衬管和除铜剂。所有开发实验均已完成，各种实验测试后编制了一份新的射程表。

火箭滑轨滑车系统国家测试中心：一种新的火箭发动机已经设计成功，推力达6700 千克力，在新的火箭滑轨滑车系统上达到此推力的燃烧时间为 2. 4 秒。包装箱体已经制造，其防护性能已经过测试。

橡皮子弹：往常应对游行示威的方法包括采用铁皮竹棍、催泪瓦斯、开枪以及射杀等。为了应对人们以游行示威形式表达出来的骚乱，已经为警察和执法部门设计并开发了平暴弹药。目前，印度警察和执法部门都是用这些弹药，它们可以通过引发恐惧和使用非致命性的手段遏制混乱局面。这种弹药击中任何坚硬目标后都会分裂为小碎片。

用于 AN - 32 飞机的 Bl - 2A 火控单元：一种基于 B1 - 2A 单元的微控制器已经成功开发，并已通过相关的电磁干扰/电磁兼容性、环境和功能等方面的测试。该火控单元已经获得了位于坎普尔的军用适航性地区中心的认证。该系统已经在位于坎普尔的空军场站第1维修基地成功进行了多种地面试验。

高级氧化处理技术：高级氧化处理技术已经被开发出来，用来按照中央污染控制委员会的污染物排放限制标准，消除排放物中含有的各种有毒有害有机物和氰化物。这一处理过程并不产生任何有毒副产品，最终产品是二氧化碳、水和无机盐。该处理过程是清洁和用户友好型的，处理后的水可以再利用。该技术已在产生排放物的试点印染厂和炸药厂得到利用，也可以在国防和民用领域应用。这一技术已经转让给私有企业，进行商业化。

基于细水雾的灭火系统：灭火系统的功效已经在一个装有该系统的真实空间（590立方米）成功得到印证和向用户展示。灭火系统的功效也根据模拟不同潜艇火灾的情况进行了评估。根据测试标准，这些火情包括可燃液体池着火和喷雾火；木材、棉垫和泡沫着火；点着火和长廊着火。

利用超强吸附凝胶去除有毒金属和重金属：现已发现，基于聚丙烯酸的超强吸附凝胶在去除受污染水体中的有毒金属和重金属方面效率非常高。已经利用室温下膨胀能力达每克凝胶600克水的凝胶，进行多批次成规模的吸附实验，以去除如铬、铜、镉、钴、锌、铅和镍等各种金属的离子。

复合推进剂处理中心：国防部长在纳希克参加了国防研究与发展组织最先进的复合推进剂处理中心的揭幕仪式，并将其确立为国家级中心。该中心是由国防研究与发展组织下属的位于浦那的实验室——高能材料研究实验室建立起来的。该实验室从事包括固体火箭推进剂在内的高能材料的研究与开发。

成立先进含能材料中心作为专业中心，以满足固体火箭发动机在开发阶段和限量生产阶段对复合推进剂的需求。该中心装备有最先进的设备和机器。这些设备和机器的操作通过可编程逻辑控制器和监控与数据采集系统进行。这样就可以避免人接触这些危险的处理过程。该中心融合了大量的关键技术和机器设备，它们都是由印度自主设计、开发和实现的。这项工程得到了 40 家私营公司的参与和支持。

8.16　海军系统

USHUS 潜艇声纳系统：这是一个集成的潜艇声纳系统，可替换印度海军“基洛”级潜艇装备的 MGK 400 和 MG 519 声纳系统。该声纳系统包括被动监视声纳、主动声纳、拦截声纳、水下通信系统和避碰声纳。为了有效利用该系统，已经开发出了用于训练反潜战和维修人员的模拟器。该系统已经在 3 个潜艇平台上具备了作战能力，另外 2 个潜艇平台将在今后几年内形成作战能力。

USHUS 声纳模拟器：该项目的目的是开发并提供 2 台 USHUS 声纳模拟器，以便促进潜艇学院对 USHUS 声纳模拟器操作手的训练，从而确保在各种操作模式和训练情况下优质高效地利用声纳。这些声纳模拟器将训练 USHUS 声纳系统维修人员，使他们便捷高效地使用系统所提供的维修工具。

新一代船体安装的高级声纳 HUMSA－NG：这是一个主被动兼备的集成声纳系统，可适合装备印度海军的各种平台。印度海军已订购 10 套这样的系统。HUMSA－NG 主要是一个主动声纳系统，具备更强的被动和拦截能力。此外，该声纳系统还具有诸多高级信号和信息处理的能力和特点。今后 20 年内，HUMSA－NG 及其变体有望服役。已向巴拉特电子有限公司订购了另外 6 套这样的系统，用来替换“布拉马普特拉”级和“德里”级军舰上现有的声纳装备。在该项目中，由于设计部门、生产部门和用户三方通力协作，开发的时间表得以严格遵守。

NAGAN 项目：该项目的目的是设计、开发、安装主被动兼备的拖曳式阵列声纳，并展示其性能。从 2010 年 6 月至 2011 年 11 月，已安装主被动兼备的拖曳式阵列声纳系统的印度海军“夏尔达”号军舰处于任务可靠性评估阶段。对该系统的最终技术评估试验将于

2012 年开始。

“马里奇”高级鱼雷防御系统：这是一个完整成套的系统，用于水面舰艇应对各种老式和现代水雷。“马里奇”系统构成包括拖曳式阵列声纳系统、带有用来探测跟踪主被动式自寻的鱼雷电子设备的船体安装的阵列声纳界面。该系统集成了由位于维沙卡帕特南的海军科技实验室根据该项目所开发的未来作战系统、可毁弃的假目标等。该系统能够探测、跟踪、定位、识别各种鱼雷，并从声学上设置假鱼雷目标。2011 年，通过指定的位于班加罗尔的巴拉特电子有限公司下了若干订单。印度海军“恒河”号将成为第一艘装备此生产级系统的军舰。

低频吊放式声纳：这是一个用于反潜作战的机载系统，其构成包括一部低频吊放式声纳和用于远距离探测水面威胁的声纳浮标处理（声能学）装置。通过探测商船和海军水面目标，低频吊放式声纳系统结合高级轻型直升机的自动飞行控制系统证明具有主动、被动和声能学 3 种操作模式。潜艇探测与定位可在潜望和下潜情况下实现，继而可以证实系统的浅水和深水性能。目前，系统正进行微调，以便开展又一轮与用户相关的试验。

综合海岸监视系统：该项目的目的是利用国防研究与开发组织的传感器，设计和开发一个综合海岸监视系统，以便形成一幅常见的行动画面。其中，水面和水下的入侵者都能被自动识别出来。在该项目的第一阶段，一个试验模件将在柯枝实施。第二个模件将继试验模件之后安装在巴拉索尔。这两个模件都有 3 个遥控站。在每个遥控站中，将有一座用于安装雷达/其他传感器的瞭望塔和一个安装电子处理设备/显示系统的地面站。

“祖国”项目（Swadesh）：在实现最先进的水下监视系统方面，新声纳绞盘、水下船体及相关部件技术的技术开发起着至关重要的作用。因此，一个项目专注于最先进技术的开发，包括先进声纳绞盘和处理系统、水下船体和用于水下监视应用的电缆、连接器和端子等的关键部件技术。

8.17　先进材料和复合材料海绵钛的工业规模生产：先进材料和复合材料海绵钛的工业规模生产技术已经得到转让。为此，将在喀拉拉邦奎隆区查瓦拉的喀拉拉矿产和金属有限公司建立一个年产 500 吨的商用海绵钛工厂。国防研究与开发组织除了用印度太空研究组织的资金为工厂的建立提供一切基础工程支持外，还积极参与设备安装和投产工作。2011 年 2 月 27 日，国防部长参加了工厂开工的揭幕仪式。此后，工厂开始生产并于 2011 年 9 月生产出了首块重 3 吨的海绵钛，产品满足了所有最为苛刻的质量要求。

国防用铝合金的国产化：目前，印度国防用的形变铝合金的大部分是靠进口的。已经启动一个项目，其中各种半成品的优质形变铝合金利用印度铝材工业的现有基础设施加以生产，由有关检验部门对其型号加以认证。3 种不同的铝合金已经成功生产出所要求的半成品，并按型号认证程序要求进行了热处理，温度达到了所要求的值。它们是 AA2219T8511 铝合金压制品，分 3 种直径，即 40mm、60mm 和 85mm（用于导弹制造）；由位于那格普尔市的阿姆巴加里兵工厂生产的 AA6082T651 铝合金压制品，分 3 种直径，即 60mm、100mm 和 150mm（用于武器制造）；由位于戈尔巴的巴拉特铝业有限公司生产的 AA6061T6 铝合金板，分 2 种厚度，即 1.5mm 和 2.0mm（用于航空制造）。

迷彩图案生成软件 SIGMA－MK－111：根据武装部队对早先开发出来的软件版本 SIGMA－MK－11 的反馈意见，高级版的软件 SIGMA－MK－111 已经开发完毕。新版软件所具有的新特点如下：基于 3D 模型的互动迷彩图案生成；用于色彩匹配的国际地层表色彩代码和反射比数据的视觉化；用于仿真涂料的迷彩图案。

北约防寒服：升级版的北约防寒服是一种旨在为严寒气候下驻守高海拔地区的空勤人员提供保护的服装。这种防寒服其实就是一件轻的与保暖背心和保暖内裤一起穿的工作服，保暖效果极好，也极舒适。已经同意引进该产品，技术转让工作已完成。该产品已经大批量生产，价值 1030 万卢比的 250 件防寒服已经引进。

8.18　生命科学系统/产品——远程医疗系统：这种便携式远程医疗系统是一个坚固耐用的生物医学数据采集和传输系统，旨在监控管理军人的健康，特别是那些从前线地区到部队医院和从舰到岸的军人。该系统包括通过数据采集系统采集病人重要数据的硬件和一台军用笔记本电脑。所采集的病人数据包括：心电图、血压、呼吸率、心率、动脉血氧含量和体温。该系统的最显著特点是它的便携性和灵活性，它可以在各种通信设施上操作，如卫星通信、甚小口径卫星通信终端、国际海事卫星电话、公共交换电话网和综合业务数字网和视频会议设施。

集成大棚：2011 年 6 月 15 日，将旨在帮助士兵应对喜马拉雅山区极端气候的集成热调控大棚赠给了位于拉达克邦列城的第 14 军司令部。设计开发出来的这些大棚装备有综合温度调节器、生物分解装置和空气监控系统。大棚的设计是模块化的，集成了各种服务，如供热、通风与空调、供电、管道与供水、污水处理、煤油发电机和太阳能发电机。按照设计，这种大棚可以抵御 5 级地震、速度达 55 米/秒的大风和零下 35 度的低温。大棚内空气中二氧化碳的含量受到密切监控并保持在安全值范围之内。

治疗白斑病的草药：“白斑灵”是国防研究与开发组织开发出来的一种治疗白斑病的草药，分软膏和口服液两种。位于新德里的埃米尔（印度）制药公司已经获得了技术转让，利用自身已的技术和营销证书，生产销售这种草药。临床表明，该产品疗效甚好，不仅可以帮助患者出现白斑的地方回复正常肤色，而且也帮助他们消除精神压力、情感和心理创伤，从而增强信心和效率。

驱蚊剂：MAXO 牌驱蚊剂是一款对付蚊子的新武器，基于二乙基苯基乙酰胺，可驱除多种害虫。该驱蚊剂分为军用型 MAXO 和安全柔软型 MAXO 两种，价格仅为 3 卢比/瓶（管）。他们可以用来防护各种蚊子和其他吸血类昆虫，特别是那些导致疟疾、登革热和曲弓熱的吸血类昆虫。

逃生面具：必须自主开发用于短期防御生化战制剂的逃生面具。当核生化这样前所未见的攻击出现时，人们需要逃进更安全的地带以便他们带上防护装置和系统。在他们逃进更安全地带带上防护装置和系统之前，他们需要在更短的时间间隔内进行呼吸保护以防御生化战制剂。逃生面具就是为了提供保护，以防御持久性和非持久性的化学战制剂和空降微生物。

防生物武器面具：提供呼吸保护以防御生物战制剂的面具正在开发当中。当出现生物武器袭击或者疾病的不均等传播这样前所未见的情况时，人们需要呼吸保护以防御生物战制剂。

一氧化碳空气清洁过滤器滤芯：开发出来的一氧化碳空气清洁过滤器滤芯用在潜艇上，所利用的是自主开发的钯饱和碳，性能评估和实际展示效果都令人满意。

“勇敢”牌自持式太阳能大棚：该大棚已经设计开发成功，并已安装在锡亚琴基地营区和列城，带有太阳能板和垂直轴风力发电机（1 千瓦）。温度数据记录仪也已经安装到位，大棚内外温度数据的采集工作正在进行。

家庭用水净化：一种家庭用水净化装置已经开发成功，可以使饮用水中的铁、砷和锰等有毒物质的含量达到允许的限度。它还可以处理细菌污染。净化装置的出水量是 1.2 升/小时。已生产 50 套这样的装置以便进行更大范围的试验。已经开始利用纳米技术开发便携式水瓶过滤器。

8.19　合作研发

印度与英国签署协议函：2011 年 9 月 16 日，印度与英国签署了协议函，以便与英国国防科技实验室开展国防研发合作，通过共同项目、合作研究、工业界与学术界的参与，充分发挥各自研究和技术开发的能力。协议函的签署标志着两国技术合作领域的一个重要里程碑。许多项目正酝酿在未来数月启动。

吉尔吉斯斯坦—印度山地医学研究中心：该中心已经在比什凯克和托娅阿苏（高海拔野外站）成立，开展有关高海拔地区的各方面研究以及适应环境气候方面的种族差异。2011 年 7 月 5 日，国防部长为该中心揭了幕。

国防研究与开发组织研究与创新中心：该中心的目的是通过学术交流提升研究质量，同时使企业能够在研究初期便参与其中。国防研究与开发组织与印度理工学院马德拉斯分校研究园签署了长期协议，并在该园区设立国防研究与开发组织研究与创新中心。有了学者、研究人员、大学生和技术专长企业的积极参与，该中心便能够在国防研究与开发组织感兴趣的领域，开展“方向性研究”。建立最先进的实验设施工作已经进入收尾阶段。该中心将有一个与研究园相连的高端数据网络中心，以便与印度理工学院教师们紧密协调，开展高端研究。

8.20　各种奖项

维克拉姆·萨拉巴伊纪念奖：在 2011 年召开的第 98 届印度科学大会上，国防部长的科学顾问、国防研究与发展部部长、国防研究与发展组织总干事长 V. K. 萨拉斯瓦特博士被授予维克拉姆·萨拉巴伊纪念奖。印度总理和 26 名（包括 2 名诺贝尔奖得主）来自世界各地的顶级科学家颁发了此奖。萨拉斯瓦特博士将此奖献给了国防研究与发展组织这个兄弟般的团队。由于团队上下的共同努力，国防研究与发展组织才得以开发出各种用于国防的尖端技术，继而令印度感到自豪。

创新奖：国防研究与发展组织获得了 2011 年度高科技学术与管理类久负盛名的汤姆森·路透印度创新奖。在由汤姆森·路透公司和印度工业联合会（IIF）共同举办的典礼上，杰出科学家、研发工作的总负责人 K. D. 纳亚克博士从科技部、地球科学部和计划部的国务部长手中接过了此奖。该奖的评判标准包括创新获得的专利规模、成功率、全球化程度和影响力。

8.21 《信息权利法》(Right to Information Act):2005 年通过的《信息权利法》旨在促进政府部门工作的透明度和问责性。该法案使得印度公民可以获得政府部门控制的信息。国防研究与发展组织已经列入《2005 年信息权利法》的附件二，除了违反人权和腐败指控等问题外，该法的其他普通条款不适用于国防研究与发展组织。因此，国防研究与发展组织已形成并制定了一个旨在促进信息流动的制度。此外，最高法院规定，虽然列入附件二的国防研究与发展组织完全不受《信息权利法》的约束，但是为了信息透明，该组织在其下属的各实验室/机构要任命公共信息官。因此，国防研究与发展组织共任命了 56 名公共信息处处长和 12 名中央助理公共信息官(Central Assistant Public Information Officers，CAPIOs)。国防研究与发展组织总部也任命了 1 名公共信息官和 1 名公共信息处处长。关于适用于国防研究与发展组织的《信息权利法》指针已经由国防研究与发展组织形成，是该组织所有公共信息官的参考文件。该组织还开通了《信息权利法》专题网站，网址为 www. drdo-rti. com。

九——十三（略）

十四、对外防务合作

防务合作包括国防部（含武装部队）的所有对外接触和交流，目的在于避免敌对行动，在共同安全利益方面建立和保持信任。

14.1 印度的防务合作活动包括加强与友好国家的防务关系。国防部和武装部队在这方面进行的所有接触和交流，其目的都是为了避免敌对行动，建立和保持信任和友好的关系，为预防和解决冲突做出贡献。

14.2 印度继续努力支持阿富汗稳定其政治和安全局势的努力。印度一直协助阿富汗国民军，内容包括军事训练课程、医疗培训和医疗援助。阿富汗国防部长阿卜杜勒·拉希姆·瓦尔达克将军于 2011 年 5 月 31 日至 6 月 4 日访问了印度。

14.3 通过双边互访和国防相关培训课程的交流，印度加强了与孟加拉国的防务合作。2011 年 4 月 4—6 日，海军参谋长访问了孟加拉国。2011 年 6 月 20—23 日，陆军参谋长访问了孟加拉国。2011 年 11 月 28 日至 12 月 1 日，孟加拉国陆军参谋长默德·阿卜杜勒·穆比恩将军访问了印度，并在位于浦那的国防学院检阅了毕业学员阅兵式。代号“团结 - II”的印度—孟加拉国联合军演于 2011 年 10 月 8—23 日在孟加拉国的锡尔赫特举行。

14.4 印度与不丹有着悠久密切的防务关系。1963 年在不丹成立的印度军事训练小组一直协助不丹皇家军队培训其人员。2011 年 4 月 24—26 日，负责防务的国务部长 M. M. 帕拉姆·拉朱先生访问了不丹，见证了丹托克项目的金禧庆典。2011 年 11 月 18—20 日，不丹军队作战部长巴图·策林少将访问了印度。

14.5 2011 年 12 月 9 日，中国—印度第四次年度国防对话在新德里举行。国防部长沙希·康德·夏尔马先生率领印方代表团与中国人民解放军副总参谋长马晓天上将率领的中方代表团举行了会谈。2011 年 6 月 19—23 日，印度北方司令部格米特·辛格少将率领的多司令部联合代表团访问了中国。2012 年 1 月 10—13 日，由空军少将 P. S. 曼率领的 15 名参谋军官代表团访问了中国。从中国方面来说，2011 年 11 月 7—9 日，一个边防部队代表团访问了印度。2011 年 12 月 25—30 日，一个由 27 名成员组成的解放军参谋军官代表团访问了印度。

14.6 与马尔代夫的防务合作是基于两国共同面临的海上安全问题。2011 年 9 月 11—16 日，马尔代夫国防与国家安全部部长托尔哈斯·易卜拉欣·凯里法努先生访问了印度。2012 年 1 月 11—14 日，印度海军参谋长访问了马尔代夫。2011 年 12 月 5—18 日，代号“闪电打击 - 11”的印度—马尔代夫联合陆军演习在马尔代夫举行。2011 年 11 月，应马尔代夫政府的请求，印度海军对马尔代夫周边进行了海上监视行动。

14.7　防务合作是印度和缅甸双边关系的一个重要方面。正在与缅甸进行的防务合作活动包括定期交流互访、印度海军舰艇港口停靠和培训交流。2011 年 8 月 24—26 日，印度海军参谋长访问了缅甸。2012 年 1 月 6—9 日，印度陆军参谋长访问了缅甸。

14.8　印度努力培育与尼泊尔的特殊防务关系。每年都有相当数量的尼泊尔陆军人员在印度的国防单位接受培训。2011 年 3 月 14—27 日，印度—尼泊尔联合陆军演习在位于瓦伊伦格特的反情报和丛林战学校举行。2011 年 12 月 9—22 日，与尼泊尔陆军在位于尼泊尔阿姆莱克根杰的反情报和丛林战学校举行了第二次联合训练演习。2012 年 1 月 18—20 日，尼泊尔副总理兼内政部长和国防部长比加伊·加奇恰达尔先生访问了印度。

14.9　2011 年 5 月 30—31 日，印度和巴基斯坦两国的国防部长在新德里举行了第十二轮锡亚琴谈判。印方代表团团长为国防部长普拉迪普·库马尔先生，巴方为国防部长赛义德·阿特尔·阿里中将（退役）。

14.10　本年度印度与斯里兰卡的防务关系势头良好。2011 年 1 月 17—19 日，空军参谋长访问了斯里兰卡。2011 年 12 月 5—10 日，斯里兰卡陆军参谋长贾加特·贾亚苏里亚中将访问了印度，并在德拉敦的印度陆军学院检阅了毕业学员阅兵式。2011 年 9 月 20—22 日，第三次空军参谋长会谈在科伦坡举行。2011 年 6 月 29 日至 7 月 2 日，与斯里兰卡的首次陆军参谋长会谈在新德里举行。2011 年 9 月 7—9 日，首次海军参谋长会谈在新德里举行。2011 年 9 月 19—23 日，在斯里兰卡举行了代号“斯印演习 - 2011”的联合海军演习。

2012 年 1 月 31 日，举行了两国首届年度防务对话。国防部长沙希·康德·夏尔马任印度代表团团长，斯里兰卡代表团则由斯里兰卡国防部长戈塔巴亚·拉贾帕克萨先生率领。

14.11　印度与印度尼西亚的关系一直保持良好。2011 年 1 月，海军参谋长访问了印度尼西亚。2011 年 9 月 28 日至 10 月 13 日，印度海军和印尼海军进行了协同巡逻（代号“CORPAT”）。

14.12　印度与日本的防务关系持续稳步发展，高层互访和培训交流不断。2011 年 5 月 20 日，与日本在新德里举行了第七次军方会谈。2011 年 6 月 21—23 日，在新德里举行了两国海军参谋长会谈。2011 年 11 月 1—3 日，印度国防部长访问了日本，并与日本防卫大臣一川保夫先生举行了会谈。

14.13　与马来西亚继续保持友好的防务关系。2012 年 1 月 16—17 日，由国防部长率领的代表团访问了马来西亚，参加第九次马来西亚—印度防务合作委员会会议。2012 年 1 月 31 日至 2 月 3 日，空军参谋长访问了马来西亚。2011 年 10 月，在马来西亚举行了第四次印度空军与马来西亚皇家空军参谋长会谈。2011 年 10 月，印度陆军和马来西亚皇家陆军在印度举行了第二次参谋长会谈。

14.14　与菲律宾的防务关系正在迅速发展。建立了一个制度化的机制，即联合防务合作委员会。2012 年 1 月 18 日，在马尼拉举行了该委员会第一次会议。2011 年 3 月和 5 月，印度海军舰艇分别访问了菲律宾的港口。

14.15　印度和新加坡之间的防务关系一直保持着良好势头。2011 年 2 月，在印度举行第六轮陆军参谋长会谈。2011 年 3 月 9—11 日，第五轮空军参谋长会谈在新加坡举行。2011 年 3 月 22 日，在新加坡举行的第七次印度—新加坡防务政策对话，该对话由印度国防部长普拉迪普·库马尔先生和新加坡国防部常务秘书郑子富先生共同主持。2011 年 10 月 12 日，在印度举行了国防科技指导委员会第七次会议，讨论研发合作。2012 年 2 月 10 日，在新德里举行了印度—新加坡防务工作组第六次会议。2011 年 1 月 4—21 日，两国陆军在代奥拉利进行了炮兵演习（代号“烈火勇士”）。2011 年 3 月 1—31 日在巴比纳进行了装甲兵演习（代号“勇敢的古鲁格舍德拉”）。2011 年 3 月 18—25 日，印度海军和新加坡共和国海军进行了联合演习（代号“SIMBEX”）。2011 年 10 月 14 日至 12 月 9 日，印度空军和新加坡共和国空军在卡莱昆达举行了联合军事训练。

14.16 印度和泰国于年内建立了国防部级别的防务对话。本次对话的首次会议于 2011 年 12 月 23 日举行。2012 年 1 月 25 日，泰国总理访问印度。期间，印度与泰国签署了防务合作谅解备忘录。2011 年 2 月 14—16 日，两国第二次空军参谋长会谈在泰国举行。2011 年 9 月，印度陆军和泰国皇家陆军在泰国举行了代号“团结”的联合演习。2011 年 7 月，两国举行了第四次海军参谋长对话。2011 年 11 月，印度海军和泰国皇家海军举行了第 13 轮协同巡逻（代号“CORPAT”）。

14.17 印度和越南一直保持热情友好的防务关系。越南国防部副部长兼越南人民军海军司令阮文献中将于 2011 年 6 月访问了印度。2011 年 9 月 14 日，第六次印度和越南安全对话在河内举行。印度国防部长任印度代表团团长，越南国防副部长阮志咏中将任越南代表团团长。在越南国家主席张晋创先生对印度进行国事访问期间，印度国防部长于 2011 年 10 月 12 日在新德里对其进行了拜会。

14.18 与澳大利亚的防务交流进展顺利令人满意。2011 年 2 月 28 日至 3 月 3 日，印度空军参谋长访问了澳大利亚。2011 年 4 月 6—8 日，第五次印度与澳大利亚海军参谋长会谈在印度举行。2011 年 12 月 6—10 日，澳大利亚国防部长斯蒂芬·史密斯先生访问了印度。双方海军军舰继续互访对方港口。2011 年 6 月 3—6 日，澳大利亚军舰“斯图尔特”号访问了孟买。

14.19 印度与新西兰继续保持友好的防务关系。2011 年 4 月 27—28 日，新西兰国防、科技与创新部部长韦恩·马普博士对印度进行了正式访问。2011年4月27日，他会见了印度国防部长。

14.20　第六次印度与以色列国防采购、生产和发展工作组分组会议于2011年1月11日在新德里举行。会议由印度国防采购局局长维韦克·雷先生和以色列国防部防务合作和国防出口局局长什马亚·阿维埃里先生共同主持。2011年1月31日至2月2号，两国第七次海军参谋长会谈在以色列举行。2011年5月15日，印度与以色列防务合作联合工作组在特拉维夫举行了第九次会议。印度代表团由国防部长普拉迪普·库马尔先生率领，而以色列代表团团长为以色列国防部总干事埃胡德·沙尼少将（预备役）。2011年11月21—24日，以色列空军参谋长访问了印度。

14.21　印度和阿曼保持着牢固的防务关系。2011年2月14—15日，两国第五次空军参谋长会谈在阿曼举行。2011年5月，印度机械化部队局局长访问了阿曼。2011年9月26日，第五次印度—阿曼联合军事合作委员会议在新德里举行。印方代表团由印度国防部长率领，阿方代表团团长是阿曼苏丹国国防部副部长穆赫德·本·纳塞尔·拉斯比先生。2011年12月28日，阿曼苏丹国国防事务主管大臣巴德尔·本·沙特·本·赫里布·布赛义迪先生对印度进行了正式访问。访问期间，双方将2005年12月6日签署的军事合作谅解备忘录的期限延长了5年。

14.22　2011年4月10日，第四次印度—阿拉伯联合酋长国防务合作委员会会议在阿布扎比举行。

14.23　基于相互信任和理解，印度与俄罗斯建立了长期持久的防务关系。俄罗斯将继续成为印度国防装备的重要供应国。俄罗斯是唯一与印度建立国防部长级制度化年度防务合作机制的国家。

> 俄罗斯是唯一与印度建立国防部长级制度化年度防务合作机制的国家。

14.24　2011年6月14—16日，第四次印度—俄罗斯高级别监督委员会会议在莫斯科举行。会议由印度国防部长普拉迪普·库马尔先生和俄罗斯联邦军事—技术合作委员会主任 M. A. 德米特里耶夫先生共同主持。2011 年 9 月 7—8 日，印度—俄罗斯造船、航空和陆地系统工作组会议与印度—俄罗斯军事—技术合作工作组会议在圣彼得堡举行。从印度方面讲，负责国防生产的副部长 R. K. 辛格先生和国防采购局局长维韦克·雷先生分别与俄罗斯同行共同主持了上述会议。

14.25　2011 年 10 月 4 日，第十一次印度—俄罗斯政府间军事技术合作委员会会议在莫斯科举行。会议由印度国防部长和俄罗斯国防部长 A. E. 谢尔久科夫共同主持。本次会议结束时，两国国防部长签署了一份议定书。

14.26　2011 年 5 月 23—27 日，印度空军参谋长访问了俄罗斯。2011 年 7 月 12—17 日，印度海军参谋长也访问了俄罗斯。

14.27　2011 年 5 月 31 日至 6 月 3 日，土库曼斯坦国防部副部长叶帕巴尔·阿克耶夫上校访问了印度。

14.28　2011 年 5 月 31 日至 6 月 3 日，印度国防部长访问了吉尔吉斯斯坦。期间，他为位于比什凯克的吉尔吉斯—印度生物医学研究中心揭了幕。该中心是由印度国防研究与发展组织和比什凯克心脏病学与国际医学国家中心共同建立的。该中心的建设是继 2011 年 9 月 7—10 日吉尔吉斯斯坦国防部长阿比比拉·库代别尔德耶夫少将访问印度后开始的。

14.29　2011 年 10 月 3 日，印度国防部长访问了塔吉克斯坦，并与塔吉克斯坦国防部长进行了会谈。

14.30　2011 年 9 月 6—7 日，第二次印度—哈萨克斯坦军事技术合作联合工作组会议在新德里举行。2011 年 11 月 16—19 日，印度陆军参谋长对乌兹别克斯坦和哈萨克斯坦进行了访问。

14.31　印度与蒙古两军的双边关系一直亲密友好，其标志是高级别互访、训练合作和联合演习。2011 年 5 月 5 日，第四次印度—蒙古防务合作联合工作组会议在新德里举行。2011 年 7 月 28 日，印度总统访蒙期间，与蒙古签署了一份防务合作协议。2011 年 9 月，印度陆军参谋长访问了蒙古并出席了蒙古国建军100周年庆典。2011年9月，代号“游牧大象”的印度陆军与蒙古武装力量联合军演在蒙古举行。

14.32　印度与捷克共和国的防务关系继续迅猛发展。2011年9月27日，第四次印度—捷克联合防务委员会会议在新德里举行。会议由印度国防采购局局长维韦克·雷先生和捷克共和国负责国防采购的国防部副部长鲁道夫·布拉热克先生共同主持。

14.33　印度与斯洛伐克保持着友好的关系。2011年4月13日，斯洛伐克共和国国防部长卢博米尔·加尔科先生和经济部长尤拉伊·米什科夫先生访问了印度，并与负责防务的国务部长M. M. 帕拉姆·拉朱先生举行了会谈。

14.34　印度与美国的防务关系是印美两国更广泛的战略伙伴关系的重要组成部分。两国防务合作日益加强，具体表现在：定期开展军事合作活动；经常进行专家交流；高级别互访；不断增加国防研究；定期举行联合演习。

> 印度与美国的防务关系是印美两国更广泛的战略伙伴关系的重要组成部分。

14.35　2011年3月1—2日，第九次印度—美国国防生产与采购组会议在美国的华盛顿特区举行。印方代表团团长为印度国防采购局局长维韦克·雷先生，美方代表团团长为美国国防部防务安全合作局局长威廉·兰代中将。

14.36　2011年3月3—4日，第十一次印度—美国国防生产组会议在美国的华盛顿特区举行。会议由印度国防部长和美国负责政策的国防部副部长共同主持。

14.37　2011年11月16—17日，第十次印度—美国国防生产与采购组会议在新德里举行。印方代表团团长为印度国防采购局局长维韦克·雷先生，美方代表团团长为美国国防部防务安全合作局局长威廉·兰代中将。

14.38　1995年，随着印度与英国《防务顾问组受权调查范围》

文件的签署，两国防务合作对话正式建立。从那时起，印度与英国的防务关系稳步发展。两国定期开展高级别互访、培训和专家交流以及国防生产合作项目。

14.39 2011 年 7 月 8 日，英国负责防务的国务大臣利亚姆·福克斯博士访问了印度。2011 年 1 月，英国海军参谋长、海军上将马克·斯坦诺普爵士访问了印度。2011 年 5 月，英国陆军参谋长、陆军上将彼得·沃尔爵士访问了印度。2012 年 2 月 8 日，英印举行了第十四次防务顾问组会议。

14.40 印度和法国继续保持友好互利的防务关系。军种参谋长会谈（陆军、海军和空军）和军事分委会会议分别于 2011 年 12 月 12—14 日举行。

14.41 2011 年 5 月，法国国防部长热拉尔·隆盖先生访问了印度。2011 年 9 月，法国空军参谋长让·保罗·帕洛梅罗斯访问了印度。

14.42 印度与德国的防务关系稳步发展。2011 年 4 月 6—7 日，第五次印度—德国高级别防务委员会会议在新德里举行。会议由印度国防部长普拉迪普·库马尔先生和德意志联邦共和国负责防务的国务秘书吕迪格·伍尔夫先生共同主持。

14.43 2011 年 5 月，德国国防部长托马斯·德迈齐埃访问了印度。

14.44 2011 年 9 月 26—30 日，应挪威国防部副部长先生的邀请，印度负责防务的国务部长 M. M. 帕拉姆·拉朱先生率团访问了挪威。

14.45 印度与土耳其保持着的友好双边关系，两国防务接触不断增加。2011 年 4 月 18—21 日，印度参谋长委员会主席兼空军参谋长访问了土耳其。2011 年 6 月 12—17 日，印度海军参谋长也访问了土耳其。

14.46 印度与莫桑比克保持着传统的非常亲密的关系。2011 年

6月27日至7月1日，莫桑比克国防部长菲利佩·雅辛托·纽斯先生访问了印度，并与印度国防部长举行了会谈。

14.47　印度与纳米比亚保持着亲密友好的关系。纳米比亚国防部长参观了于2011年2月9—13日在班加罗尔举行的印度航空展。2011年2月5—9日，纳米比亚国防部常务秘书彼得勒斯·彼得·夏夫尤特先生访问了印度。

14.48　印度与塞舌尔的防务关系历史悠久，具体表现在两国开展高级别互访、训练交流以及供应部署防务装备与设施。2011年11月14—27日，两国在塞舌尔举行联合军事演习。2012年2月，塞舌尔外交部长让·保罗·亚当先生访问了印度。2012年2月16日，他与印度国防部长举行了会谈。

14.49　2011年10月18—20日，第二次印度—巴西联合防务委员会会议在巴西举行。印度特别秘书R. K. 马瑟先生和巴西国防部战略情报总监弗朗西斯科·卡洛斯·莫德斯托上将共同主持了会议。

14.50　2011年3月2日，负责对外事务的国务部长E. 艾哈迈德先生访问了厄瓜多尔。当天，厄瓜多尔共和国国防部与印度共和国国防部签订了防务合作谅解备忘录。

14.51　与友好国家开展广泛防务合作活动的目的是在该地区创造一个和平稳定的环境，为世界的和谐与友善贡献力量。

十五——二十一（略）

（译者：解放军军械工程学院副教授　侯松山
解放军外国语学院讲师　王海峰
解放军外国语学院副教授　吴承义）

《亚洲世纪中的澳大利亚》*（节选）

澳大利亚政府

白皮书

2012年11月

第八章　建立地区可持续安全

本章要点

澳大利亚未来的繁荣与安全必然与本地区所发生的一切相联系。

安全环境正因地区经济增长、各国战略力量变化以及非国家行为体的行为而发生变化。

随着经济和战略格局的变化，我们将促进地区国家间的合作。

我们支持中国参与地区的战略、政治和经济发展。

我们将与美国合作，确保其在地区强大而持续的存在，澳美同盟也将有助于地区稳定、安全与和平。

通过建立信任并支持各种规范与规则，全球与地区机制将在形

* 原文出自 http：//asiancentury. dpmc. gov. au/white-paper。白皮书《亚洲世纪中的澳大利亚》共9章，本书节译了与安全密切相关的第八章“建立本地区可持续安全”。读者可访问 http：//asiancentury. dpmc. gov. au/sites/default/files/white-paper/translations/asian_ century_ white_ paper_ foreword_ chinese. pdf 与 http：//asiancentury. dpmc. gov. au/sites/default/files/white-paper/translations/asian_ century_ white_ paper_ exec_ summary_ chinese. pdf 以获取澳大利亚政府提供的中文版“前言”与“实施纲要”，从而对该白皮书有一个更为全面的了解。——译者注。

成地区集体安全中发挥关键作用。

澳大利亚将于2013—2014 年担任联合国非常任理事国，我们将确保向安理会的各国代表传达本地区的观点看法。

我们大力支持20 国集团成为世界领导人应对重大经济挑战和机会的重要论坛，2014 年澳大利亚将成为20 国集团峰会的东道国。

我们将在本地区致力于把东亚峰会发展成为一个东亚地区重要的地区机构，以帮助管理应对地区面临的挑战，促进战略对话以及政治、经济和安全合作。

通过支持发展具有可恢复力的市场以满足人的基本需求，特别是对食品、水和能源需求，同时也通过应对气候变化，我们将增强人类安全。

一、引言

本白皮书的诸多内容都涉及澳大利亚必须为亚洲的未来做好准备。但是，正如大家所见，尽管未来充满希望，但它并非定数。对于经济秩序、安全秩序以及环境秩序的挑战全都真实存在。包括澳大利亚在内的地区各国，通过有效的治国之术以及国内政策改革，为塑造未来所做的一切都将非常关键。

有一些挑战源自亚洲内部的动态变化，这是随着亚洲经济增长，变化中的力量关系所造成的后果。中国的崛起及其对中国地区利益和全球利益的相应影响、对中国邻国利益的影响；印度与东亚的接触日益增多；华盛顿将其全球利益向本地区“再平衡”，这些都是关键因素。

全球各种趋势对地区的影响也带来其他挑战。这些挑战包括：持续增加的能源、食品和水资源压力，有害的非国家行为体不可预测的行为，使国际组织更有效、更具代表性的需求。

澳大利亚寻求在亚洲世纪塑造以可持续安全为标志的地区环境。

我们寻求获得宽泛意义上的安全，即澳大利亚免于遭受攻击或胁迫；这一快速发展地区的集体经济安全和政治安全；随着地区发展，食品和能源供应安全；人类个体安全，尤其是那些面临最大风险的个人能免于饥饿或自然灾害威胁；当全球温度增高并出现新的环境挑战时，自然系统的安全。①

在所有意义上的安全都必须是可持续的，它将切实可行、可防御并可维持。它必须拥有坚实的基础和持续的影响。

如果能发挥亚洲世纪的各种优势，澳大利亚就能为我们需要的可持续安全做出贡献。

二、安全如何为亚洲发展奠定基础

前面几章概述了一个安全、可预测的战略环境如何为亚洲成长提供坚实基础。这个环境使得各国政府认识到地区安全与秩序不会遭受严重破坏，从而聚焦于各自的发展并相互建立经济关系。这些基础包括：一个规则框架——该框架向所有同意接受规则以管理经贸关系的国家开放；美国战略存在所发挥的稳定作用；亚洲内部的发展重点。

二战后的国际体系确立了一个基于规则的、可预测的经济秩序，亚洲发展中经济体得以从中兴起（见第二章）。它支撑了目前所知最长的经济扩张周期。

美国与日本、韩国、澳大利亚以及其他地区国家所结成的同盟和伙伴关系；美国对延伸威慑的保障——即美国承诺，一旦其盟国遭受打击，它将跨越太平洋进行力量投送；1972 年之后华盛顿与北

① 人类安全，联合国将其宽泛定义为“所有人享有的免于恐惧的自由、免于匮乏的自由以及有尊严生活的自由”，它是安全、发展和人权三者关系的核心。(UN 2012a) ——原文注。

京之间有效运转的关系不断发展，所有这些因素提供了一个可靠而稳定的安全环境，而该环境为日本、韩国和其他“亚洲小虎”、中国的经济崛起奠定了基础。始于 20 世纪 90 年代的印度经济改革有助于该国与本地区展开更密切的接触。

亚洲各国自身的政策选择与行动加强了这种稳定性。中国的改革计划，尤其是 20 世纪 80 年代末以来的改革，重新将北京的注意力转到国内增长问题上，使得中国与既有的国际体系利益攸关。随着复杂的地区投资模式与利益链的发展，中国与美国、中国与其地区邻国的关系得以扩展并深化。中、日、韩之间更为深入的经济互动有助于历史形成的紧张关系不至失控。

在东南亚，继 20 世纪 60 年代的紧张局势之后，东南亚国家联盟作为地区稳定力量出现。20 世纪八九十年代，东盟扩大，成员国包括文莱、柬埔寨、老挝、缅甸、越南以及印尼、马来西亚、菲律宾、新加坡和泰国，这有助于确保稳定并鼓励经济一体化。

三、新挑战

我们的安全环境正遭受三大变化的挑战，这三大变化将继续塑造亚洲世纪。

第一大变化，在某种意义上也是最根本的变化，来自于亚洲经济增长所造成的系统影响。资源需求的累积效应已经并将继续带来各种环境后果。经济增长已经带给地区各国新的、更广泛的利益与责任，其中包括全球经济治理和能源安全、发展过程中资源与食品的投入等。因此，这些资源的来源以及安全的供应路线将在各国的战略考虑中占据更重要的地位。

在 2025 年之前，对于水资源、食品、能源供应以及空气质量的压力将增加（见第二章）。气候变化可能加剧自然灾害的发生频率与烈度。

第二大变化，也是直接相关的变化是，亚洲大国，尤其是中国和印度，他们的经济增长以及更广泛的国际利益对既有战略秩序造成了影响。

与此同时，增长的政府收入使得诸多国家可以将其军队现代化，让军队拥有更先进的能力。一些国家正在增强其国防工业能力，其中包括最前沿的技术创新，它们还大力推进军工企业的出口。

保持地区防务开支稳定很重要。在一些国家，近年的开支增长是源于相对较低的基数，而美国国防预算继续大幅领先其他国家（见图表 8.1）。但是，地区各国的防务能力将继续增长，近年来中国的军事现代化已经取得稳步进展。中国将其军事能力主要聚焦于本地区，而美国的能力是分布于全球。

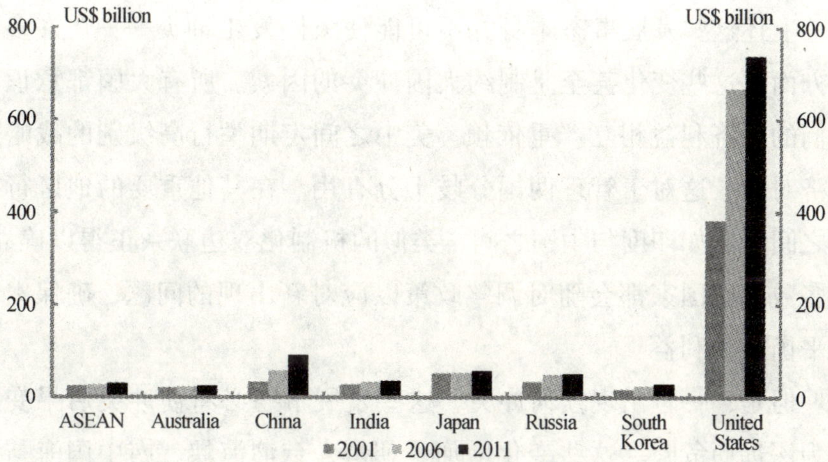

图表 8.1　地区防务开支

注：所有开支以 2011 年美元计算。因无法获得缅甸的相关数据，东盟军事开支不包括缅甸部分。中国的实际国防预算可能多于图表中通过公开渠道获得的数值。

来源：DIO（2011）

熟悉的地区环境所发生的第三大变化与个人和非国家行为体享有更大的权力有关。这一变化绝非完全消极，甚至不能说其主要是消极的。各种团体的能力日益增长，他们在各国内部并跨境组织起来。在一些地区和国家，那些拥有更顺畅的信息获取渠道并能更容易与他人分享观点的人们，要求实施更好的治理、更大的透明度。随着各国在亚洲世纪中的转型，出现了诸多人们关切的事宜，而改进的沟通渠道可以帮助地区各国政府更有效地应对这些关切。

但是，与此同时，出现了更多的信息与通信技术获取渠道，尤其是当信息并不准确时，这将在社会中造成消极影响。信息更容易传递，再加上人员、货物、服务与资金日增的流动性，这将增加那些更为危险的跨国组织的能力，这些组织包括恐怖团伙、贩卖走私人口集团、海盗、跨国犯罪集团与黑客团伙等。相比这些有组织的团伙，自我激进化的恐怖分子或单独作案的黑客甚至常常更难以识别和打击。

上述这些发展事态本身并不可能使大国发生冲突——在许多重要方面，这些变化甚至是制约大国冲突的因素。所有大国都意识到它们的经济利益相互严重依赖。美中之间定期举行高级别的战略和经济对话，这对于管理两国分歧十分有用。在其他重要的地区行为体之间，例如印度与中国之间，类似的机制化双边联系正得以确立。大多数地区国家都会随时调整政策以应对新出现的问题，确保本国能平衡各种利益。

但是，一旦出现任何冲突，这些发展事态必将使冲突后果变得更为深远而危险。这些变化增加了朝鲜、台湾海峡、南中国海与东海领土争端、印巴关系等地区长期热点问题的误判成本，使得管理这些问题的努力变得更加迫切。

四、澳大利亚的应对

60 多年来，澳大利亚一直是地区各国的忠实伙伴，也是地区机制的坚定支持者。我们的外交、防务、情报、商业与人际联系有助于促进这一工作。澳大利亚一直致力于积极开展中等强国外交，聚焦于实际问题的解决，与他国建立有效的合作关系，这些都就将继续推动我们前进。

但是，正如我们已提及的，变化中的力量关系以及其他的地区和全球性变化因素正在改变我们的安全秩序。我们不必为未来悲观，但也不应自满。我们需要新的精神状态和创造性的路径方法。我们需要继续强化各类双边和地区机构、机制，以便有助于应对变化。

当亚洲日益成为全球经济的中心、亚洲大国对全球决策更为重要之际，我们在进入亚洲地区并发挥影响力方面将面临日益增强的竞争。

国家目标

20. 澳大利亚的政策将有助于推动亚洲可持续安全的发展，而在这一地区，合作习惯将成为规范。

中国、印度、印度尼西亚、日本以及美国等地区大国间的合作关系将是地区安全和繁荣的基础（见文本框 8.1）。由于这些关系几乎肯定同时具备竞争性与互补性，因此管理这些关系将至关重要。

文本框 8.1：中国、美国和澳大利亚

中国和美国是对亚洲地区最具影响力的两个大国，它们之间的关系将最能决定未来数十年地区事务的发展。

北京和华盛顿都想发展建设性关系并避免冲突：两国政府一直坚持如此表态；两国接触的密度、结构与复杂程度表明了两国的愿望，尽管它们之间的接触常被低估；两国利益已经紧密相连，而这将推动两国关系的发展。

对于中美两国管理地区战略变化的能力，我们充满信心。但是两国关系不可避免地存在竞争性要素，特别是随着中国全球性利益的扩展，该国在更多国际问题上变得更加积极；在美国主导了半个多世纪的若干领域，中国的防务能力在增长。

因此，误判与意外事故的危险要求深化双边和地区努力，如东亚峰会及其他地区组织，以便建立信任，提高透明度，确保沟通顺畅以及军方对话切实有效。

在管理澳大利亚与美国、中国的交叉关系时，我们需要清楚认识到本国的利益，在发展澳美、澳中关系时发出强有力的声音并开展有效的外交。

我们认为，美国在地区强大而持续的存在将继续发挥重要作用，它能在亚洲快速变化的战略环境中提供对未来的信心，就如同它在过去所做的那样。我们将通过与美国的联盟来支持美国的存在。

与此同时，在经济与政治方面，未来数十年中国对澳大利亚只会越来越重要。

我们欢迎中国的崛起，这不仅仅是因为它带给中国人民和亚洲地区（包括澳大利亚）的经济、社会利益，而是因为它深化并巩固了整个国际体系。我们一直支持全球性机制的改革，以使它们更能代表新兴的经济大国及现代世界。

我们承认，中国军力增长是其经济增长与利益扩展所带来的自然且合理的后果。中国以及地区其他国家应该向各自的邻国解释本国军事现代化的速度与范围，以便建立信心与信任，这非常重要。

在当今世界，类似遏制之类的政策不会发挥作用，也不符合我们的国家利益：相较于冷战时期，现在我们的利益联系更加密切，意识形态差异却远没有那么明显。

因此，我们希望在各个层面深化与中国已有的密切合作关系，包括提升我们的防务合作。与中国建交时，我们是可靠的经济伙伴、地区事务的建设性参与者、世界上历史最悠久的民主国家之一、国际社会的良好公民、美国的亲密盟友。这些都不会改变。它们合在一起，为我们与中国以及整个亚洲的接触提供了最牢固的、可能的基础。

澳大利亚各邻国的观点差异甚大。一些国家与我们享有相同的看法，包括在一些原则问题上；而另一些国家则不然。我们与邻国存在文化、体制上的差异，这些差异有时会增加那些本就不可避免的摩擦。因此，我们的政策反应将由建立信任这一大目标来塑造。这意味着我们将竭尽全力，在地区（以及全球）各国之间实现更深的相互理解、更大的透明度、更清晰的沟通交流、更有效可靠的规则以及更可靠的市场。

亚洲期望的此类大范围的变化将促进地区国家间互信的发展。亚洲所有大国都将因避免武装冲突而获益匪浅，但地区和平的形式与条件将同样是很重要的考虑事宜。

正如我们一贯所为，我们将继续鼓励构建和平，在此过程中，已有规则和透明的行为将保证所有地区国家都能就自身的未来享有发言权，并且决策时不会受到武力的威胁或其他形式的胁迫。

建立信任的首要途径是通过双边工作以深化与地区伙伴的关系。所谓深化关系，我们意指，超越现有的政府与社会联系，展开更广泛的接触，培养可靠且实际的合作习惯，通过商业联系、人际交往、媒体及其他网络以深化各国人民之间的相互理解程度（见第九章）。

建立信任还要求我们继续努力建立全球和地区机制，这些机制的形式与功能必须反映新兴世界并能有效解决新问题。

五、亚洲世纪的可持续安全

我们寻求在地区建立的可持续安全包括，我们自身的国家安全、地区集体安全利益以及亚洲人民的人类安全需求。

（一）国家安全

国家安全是一个宽泛且处于演变中的概念。在更广泛的安全议程中，我们政府的国家安全政策主要关注保护澳大利亚的主权、人口和财产以及塑造一个有利的国际环境。我们将发布《国家安全声明》，以本白皮书的分析与指导为基础，清晰描述我们在全球新兴战略环境背景下的国家安全重点。

澳大利亚国家安全的核心是我军的能力——澳大利亚国防军威慑或击败针对我国领土攻击的能力，通过维和与稳定行动增强澳大利亚周边地区稳定与安全的能力，以及有助于履行我们国际义务的能力，如履行澳美同盟义务的能力。同时我们也需要能够对人道主义救援和减灾行动等地区需求做出反应。

国家安全有赖于与他国的伙伴关系，即与他国建立互信。长期以来，澳大利亚一直通过双边合作以及诸如《五国防务安排》（Five Power Defence Arrangements）等地区协定方式与亚洲伙伴建立安全关系。我们与地区伙伴，尤其是东南亚国家有防务合作项目，其中包括训练、联合演习、专项交流以及在防务准则上共享专业意见。各国部长、军官和文职官员们定期交流。

当地区各国推进军队现代化之际，这些项目为我们提供了深化战略和安全伙伴关系的机会。未来我们将更加致力于与邻国，尤其是与印度尼西亚、其他东南亚国家、日本、韩国、印度和中国，深化防务合作，展开联合演习以及其他形式的防务和安全接触（见本文框 8.2）。

文本框 8.2：印尼—澳大利亚防务男校友协会

2011 年 3 月，印尼—澳大利亚防务男校友协会（Indonesia-Australia Defence Alumni Association，IKAHAN）正式成立。

通过年度讨论会项目、文化和体育活动，协会鼓励所有成员参与澳大利亚—印尼防务接触活动以继续保持他们的关系。自成立以来，协会成员已增至800 多人。印度尼西亚国防部长、国防军司令以及澳大利亚国防军司令、国防部长等出席了在雅加达举行的一周年庆祝活动。

长期以来，训练与教育一直是澳大利亚—印尼双边防务关系中的主要内容。通过“防务合作项目”，每年大约有 100 名印尼军官到澳大利亚参加各类课程学习、进行短期访问或开展其他交流活动。每年按照正式安排，大约有 50 名澳大利亚防务人员访问印尼。澳大利亚和印度尼西亚的军人参加例行联合演习。两国这一层次的接触正在增加。

增加接触的模式，降低误解的风险，协助应对诸如海上安全等实际挑战并提供有效的人道主义救援和减灾行动，此类互动将在各国间建立互信。

对于建立信任、避免误解、鼓励理性决策而言，准确的信息十分重要。因此我们支持各类行动，只要它们能在意图、战略、军事预算和能力等方面促进更清晰的沟通交流、带来更大的透明度。我们定期发布诸如《国防白皮书》等公开文件，使我们在此类问题上的观点与意图更加清晰。我们下一版《国防白皮书》将就我们在本地区防务与安全中的作用进行更为详尽的描述。

近 70 年来，美国在东亚的作用一直对战略环境至关重要。在这 70 年的大多数时候，澳美同盟一直是我们的防务与安全政策的基石所在。

澳美同盟的动力来自共同的价值观、长久以来对全球体系的共同期望。与美国的联盟从未要求我们放弃独立的国家利益或政策，而两国之间将一直存在意见不一之处。但是这个同盟体现了信任。它使我们理解并重视伙伴国的观点。

我们认为，正如过去那样，未来美国在地区强大而持续的存在也将非常重要，在亚洲快速变化的战略环境中，美国的存在将提供信心。我们将通过深化与美国及地区伙伴国的防务合作等方式，继续支持美国在该地区的接触政策以及它对亚太的再平衡战略。

我们欢迎日本在诸如地区结构、气候变化、不扩散与裁军、能源等各类国际问题上发挥积极的外交作用。近几十年来，尽管日本增速有限，但该国仍然是世界最大的经济体之一。日本也是世界最大的债权国，继续在诸如国际货币基金组织、世界银行、亚洲开发银行等地区和全球经济组织中发挥重要影响。澳大利亚和日本都是美国的盟国，两国拥有重大的共同利益和同样的价值观，包括“三边战略对话”（Trilateral Strategic Dialogue）在内的各种部长级、高官级及工作小组级三边对话反映了这一点。未来，在建立可持续安全方面，我们与日本的关系可能变得更加重要。

我们正与中国密切合作以建立建设性的全面合作关系，它不仅包括贸易、资源和投资，而且也包括政治、安全与人际联系。为保持地区繁荣与安全，我们将通过东亚峰会、亚太经合组织等地区机制以及20国集团等全球机制，继续积极与中国合作以增进我们的共同利益。长久以来，我们一直致力于地区的和平与安全，因此，在与中国建立防务合作及更广泛的安全合作方面，我们拥有重大利益。

在东北亚，韩国日益成为澳大利亚在安全与环境领域的伙伴。我们通过双边方式以及共同致力于在联合国、20国集团、东亚峰会、亚太经合组织等机制中开展中等强国外交的方式进行合作。我们拥有共同利益的领域包括气候变化、国际开发和不扩散。我们正在协商签署高质量的自由贸易协定，我们的防务联系也正在增强。

印度的经济与战略重要性都在增加，这将日益影响亚洲内部的力量平衡，同时也将增强印度的全球影响力。印度—太平洋这一更广泛的地区结构将印度和太平洋连接成包括东南亚在内的战略弧，这说明了印度的这种影响力。跨亚洲的运输以及更广泛的联系是另一实证（见第二章）。印度与中国关系的发展走向、具有地缘战略重要性的缅甸等国的作用，这些都将是决定地区关系演变的重要因素。这些因素同时也将对未来何种观念发挥地区主导作用产生影响。

澳大利亚加强与东南亚国家，尤其是与最大邻国印度尼西亚的接触，仍将对我们的安全和环境政策十分重要。印度尼西亚继续崛起成为一个稳定、民主并更加繁荣的国家，它将在地区发挥领导作用，其国际影响力也与日俱增，这毫无疑问符合我国的战略利益以及更广泛的利益。我们将深化与印度尼西亚的全面伙伴关系，在更多领域与东盟加强接触。我们将更多聚焦于越南、新加坡、马来西亚、泰国和菲律宾等活跃的地区国家，就安全与可持续性问题与它们进行接触。

在当代国际环境中，我们无法在一国边界内巩固国家安全，这是十分清楚的事实。对澳大利亚人民和制度的威胁来自诸如恐怖分子、非法走私人员、海盗、黑客或其他跨国犯罪分子这样的非国家行为体，处理这类威胁必须要与其它国家合作。

澳大利亚的能力，例如那些跨越执法、边境保护与健康等公共服务领域的能力，日益被用于维护澳大利亚和本地区的可持续安全。

例如，一种有效减少跨境犯罪的方式是，通过地区合作将反洗钱措施和犯罪收益追缴法相结合，没收犯罪组织资产。澳大利亚联邦警官现在正被派往执行我国在亚洲的13个外交任务，他们正与东道国的同行合作，就洗钱以及其它诸如违禁毒品、盗用身份等非法活动展开工作。

维持地区反恐工作也要求各国安全机构继续合作。澳大利亚将继续在地区内开展执法合作，发挥能力建设作用，其中包括与印度尼西亚共同领导“雅加达执法合作中心”（Jakarta Centre for Law Enforcement Cooperation，JCLEC）的工作。尽管地区各国，尤其是印度尼西亚在抓捕、起诉猖獗的恐怖分子以及打击恐怖网络方面成效日益显著，但是，圣战意识形态继续发展并聚焦于一系列日益松散的、地理分布广泛的、在很大程度上是独立的暴力运动、基层组织和个人，他们中的一些仍然拥有极强的能力。

我们将继续与地区伙伴合作，采取共同措施以管理移民，这些措施中包括澳大利亚与印度尼西亚共同倡导的《有关人口走私、贩卖及相关跨国犯罪的巴厘进程》（Bali Process on People Smuggling, Trafficking in Persons and Related Transnational Crime）[①] 等。我们将继续支持“巴厘进程”的承诺，深入推进地区合作框架的发展，通过在行动层面强有力的合作，打击人口走私与非法移民。我们将通过交流、训练、资助特定项目等方式，在移民的管理、业务流程、情报、政策与立法等方面加强合作。

鉴于这些跨国安全威胁，我们的重点将是通过执法合作、更好的信息与情报交流以及支持有效治理的能力建设等途径加强实际行动。

（二）集体安全

在亚洲世纪里，可持续安全要求各国政府进行多边及双边合作。全球与地区机制将是强化地区集体安全努力的核心所在。

新的权力中心出现，塑造了全球与地区机制的发展演变以及国际规则、规范和标准的制定方式，这就如其它全球变化一样明显。

---

① “巴厘进程”创建于2002年，由印尼、澳大利亚共同主办，是亚太地区打击和防范偷渡、贩卖人口及相关跨国犯罪活动的一个有效机制。——译者注。

这些规则非常重要，因为它们提供了可预测性，巩固了协作与合作行为，为我们提供了一些抵御独断行为的手段。

通过谈判、履行条约及其它国际法律文件来加强国际法，这对于可持续安全而言十分重要。例如，我们应在下列两个国际法问题上取得进展：履行本地区大多数国家都已接受的《联合国海洋法公约》，在《联合国气候变化框架公约》的规范下推进谈判。我们将继续与邻国就国际法律问题在对话中保持接触，分享我们的专业知识。

国际体系赖以运作的诸多规则仍然具有适用性、有效性和持久性，能够直接服务于澳大利亚的利益。就如既有大国那样，新兴经济体也有同样强烈的动机去支持这些规则。但是，随着新兴经济体日益全球化以及新问题的出现，这一基于规则的国际体系正在演变之中。

作为一个具有全球和地区利益的中等强国，澳大利亚与上述领域变化的结果利益攸关。

联合国的成员遍及全球，具有广泛的议事日程以及独特的设定规范的作用，它将仍然是全球治理的中心。作为该组织的创始会员国，长久以来，澳大利亚一直支持联合国的各项目标并加入其工作，我们将继续发扬这一传统。

在联合国内部，安理会是国际和平与安全的基石。为了提高安理会在21世纪的代表性，我们支持扩大安理会，使日本、印度、巴西以及合适的非洲代表国成为常任理事国。澳大利亚长期致力于寻求确保地区视角被带入安理会的研究审议议程。2013—2014年，澳大利亚是安理会的非常任理事国，我们将为此继续努力。

澳大利亚也承诺支持国际体系结构的改革，以便使其更能代表21世纪的世界，这一承诺将指导我们应对其他既有的以及可能出现的组织。这是我们强烈支持创立20国集团的原因所在（见文本框8.3）。

文本框8.3：20国集团

20国集团成立于1999年，2008年发展为领导人级别的论坛，它展现了对新兴经济体日益增长的影响力的权威认可，而这些经济体包括了巴西、中国、印度、印度尼西亚、俄罗斯，以及更广泛意义上的亚洲。相较于7国集团或8国集团这样更小型的组织，20国集团允许对宏观经济政策协调以及金融管制安排做出更具包容性的应对。由一个发达经济体与一个新兴市场经济体共同领导的各个工作小组将负责为领导人制定细节化的政策。例如，加拿大和印度共同领导20国集团的框架工作小组，英国与印度尼西亚共同领导能源与商品市场工作小组。

鉴于亚洲新兴经济体对其他国家政策发展方向的影响越来越大，20国集团为这些新兴经济体提供了一个机会，使它们能够在全球经济体系中承担更大的责任。2012年6月，20国集团中的新兴经济体宣布向国际货币基金组织增资，这展现了它们积极参与的意愿。

20国集团需要保持其作为灵活的论坛这一特性，各国领导人能够在此聚焦于全球挑战。对于20国集团的可靠性而言，对既有承诺的落实将十分重要。20国集团的成功将有赖于各国达成共识的程度，也有赖于各国制定相互增强的经济目标以支持进行中的经济转型的力度。

在20国集团的议程中，与亚洲国家特别相关的问题包括：发展、食品安全、基础设施投资、开放的市场以及抵制保护主义压力。20国集团还将与其他国际组织成员合作，继续深入推进这些组织的改革。

2014年，澳大利亚将承办20国集团峰会，我们将支持各项努力以使峰会议程尽可能实际有用，并将特别注重经济增长和就业问题。我们将不仅是为其成员国工作，更是为更广泛的国际社会而努力。

借助主办国的职责，我们将与20国集团成员国、非20国集团国家、各国际组织以及商业组织、工会和非政府组织等其他行为体合作，确保全球经济规范、规则和机制在经济变化时期充分发挥有效性及适用性。

我们将发挥澳大利亚在联合国与20国集团中的作用，强化地区关系，我们也将相应地利用这些关系来处理全球和地区问题并强化这些机制。我们将继续支持并促进各种国际框架，保持开放、竞争且管理有序的市场，维持具有包容性的可持续增长。这需要时间，也需要精心的管理。承担提供全球公共物品责任的国家集团可能会发生变化，特别是随着时间流逝，中国和印度逐渐变得更为高调。

亚洲目前并没有先进的安全机制，也缺乏那些已在欧洲发展起来的建立信任措施。考虑到该地区的多样性及其不同于欧洲的历史，这并不让人惊奇。亚洲的地区安全结构将继续按照自身的速度和特点发展。但是，在东盟成功的基础上，诸多机制已经提供了若干论坛，可持续安全正借此得以建立。这些机制包括东亚峰会、东盟地区论坛以及东盟防长扩大会议（ASEAN Defence Ministers Meeting-Plus，ADMM +）等等。

我们成功倡议东亚峰会接纳美国与俄罗斯为会员国。东亚峰会现在拥有合适的成员与授权去应对政治、经济和安全事务，它已成为最重要的东亚地区机制。

东亚峰会扩容，其意义十分明显。峰会成员国的产出占世界的55%，人口达38亿，也占世界的55%。峰会成员中有8个是20国集团成员、3个是联合国安理会常任理事国。这3个国家，再加上印度，是世界上五大军事力量中的4个。

我们将继续在推进东亚峰会及其政治与安全议程中发挥领导作用。各国可以通过诸如减灾行动等非传统安全领域的合作以建立互信，而澳大利亚与印尼正在领导一个联合项目。

东亚峰会补充并支持东盟在东南亚地区的共同体建设议程。峰会还补充完善了亚太经合组织对地区贸易自由化、经济改革和经济安全的支持作用。

积极参加东盟防长扩大会议是我们开展地区军事接触的重要内容。东盟防长扩大会议将所有东亚峰会国家聚集在一起，有权开展实际的军事、防务合作，合作领域包括海上安全、人道主义救援与减灾行动、反恐、军事医药、维和等。它为我们的部队提供了与地区伙伴并肩演习的机会，我们的积极贡献将强化澳大利亚与邻国的联系纽带。

作为一个印度洋国家，澳大利亚在南亚地区乃至更广阔的印度洋地区也拥有安全、环境和经济利益。印度在南亚发挥主导性作用，该地区具有独特的力量格局。① 相较于东北亚和东南亚，该地区的特色就是一体化程度更低，这部分是因为各国经济发展程度与视角的差异。

我们强烈支持印度更多地参与全球及亚洲事务，我们将与印度及其他伙伴国密切合作，推进南亚以及更广泛的印度洋地区的合作。特别值得一提的是，澳大利亚正在支持环印度洋地区合作联盟（Indian Ocean Rim Association for Regional Cooperation）② 的活动，我们将于2014—2015 年担任环印联盟主席国，目前正在协助制定实际可行的工作计划。我们还参与了印度洋海军研讨会（Indian Ocean Naval Symposium）③，该组织是由印度海军倡议成立。

① 印度人口占南亚的75%，土地占南亚的63%，产出占南亚的82%。——原文注。

② “环印度洋区域合作联盟”或“环印度洋地区合作联盟”，简称“环印联盟”（Indian Ocean Rim-Association for Regional Cooperation，IOR-ARC）。1997 年3 月6—7 日，环印度洋的14 个国家在毛里求斯首都路易港召开部长级会议，通过《联盟章程》和《行动计划》，宣告环印度洋地区合作联盟正式成立。1999 年3 月31 日召开的部长理事会会议决定将联盟总部设在毛里求斯。2000 年1 月，中国被正式接纳为联盟对话伙伴国。——译者注。

③ 2008 年2 月，环印度洋地区26 个国家的海军司令接受印度海军司令之邀在印度聚首，组建了印度洋海军研讨会组织。该机构主要讨论包括人道主义救援和整个印度洋地区救灾在内的海上安全问题。——译者注。

随着亚洲军事能力以及全球性利益的增长，对诸多地区热点进行有效管理将日益紧迫。对竞争性的海上和领土权力要求进行管理将尤其重要。过去这几年，在一些争议地区，紧张关系在加剧，特别是在南中国海以及东北亚海上区域。在这些紧张态势中，民族主义情绪是部分原因，而捕鱼权以及能源和资源安全考虑也是导致紧张的因素。一些争议已经或正通过谈判或国际法律裁定得以解决。争议各方通常都似乎能意识到局势升级的严重后果。即便如此，误会与意外事故的风险依然很高。就南中国海以及地区其他领土争议而言，澳大利亚对于竞争性的权力主张并不持立场。我们继续鼓励各方在遵循《联合国海洋法公约》等国际法的前提下，阐明其权力主张并采取索权行动。

我们将支持预防冲突及减少风险的各种框架，这些框架提供了有关可能出现的冲突的早期预警，能确认、运用最可能有效的措施以避免冲突，并在冲突爆发后实施管理。我们的支持行动包括就海上事故达成协议、建立热线以及为机制及能力建设提供更长期的协助。

澳大利亚长期以来一直为军控、不扩散及裁军的国际努力贡献力量（见文本框 8.4）。这些国际努力对于达成可持续安全依然十分重要。

文本框 8.4：不扩散与裁军：澳大利亚和日本

多年以来，在诸如联合国、国际原子能机构及各类出口控制机制等国际论坛上，澳大利亚和日本就不扩散及裁军问题密切合作，成果显著。我们的合作领域包括，促进对《核不扩散条约》、《全面禁止核试验条约》的遵守，加强核安全与安保，采用更有效的出口控制以防止大规模杀伤性武器扩散，尤其是在本地区的扩散。

1995 年，澳大利亚外长加雷斯·埃文斯成立了“堪培拉委员会”（Canberra Commission）[①]，日本提供了一名杰出的专家参与其中。日本前外相川口顺子与埃文斯先生一起担任国际核不扩散与裁军委员会（International Commission on Nuclear Non-Proliferation and Disarmament）的主席，该委员会于2008年发表了报告。这一委员会后被“不扩散与裁军倡议”（Non-Proliferation and Disarmament Initiative）所取代，后者是一个由澳大利亚和日本共同领导的国际小组。

特别值得一提的是，对于亚洲的安全而言，控制核、化学与生物武器及其运载工具所需技术和原料的扩散十分重要，尤其在技术进步以及贸易联系变得更为复杂的情况之下。

对于澳大利亚而言，特别重要的问题是，提高相关出口控制的有效性，其中包括确保本地区更深入的参与诸如“澳大利亚集团”（Australia Group）[②] 等出口控制机制，支持诸如“防扩散安全倡议”等实际合作形式。

削减本地区核武库十分重要，因此，我们将继续敦促中国、印度、巴基斯坦、朝鲜以及美国批准《全面核禁试条约》以使该条约得以生效，我们也将敦促就《禁止生产裂变材料条约》重启停滞已久的谈判。

---

① 1995年11月，澳大利亚工党政府成立了“消除核武器堪培拉委员会”，该委员会于次年8月向澳政府提交《堪培拉报告》（the Canberra Report），并于同年9月向联合国递交了这一报告。该报告明确提出，核武器对全体人类及其生存环境构成了不能容忍的挑战，那种认为核武器可以永久保留但永不使用的说法缺乏可信度，在这种情况下，“完全安全的唯一办法就是消除核武器并确保永不再生产它们”。——译者注。

② “澳大利亚集团”成立于1985年，目的是防止生化武器扩散。该组织的参加国并不承担任何具有法律约束力的义务，其合作的有效性纯粹依赖于它们对不扩散生化武器目标的共同承诺及各自所采取的相应措施的力度。作为生化领域的多国出口管制非正式安排，“澳大利亚集团”在防止生化武器及相关物项和技术扩散方面发挥了一定积极作用。集团每年举行例会，探讨如何通过提高各参加国出口许可措施的有效性，来防止潜在的扩散分子获得研制生化武器所需的各种原料。——译者注。

作为国际原子能机构理事会的成员国，我们将与“亚太安全防护网络”(Asia-Pacific Safeguards Network)① 的地区伙伴国一道努力工作，通过训练与专业培训，促进推广核安全防护领域的最优方法。

由于导弹技术变得更复杂并可更普遍的获得，导弹扩散、尤其是反舰弹道导弹的扩散带来了特殊的挑战。地区各国有必要在导弹防御问题上展开更密切的接触。我们将与美国以及地区伙伴国合作，形成地区建设性途径以应对由无赖国家、相关技术扩散所造成的导弹威胁。

对包括小型武器及轻型武器在内的常规武器贸易进行更有效的规制，这也是有益之举。我们将支持落实全球标准以便更有效的规制该领域，例如，通过目前正处于谈判中的《武器贸易条约》(Arms Trade Treaty)。

共享的交通与通信基础设施，特别是互联网，在本地区变得更为重要。我们将与地区伙伴密切合作，强化并保护这些基础设施，同时避免对合法的商业、旅行及其它交流活动产生不必要的阻碍。这将要求我们与本国商业界以及更广泛的社会各界进行积极接触。

认识到网络空间对我国国家利益日趋重要，我们正在制定澳大利亚第一份关于网络和数字经济政策的白皮书。白皮书将提供完整的政策框架，通过将网上接触的风险最小化并增进信任，从而使澳大利亚能够充分利用数字时代所提供的种种机会。

我们将通过政策、外交以及更广泛的对话，就网络问题与商界和各团体展开合作。增进实际合作以强化网络恢复力并应对网络事故，这将变得日益重要。而这需要我们发展更为密切的地区联系，特别是发展诸如计算机应急工作组等国家机制之间的联系。

亚洲各国已经利用数字时代的各种机会。现在各国与一个开放、

---

① 成立于2009年，旨在通过共享核安全防护信息、知识及实际经验，提高核安全防护能力。——译者注。

稳定、安全的互联网利益攸关。各国完全有条件在该领域做出贡献。

互联网需要保持开放，避免不必要的政府管制。为此，同时也为了确保网上环境的稳定和安全，澳大利亚及其国际伙伴正努力制定有关网络空间行为的国际规范。我们认为，应以现存的国际法框架作为规范制定的起点。2013年，韩国将主办“伦敦议程”系列国际会议中的第三次会议，在这些会议上，各国政府、商界及其他组织将齐聚一堂，共同讨论国际网络问题以及规范的制定。

与太空相关的技术，如从太空观测地球的技术，在安全、环境以及商业利益方面日益重要。例如，在海上，来自太空的信息能够为反海盗措施、渔业执法以及环境作业提供基本数据。先进的定位系统，它高度精确并基于由美国政府支持的全球定位系统等现有系统，正在推动后勤、农业、建筑及其它部门的创新。

一些亚洲国家正在增加对太空技术的投资。例如，印度、中国和日本正执行卫星发射任务，它们还在发展独立的卫星定位系统。越南正投资6亿美元，在河内的和乐高技术园区（Hoa Lac hi-tech zone）兴建太空技术中心。

保护基于太空以及与太空有关的基础设施将变得日益必要。

澳大利亚与地区各国的联系、它的地理位置以及在太空问题上的长期参与，这些因素使得我们居于有利地位。然而，我们需要在与太空相关的地面基础设施上继续投资，利用我们的优势，确保我们的能力继续具有实质意义。

亚洲具有就安全问题展开非官方渠道外交（亦称“第二轨道外交”，Track 2 diplomacy）的浓厚传统。第二轨道外交超越各国政府，在商界、学界、非政府组织以及更广泛的社会共同体间展开，它有助于提出议程并应对各种困难的问题。第二轨道外交中有一些是正式确立的，例如在新加坡举行的年度“香格里拉对话”，它吸引了各国部长级官员的广泛参与。诸如亚太安全合作理事会（Council for Security Cooperation in the Asia-Pacific）等其他机制，已经为东盟地区论坛正式的政府间工作发挥了基础性作用。我们将继续支持澳大利亚积极参与此类对话机制。

（三）人类安全

在过去的十年，大部分武装冲突发生在国家内部而非国家之间。根据斯德哥尔摩国际和平研究所2012年发布的研究报告，在2001—2010年之间，亚洲地区只出现了一起国家间冲突（因克什米尔问题），但同期本地区每年发生5—8起国内武装冲突。国内的暴力与脆弱也能溢过国境线，破坏他国的安全，导致民众流离失所，阻碍经济发展。

亚洲安全环境的可持续性将不仅依靠传统的国家与地区防务以及集体安全途径，而且还有赖于本地区人民的人类安全状况。

亚洲地区有8.55亿人依然生活在每天1.25澳元水平线以下，他们特别容易遭遇水、能源和食品短缺，水资源、能源与食品的滥用后果也极容易影响这些民众。老龄化人口、社会内部不平等以及社会紧张关系的加剧，这些都将塑造地区安全环境。我们的政策目标将是在人类安全这一层面上建立信任。

国家目标

21. 通过发展具有可恢复力的市场以满足食品、水和能源等基本需求，本地区将更具可持续性，人类安全将得以强化。

能源、食品和水资源正承受更大的压力，与之相伴的是气候的变化，这些压力正日益相互交织、相互作用（见第二章）。旨在解决某一领域问题的政策可能对其他领域产生未曾预想的后果。能源、食品或水的短缺，又或是它们价格的上升，都能导致社会动荡，甚至造成国家间冲突。

迄今为止，对于这些问题之间的相互依赖性以及相应的平衡和协调，亚洲内部以及澳大利亚国内认识有限。例如，在一些地方，意在促进农业产出的农民用电补贴导致了对能源与地下水的过度利用。

我们认识到，有必要形成能源、食品和水安全政策并以全局、综合方式应对气候变化。调整政策环境与治理方案以解决相互依赖问题，这将需要多国联合应对。我们将优先考虑支持各种有助于更好理解各类联系与平衡方案的努力。衡量这些重要关系的基本标准需要形成政策。为此，我们将支持在亚洲实施环境会计。

从更长期来看，各类规章制度安排将需要渐进性调整，以便进行综合决策。这可能包括，各国加强联系以确保在碳、能源、食品和水等市场所实施的激励机制保持一致，从而使得各用户，而不仅仅是政府考虑到它们之间的相互依赖性。

1. 为迈向水资源更为安全的地区而努力

鉴于水资源对亚洲发展的重要性，再考虑到水资源可能导致未来政治紧张关系这一风险，我们将继续与地区合作，促进形成合理的政策以及可持续性的管理方法。

亚洲已经是水资源相对匮乏地区，本地区水问题正变得日益严重和复杂（见第二章）。提高水的使用效率将是达成地区水安全的关键所在，但是，只有在出台相应的鼓励措施时，节水政策、方法及技术才能发挥作用。

我们完全有条件与他国合作并分享我们的经验，即用市场取代集中计划分配水的方式。在管理我们的水资源，尤其在最近的旱灾中，这一做法十分关键。面对用水的机会成本，用户们以及各州政府现在正就谁应该在何处为何目的使用水进行综合决策。

澳大利亚的公司已经积累了宝贵的专门知识。我国在应对旱灾及管理水市场方面拥有丰富经验，这些经验在水循环利用和灌溉基础设施领域激发了相当多的技术创新。为澳大利亚农业而设计的系统已经在中国得到应用。我们将继续展示我们的技术，为澳大利亚创新型企业提供商业机会。

进一步鼓励节约用水，这只是有助于改善水资源管理的一种方式。我们将努力增强伙伴国政府在各个层面管理水资源的能力。这将包括与地区就水资源管理问题进行合作，尤其是在大湄公河区域以及南亚地区（见文本框8.5）。

文本框8.5：澳大利亚参与湄公河管理

在亚洲，对水资源管理的挑战日益增大，湄公河是一个典型例子。该河全长4800公里，流经柬埔寨、中国、老挝、缅甸、泰国和越南，途经各国的农业和渔业均严重依赖该河。

随着湄公河区域人口与经济的增长，对该河流的需求也在增长。最近这些年，各国已经计划修建若干大型的发电用水库及灌溉工程。这些发展态势可能会改变湄公河的流量并影响下游用户的生计。

此类计划引发了民众抗议和外交纠纷，这凸显了上游用户与下游用户之间形成折中方案的必要性。随着该流域的继续发展，折中方案变得更为紧迫。在湄公河地区，集体决策以及将整个流域通盘考虑的方针将非常重要，这有助于协调纠纷并在未来数十年中支撑水和食品安全。

相关各国已就共同方针取得进展。1995年，湄公河下游流域国家同意，通过湄公河委员会（Mekong River Commission）就管理、使用并开发各自河段进行合作。最近，缅甸已经非正式表达了加入委员会的意向。2010年，中国认识到其水电发展对下游的影响，该国现在通过一份谅解备忘录，已同意与其湄公河下游邻国拓展技术合作。

我们通过“澳大利亚湄公河水资源项目”（Australian Mekong Water Resources Program）支持这些努力。

澳大利亚已经与中国开展合作，制定河流健康情况报告卡以便于中国的政策制定，监控发展进程并提高公共意识。我们有机会推进两国在这一领域的合作，其中包括通过合作制定诸如污染者赔付体系等经济激励政策来处理水污染问题。

2. 向餐盘进发——为食品安全而合作

在亚洲地区，食品安全是人类安全的关键构成。世界2/3的不安全食品存在于亚洲地区，急速上行的价格走势可能导致政治与社会动荡。

为了给更多的、更富裕的民众提供食品，本地区将需要提高生产力并更有效地使用资源。在一些地方，这可能需要采用已经验证的农业技术和方法。在一些发展中国家还有很大的增产空间。例如，印度的大米产量只是中国的1/3。

在其他一些地方，政府和私营部门将需要寻找新的、更好的方法以增加产出，使农业适应气候变化的影响并减轻气候变化的影响。这将要求在生物科学、资源管理和农业方法上的创新。鼓励在农业研发以及新技术、新品种应用方面进行投资，这非常重要。投资研发需要很长时间才能获得收益，因此，各国必须现在就开始推进对于更耐寒、更耐旱作物种类、虫害控制以及更有效的水、肥利用等方面的研究。

澳大利亚完全有条件与地区合作以提高农业生产力。力量雄厚的教育、研究机构支撑着我们的农业技术、经济与政策，澳大利亚在这些方面拥有丰富的专门知识，能够提供技术帮助以提高农业能力。

澳大利亚的研发能力广为人知。我们将利用已有的网络，如澳大利亚国际农业研究中心（Australian Centre for International Agricultural Research，ACIAR）所具有的网络，与地区共享我们的研究能力。最近的评估表明，国际农业研究中心的项目——这些项目使得发展中国家能够获得我国农业和畜牧业的发展经验——已经为发展中国家带来约114亿澳元的收益，同时也为澳大利亚带来12亿澳元收益，而它们的总花费是2.34亿澳元[①]。现在，我们希望在2012—2013年，将大约4.55亿澳元的政府发展援助，即政府发展援助的8%，投资于农业和食品安全。

我们提高食品安全的努力不仅限于农场。对水、交通基础设施的投资，尤其是对道路、灌溉系统和水库的投资是必要的（见第二章）。这些投资有助于农民融入价值链和市场，减少食品损失和浪费。我们可以与地区伙伴交流经验教训，探讨如何鼓励更多的私营部门参与进来，以便满足日益增长的基础设施资金需求（见第七章）。

充足的国家供应只是挑战的一部分。没有任何一个国家能够在所有时期达到全面的食品自足，因此，国际贸易和有效运作的市场将是满足地区日益增长的食品需求所必需的。在双边场合及国际组织内，我们将继续反对诸如产品与出口补贴、出口限制等贸易扭曲措施，并且为食品与农业出口改善市场准入条件（见案例研究）。

3. 应对气候变化

许多亚洲国家已经认识到气候变化将对人类安全及经济发展造成威胁，他们已开始建设气候顺应能力并减少各自增长路径的排放强度。通过国家发展战略以及清洁低排的能源目标，减排政策正获得越来越多的支持。

中国和印度是亚洲最大的两个排放国，它们已经承诺减少排放量的增长。2005—2020年，中国将其碳浓度（单位GDP的碳排放量）减少40%—45%。印度承诺在同一时期将碳浓度减少20%—25%。包括日本、韩国和印度尼西亚在内的亚洲其他国家也已做出国际承诺，在2020年之前限制或减少排放量。亚洲占全球排放量的比例日益增长，该地区向低碳发展路径的转变对于全球气候变化解决方案十分关键。

① 以2008年澳元现值计算——原文注。

为激励亚洲国家采取更多的减排及适应性努力，我们已经通过援助项目提供资金援助。与其他发达国家一道，我们已承诺到 2020 年之前，每年协助筹措 1000 亿美元帮助发展中国家应对气候变化，其中许多是亚洲国家。通过共享在诸如可再生能源目标、能效标准以及海平面绘制等实际事务上的经验，能力建设获得了另一条路径，借此我们鼓励采取更多的地区性气候行动。

从全球和地区层面看，各国日益关注对碳定价的潜在发展趋势及国际碳市场进行管控，以此实现有效的、成本最低的减排。亚洲许多国家正在制定或考虑碳定价及排放权交易计划，以便在转向低碳发展路径后还能维持强劲的经济增长。

中国计划在若干城市和省份制定排放权交易计划，目标是 2015 年后在全国范围内推广。韩国已经通过有关立法，一项排放权交易计划将于 2015 年开始。日本在东京与崎玉地区实施排放权交易计划，覆盖人口达 2000 万。

与他国分享我们在碳定价方面的经验与知识将有助于在本地区建立运作有序的综合性碳市场。通过这一工作，我们也能寻找实现附加利益的方法，而这些附加利益将来自碳市场的整合。澳大利亚的减排权交易计划旨在与其他合理的减排权交易计划相联系，从而实现上述利益。在亚洲及亚洲以外地区，整合的碳市场有可能增加更多可靠的低成本减排机会。它们将刺激交易与投资，特别是在可再生能源与能效技术方面。它们还将扩大金融服务部门的机会。澳大利亚金融业拥有良好的资质，能够向整合的碳市场提供中介及咨询服务。

澳大利亚已经拥有广为人接受的机制，凭借这些机制，我们通过与对应的官员、学术机构及政策组织的联系来交流观点和经验。我们已经就排放权交易计划与中国、印度尼西亚、日本和韩国共享专业技术知识。通过诸如世界银行的“市场准备伙伴关系”（Partnership for Market Readiness）等倡议，我们还与地区邻国展开接触。

通过正式的政府间交流以及非政府间的交流，澳大利亚的观念与专业知识继续在制定新方案上发挥作用。来自澳大利亚各大学的专家与地区各国分享他们有关经济、测量、能源、政策和低碳技术的专业知识。已有的活动包括，协助印尼制定关于减缓气候变化战略的绿皮书，与中国同行就能效、低碳城市以及减排市场机制等政策选择进行合作。

尽管付出了实质性的减缓努力，但我们预计气候变化仍将对全球，包括亚洲，产生显著影响。对气候变化的适应将非常关键，适应行动能将经济、社会与环境成本降至最低。亚洲一些国家正开始行动起来。例如，中国、印度尼西亚和越南将适应气候变化作为国内政策议程上的优先考虑事项。尽管许多欠发达国家有效应对并适应气候变化的能力有限，但诸如孟加拉、柬埔寨、老挝、缅甸这些国家正在完善各自的“国家适应行动计划”（National Adaptation Action Programmes）。亚洲正在进行影响评估以调查处于危险中的部门。

我们将与他国分享适应气候变化的专门知识。在沿海地区，我们可以帮助各国确立规章框架以适应气候风险。澳大利亚企业完全有能力输出它们的沿海绘图技术、技能以及辅助工具，协助适应计划决策。例如，一些澳大利亚公司有能力采用海岸线数字海拔建模，这将使得人们可以更详细地了解气候变化的各种可能的影响。

4. 增强能源安全

由于中国和印度通过自身规模改变了全球能源体系，亚洲国家在未来数十年将会日益关注能源安全。为满足这两个经济体以及亚洲其他国家的能源需求，我们需要将鼓励技术创新与开发包括可再生能源在内的新型能源相结合，此外，还要鼓励用户寻求更有效使用能源的新方式。

本地区的许多国家已经采用能效目标、施行标准以及可再生能源目标，鼓励应用新型能源并提高能效。其他国家则正逐步转向基于市场的定价机制，以此作为刺激增进能效、缓解上行价格压力的手段。例如，印度、印度尼西亚、缅甸等国正在制定计划以取消能源补贴。这些努力以及其他提高能效的努力，提供了限制排放增长的附加利益。

通过支持伙伴国落实能效措施，澳大利亚能够与地区合作以强化这些应对行动。这包括，就最低能耗标准展开合作——在人们变得更富裕并使用更多耗能电器时，最低能耗标准被证明能提高能效。我们还可以通过"亚太经合组织能效与节能专家组"（APEC Expert Group on Energy Efficiency and Conservation）、联合国环境规划署的"启明倡议"（en. lighten initiative）[①] 继续展开工作。我们将与越南、印度尼西亚合作，支持能效标准和能效标签计划。

我们将利用既有论坛，增强在技术研发、应用及商业化方面的合作，其中包括清洁能源技术的合作。

5. 应对能源不确定性

尽管预计能源资源在2025年之前能满足全球需求，但也许会出现意外。能源安全风险将比过去更多样、更复杂——技术的变化、社会和政治动荡以及极端天气都可能瓦解能源市场。

随着全球和各国国内能源市场的演变、技术进步、能源系统融合以及能源消费模式的变迁，人们必须拓展全球和地区能源安全机制及应对机制并使其多样化。澳大利亚将通过国际能源署（International Energy Agency）开展工作，采用更为全面的途径以达到能源供应安全，其中包括更全面的使用诸如天然气及本地区主要使用的能源等各类能源资源。

6. 就自然资源管理交换看法

本地区正在探讨、制定各种方案以解决可持续性所面临的种种

① "启明倡议"（en. lighten initiative）由联合国环境规划署牵头，并获得全球环境基金下的"地球基金"的赞助，在全球范围内引导世界照明生产厂家，加快节能照明技术的市场转型。著名的全球照明生产厂家欧司朗和飞利浦公司也是该倡议的合作伙伴，——译者注。

挑战，澳大利亚能够从这些努力中学到很多。日本和韩国是世界能效领军者。中国已开始着手一项雄心勃勃的环境改革议程，它将在未来十年投资6080亿美元，用于各种节水项目。

我们与地区就可持续性问题展开合作，其中很大一部分资金来源于我们的援助预算。这带来两个彼此相关的挑战。其一是，许多有价值的合作（无论是与日本的能源合作还是与中国的水合作）不在援助范围之内。其二是，这意味着澳大利亚常常聚焦于那些能传授经验而非从中学习的合作项目。

我们必须重新考虑与地区合作的途径。这并不意味着我们需要重新思考援助预算——我们拥有完善的程序来决定资助哪些项目，不资助哪些项目。更确切的说，我们需要促进其他合作形式。

7. 提高应对自然灾害的恢复力

亚洲特别容易遭受洪水、地震、海啸、龙卷风和火山爆发等自然灾害。2004年印度洋海啸以及2011年日本地震与海啸凸显了此类灾害的严重程度以及所需应对措施的复杂性。人口增长、城市化速度、环境恶化以及气候变化引发的极端天气，这些都可能增加此类灾害的烈度，并使得该地区更容易遭受这些灾害（见图8.1）。

地区各国正日益重视减灾措施以预防或减轻此类灾害的影响。政策应对包括，在地震与洪水多发区提高建筑规范标准；为受影响地区的人们提供更准确的信息和更及时的预警；运用包括公开数据、早期预警系统、地理信息绘制系统、海量即时文本通讯等在内的新技术。

一些地区机构参与了这一工作。特别是东亚峰会，它正利用已有的东盟相关机制开展工作，改进地区灾害应对方案。

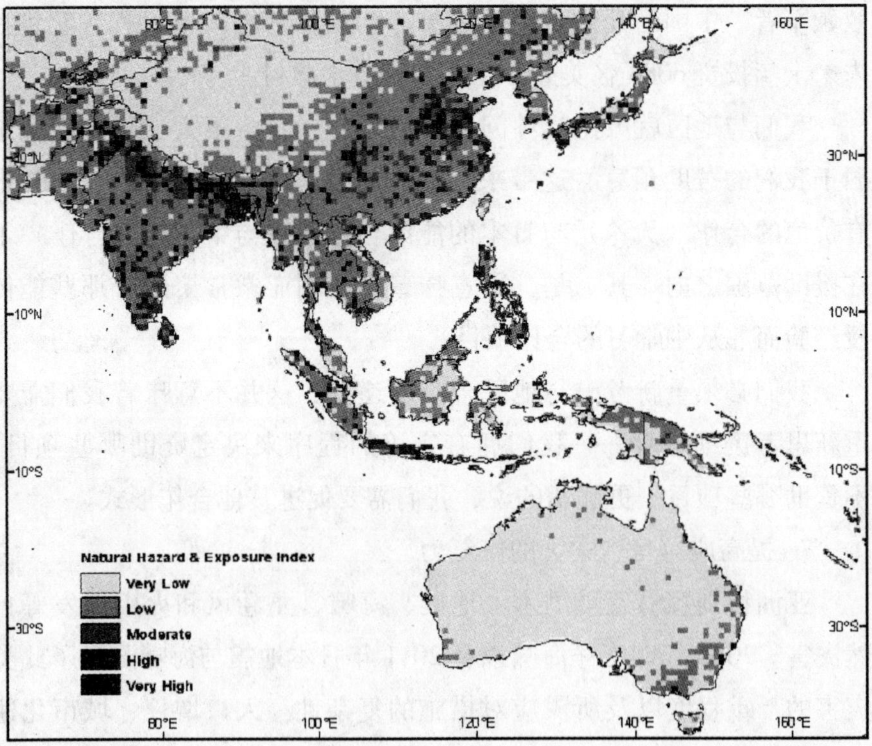

图 8.1　亚洲的自然灾害及灾害暴露指数

注：各国的自然灾害指数是通过下列计算方式获得：将 1980—2000 年间发生的龙卷风、洪水、泥石流与旱灾；1973—2007 年间发生的地震；过去 2000 年间发生的海啸；过去 1 万年间发生的火山爆发这些灾害暴露平均值相加，然后将所得结果与人口密度数据结合，最后产生总的自然灾害和灾害暴露指数。

数据来源：Miller & Weber（2012）。

凭借我们应对自然灾害的经验，我们与若干国家和组织展开接触，加强信息共享，克服提供援助时的瓶颈限制，帮助各国建立应对灾害和接受援助的能力。例如，成立于 2010 年的澳大利亚—印度尼西亚减灾研究所（Australia-Indonesia Facility for Disaster Reduction）将两国各政府机构联系在一起，同时也将各多边机构（包括联合国人道主义事务协调办公室、联合国开发计划署及世界银行）以及非政府组织聚集在一起。

我们将继续派遣包括文职人员与军人在内的整体性政府工作小组开展工作，就像我们在2008年苏门答腊大地震以及2010年巴基斯坦洪灾时所做的那样。2002、2005年巴厘岛两次爆炸案后，我们在达尔文成立了“国家重病监护与外伤治疗响应中心”（The National Critical Care and Trauma Response Centre），这是我们重要的急救行动中心。它同时也帮助亚洲培训临床医生。考虑到达尔文与东南亚相邻，驻有大量军人以及未来的发展能力，该中心大有潜力成为亚洲重要的地区性医学中心。

在一些地区国家，这其中包括澳大利亚，军人及军产在灾害应对行动中发挥着重要作用。澳大利亚的军民中心进一步促进了军民合作以管理冲突和灾难。该中心将警察、军人、民事机构、非政府组织联系起来，提高国家能力以预防并应对灾难和冲突。

继续与亚洲伙伴展开合作，维系并保护诸如《南极条约》等国际协定，这将也是极有裨益的。我们和那些与南极相关的亚洲伙伴国的关系密切，在亚洲世纪，对于保护南极地区以及开展边缘海域、生物、气候研究而言，我们之间关系的进一步发展将日益重要。澳大利亚位于霍巴特与南极洲的科研基地促进了我们与中国、日本、韩国、马来西亚、印度尼西亚以及其他伙伴国在南极科研与后勤方面的合作。通过澳大利亚的南极科学战略计划，我们能够在《南极条约》框架内促进这一合作。

8. 援助与更广泛的机构联系

我们的援助项目是对亚洲地区人类发展和人类安全提供支持的主渠道。2010年，我们将58%的援助预算投向亚洲，在经合组织发展援助委员会的所有捐赠国中，我们对亚洲的援助位列第二，仅次于韩国。在全球援助亚洲的国家中，我们排名第六。

我们主要聚焦于缓解贫困以及救助最脆弱人群，但我们是通过技能培训、强化各种机构来进行，我们同时也帮助亚洲发展经济。

鉴于原来的受援国已变为捐赠国，我们正日益与中国、韩国等亚洲其他国家接触（见图表 8.2）。来自传统捐赠国的援助从 2005 年的 450 亿美元下降到 2010 年的 250 亿美元，非传统捐赠国已经部分弥补了这中间的差额。中国提供的援助自 2005 年以来已经翻番。此外，中国还有规模更大的优惠贷款项目。印度最近宣布，它将建立“发展伙伴计划管理局”（Development Partnership Administration）以此来管理其快速增长的援助计划，2009 年印度援助计划达 6.1 亿美元。这样的“南一南”援助已经改变援助格局，因为新的捐赠国带来了那些源自其新发展经历的经验和教训。

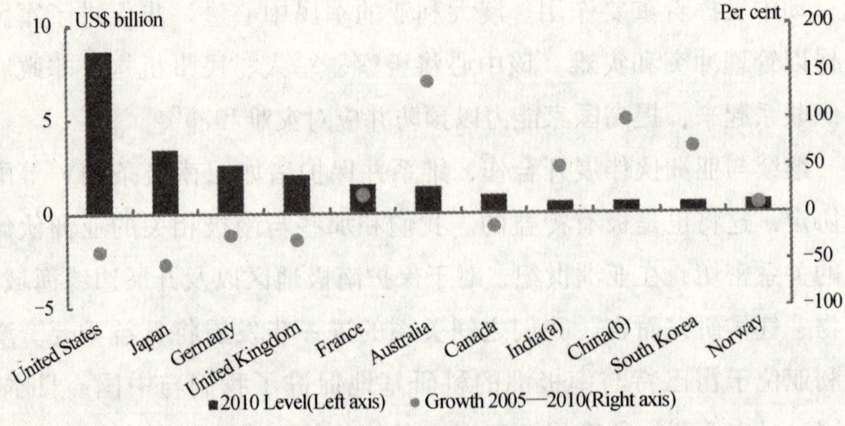

图表 8.2　对亚洲的政府发展援助

注：（a）印度可计算的援助是从 2005—2006 至 2008—2009 年度，因与经合组织发展援助委员会的标准不同，其援助额无法与他国进行严格比较，它不包括信贷额度。（b）中国可计算的援助是从 2005—2008 年，因与经合组织发展援助委员会的标准不同，其援助额无法与他国进行严格比较，它包括赠与、无息贷款以及优惠贷款补贴。包括优惠贷款及债务免除在内的援助概算将高出 1.5 到 3 倍。

数据来源：OECD（2007a and 2012a），Smith，Fordelone & Zimmermann（2010） and Information Office of the State Council（2011）.

在人类安全领域，我们建立信任的政策将致力于信息共享以及在专家间建立联系。例如，管理公共健康和跨境生物安全就需要地区各国政府与专家之间特别密切的合作。我们的生物安全改革议程认识到，过去我们采用的是援助邻国进行能力建设的途径，现在我们正转向一个新的阶段——生物安全伙伴关系以及对彼此能力和表现的相互认识。

与诸如国际劳工组织等多边机构的接触，使我们有机会加强与地区的联系，应对共同的政策挑战。2010 年，我们与国际劳工组织签署了 5 年伙伴关系协议，以此资助该组织的技术援助计划，这些计划将促进可持续发展与公平工作，例如，在数个东南亚国家改善制衣业工人的工作环境。

地区各国拥有不同的文化与历史，在追求促进尊重普遍人权这一共同目标的过程中，我们能从他国的独特经历中获益良多。

我们认识到人权与人类安全之间的种种关联。发生在本地区的事件已经表明，严重侵犯人权与威胁地区安全稳定之间存在联系。在所有社会中加强治理、安全、正义与法治，这有助于管理冲突并以非暴力方式解决冲突。我们将继续支持本地区在人权领域的对话与实际合作。我们支持诸如东盟政府间人权委员会（ASEAN Intergovernmental Commission on Human Rights）和亚太各国国家人权机构论坛（Asia-Pacific Forum of National Human Rights Institutions）等合作模式。

我们还将更加积极就更广泛的构建和平问题与地区展开接触，例如，合作帮助包括太平洋地区在内的世界其他地区的国家建设更强大、更具恢复力、更负责的国家机构。

（译者：解放军外国语学院副教授　唐笑虹）

芝加哥峰会宣言*

2012年5月20日

由参与北大西洋理事会芝加哥

会议的各国及政府首脑发布

北约成员国国家和政府首脑齐聚芝加哥，我们重申对跨大西洋纽带的承诺，评估阿富汗、科索沃及其他地区各项行动的进展并再次确认对这些行动的义务，确保北约具备必需的能力以应对各种威胁，加强我们广泛的伙伴关系。

我们各国联合起来，践行《华盛顿条约》及《联合国宪章》的宗旨与原则。在团结一致、联盟凝聚力以及我们安全不可分割之基础上，北约保持跨大西洋框架以形成强大的集体防御并为各盟国进行安全磋商与决策提供必要的讨论场所。2010《战略概念》继续指导我们在始终遵循国际法的前提下，有效履行三大核心任务。这三项任务是集体防御、危机管理与合作安全，它们都有助于保护我们的盟国。

在面临复杂的安全挑战并处于金融困境之时，我们要充分利用自身资源并继续调整我们的部队与结构，这比以往任何时候都重要。我们将继续致力于维护共同的价值观，确保北约有能力应对任何威胁我们共同安全的挑战。

---

* 原文出自 http：//www. nato. int/cps/en/natolive/official_ texts_ 87593. htm？ mode = pressrelease。

我们感谢所有那些来自盟国和伙伴国的男女勇士们，他们投身于北约领导的各项任务和行动之中。我们赞赏他们的专业技能和献身精神，同时也感谢他们的家庭与爱人给予他们的巨大支持。我们要特别感谢那些殉职或因公受伤的人们，并向他们的家庭与爱人致以深切的同情。

我们目前已采取了更多的重要措施以确保阿富汗的稳定与安全，防止阿富汗重新沦为那些威胁该国、该地区及全世界的恐怖分子的庇护所，而这也正是我们的目标所在。按照在里斯本峰会上达成的一致意见，我们正在将全部安全责任从国际安全援助部队（International Security Assistance Force，ISAF）移交至阿富汗国家安全部队（Afghan National Security Forces，ANSF），该移交过程不会逆转并将于2014年年底前完成。在此背景下，我们也认识到，综合手段、持续改善的治理与发展以及涉及成功和解与再融合的政治进程都非常重要。我们欢迎卡尔扎伊总统关于第三批开始移交工作省份的声明。第三批省份意味着75%的阿富汗人口将居住在由阿富汗国家安全部队负责安全事务的地区。到2013年年中，当第五批，也是最后一批省份开始移交工作时，我们将抵达里斯本路线图的重要里程碑，阿富汗国家安全部队将在全国范围内负责安全事务。届时，由于国际安全援助部队日益从主要聚焦于作战转移到为阿富汗国家安全部队提供训练、建议与协助，援助部队将能确保阿富汗人在适应他们新增职责时获得必要的支持。我们正在逐步地、负责地减少部队以便在2014年12月31日前结束国际安全援助部队的任务。

到2014年年末，当阿富汗政府承担全部安全职责之时，由北约领导的战斗任务将宣告结束。但是，我们将通过“与阿富汗的持久伙伴关系”（Enduring Partnership with Afghanistan），继续提供长期而有力的政治和实际支持。北约已准备就绪，一旦阿富汗伊斯兰共和国政府提出要求，我们就在阿富汗担负起2014年之后的新任务，这些任务的性质与之前的不同，主要是训练、建议并协助阿富汗国家安全部队，包括阿富汗特种作战部队。这将不是战斗任务。我们要求北约理事会立即开始后国际安全援助部队任务的军事规划工作。

2011年12月在波恩举行的阿富汗问题国际会议上，国际社会承诺在2014年之后的“转型十年”里支持阿富汗。北约将与其他行为体一道，为建立力量充足的、可持续的、能为本国提供安全的阿富汗部队而发挥作用。在此背景下，北约盟国欢迎国际社会的贡献并重申将为阿富汗国家安全部队提供财政支持。我们同时也呼吁国际社会对阿富汗国家安全部队提供长期支持。面向阿富汗国家安全部队所有组成部分的有效筹款机制及支出方案将建立在既有机制之上，融合阿富汗伊斯兰共和国政府与国际社会的努力。它们将在灵活、透明、问责、成本效益的原则指导下运行并包括各种反贪反腐措施。

在2011年12月5日的波恩会议上，阿富汗伊斯兰共和国政府承诺建立一个基于法治和善治的民主社会，尊重人权与公民的基本自由，其中包括男女平等及共同积极参与阿富汗社会事务等权利。我们重申，希望看到阿富汗政府在这个问题上取得的切实进展，包括在反贪反腐斗争上的进展。即将举行的选举必须充分尊重阿富汗的主权、符合阿富汗宪法。选举的透明度、包容性及可信性也十分重要。朝向这些目标的持续进步将促使北约国家在2014年到来之前及此后继续为阿富汗提供支持。

我们同时也强调，关于阿富汗妇女全面参与国家重建、政治、和平与和解进程以及尊重相关权利保护制度安排的必要性等问题，北约与阿富汗伊斯兰共和国政府应达成一致，这十分重要。我们也认识到，必须保护儿童，使其免遭武装冲突的伤害。

我们同时也认识到，“亚洲心脏”的安全与稳定与整个地区密切相关。有关地区安全与合作的“伊斯坦布尔进程”（The Istanbul Process)[①] ——它发起于2011年11月——反映了阿富汗及地区各国致力于在地区背景下联合行动，以确保安全、稳定和发展。地区各国，尤其是巴基斯坦，在确保阿富汗的持久和平、稳定与安全以及促进移交进程的完成上发挥重要作用。在这方面，我们准备继续与相关地区行为体展开对话与实际合作。我们欢迎北约与中亚伙伴、俄罗斯在移交安排上所取得的进展。北约将继续与巴基斯坦合作，尽快重新开放地面交通线。

我们期待明天的国际安全援助部队扩大会议。

北约将继续全心致力于巴尔干地区的稳定与安全，该地区具有重要战略意义。我们重申将全力支持科索沃维和部队，该部队将根据联合国安理会1244号决议的授权，继续采取谨慎、坚定、公正的行动。科索沃维和部队将继续支持和平、稳定及多民族科索沃的发展。科索沃维和部队将与包括欧盟科索沃法治特派团（European Union Rule of Law Mission in Kosovo，EULEX）、欧盟特别代表（EU Special Representative）在内的所有相关行为体合作，也将依照协议与科索沃当局合作，继续为维护行动自由、确保科索沃所有民众生存环境的安全而努力。我们将维持科索沃维和部队强大而可靠的能力以执行任务。如果安全形势允许，我们仍将致力于打造一支更小、更灵活的威慑力量。我们欢迎科索沃安全部队（Kosovo Security Force）在北约的监督管理下发展壮大，我们认为它已准备就绪，有能力执行其安全任务并履行职责。我们将继续寻找机会以扩展北约在科索沃安全部队中的作用。

去年，在阿拉伯国家联盟的支持下，通过联合国授权的“联合

① 2011年11月2日，阿富汗问题国际会议在土耳其伊斯坦布尔召开，会议通过了《阿富汗地区安全合作伊斯坦布尔进程》，强调了联合国在阿富汗问题上发挥的协调作用，并呼吁各国在援助阿富汗的同时尊重其主权和领土完整，——译者注。

保护者行动”（Operation Unified Protector，OUP）[①]，北约在保护利比亚平民、协助挽救数以千记的生命中发挥了关键作用。我们赞赏利比亚人民在建立一个自由民主的新利比亚这一道路上所取得的进展，这个新利比亚将充分尊重人权与各项基本自由，我们鼓励利比亚人民在此基础上取得更大进展。

我们在利比亚的成功行动再一次说明，北约能够快速有效地实施复杂行动以支持更广泛的国际社会。我们也获得了诸多重要的经验教训，它们将会融入我们的计划和政策之中。通过“联合保护者行动”，北约确立了与那些做出贡献的伙伴国、其他国际和地区组织进行协商、开展实际合作的新标准。在此背景下，我们认识到“利比亚联络小组”（Libya Contact Group）[②] 的价值所在。

北约也正通过其他行动和任务对和平与安全做出贡献：

“海洋之盾行动”（Operation Ocean Shield）是我们在非洲之角海域展开的反海盗行动，我们欢迎对该行动的授权延长2年，直至2014年。实施海上强化行动的决定将使我们能更有效的打压海盗活动范围。我们继续致力于支持国际反海盗工作，按照已达成的协议，我们将与“欧盟亚特兰大行动”（EU Operation Atalanta）[③]、第151联合特遣部队（Combined Task Force 151）[④] 以及其他海军力量合作，我们还将继续参与索马里海盗问题国际联络小组（Contact Group on Piracy off the Coast of Somalia）。我们鼓励海洋运输行业遵循国际法，

---

① 2011年3月31日，北约接管对利比亚军事行动的指挥权，实施代号为“联合保护者”的军事行动。“联合保护者”行动包括对利比亚实施武器禁运、设立禁飞区、保护平民和平民区。这一行动取代3月19日由法国、美国、英国等国发起的“奥德赛黎明”行动。——译者注。

② 2011年3月29日，在英国伦敦召开利比亚问题国际会议，会议决定成立“利比亚联络小组”，就针对利比亚采取的国际行动进行政治协调，并与利比亚各派建立联系。——译者注。

③ 2008年12月，欧盟发起了“亚特兰大行动”。这是在欧盟安全和防务政策框架下的第一个海军行动。参加“亚特兰大行动”的部队，其任务是为世界粮食计划船只和商船提供保护，并得到授权，“使用必要的措施，包括武力来威慑，阻止和干预以结束在行动领域内的海盗和武装劫掠”。——译者注。

④ 2009年1月，美国海军中央司令部成立了151联合特遣部队（CTF－151），其任务就是在亚丁湾和索马里的印度洋海域开展反海盗行动。这一任务原来由CTF－150执行。——译者注。

采取《最佳实务操作》（Best Management Practices）[①] 以及其他经证实能有效打击海盗的措施。

“积极努力行动”（Operation Active Endeavour）是我们根据盟约第五条款在地中海采取的海上行动，它有助于打击恐怖主义。我们正对该行动的未来进行战略选择评估。

一旦非洲联盟提出要求，我们将继续为其提供行动支持。我们已同意延长为非盟在索马里任务而提供的战略空运和海运支持，我们将支持包括非洲待命部队（African Stand-by Force）[②] 在内的非盟长期维和能力的发展。我们准备考虑非盟提出的有关北约提供训练协助的要求。

我们已经成功结束北约在伊拉克的训练任务，该任务有助于通过协助伊拉克安全机构进行能力建设以使该国更加稳定。

冲突地区的性暴力蔓延、缺乏保护妇女的有效机制安排、在和平进程中妇女代表名额持续不足，这些状况仍然严重阻碍持久和平的建立。我们将继续致力于全面落实《关于妇女、和平与安全的联合国安理会 1325 号决议》(United Nations Security Council Resolution 1325 on Women, Peace and Security）以及其他旨在保护和促进妇女权利、作用及参与预防和终止冲突的相关决议。按照北约/欧洲—大西洋伙伴关系理事会（NATO/Euro-Atlantic Partnership Council, EAPC）政策，北约与伙伴国一道，在实现上述决议目标上已取得重大进展。在这一方面，我们已批准了关于将联合国安理会 1325 号决议及相关决议融入北约所领导的各项行动和任务之中的《战略进展

① 其全称为《亚丁湾及索马里沿岸海区防海盗最佳实务操作》（BMP, Best Management Practices for Protection against Somalia Based Piracy）。——译者注。

② 非盟计划在实现非盟五个主要区域经济体之间平衡的同时，建立一支由五支轻型步兵旅组成的“非洲待命部队”。每个经济共同体需要从其现有的国家机构中指定某个旅级总部作为“非洲待命部队”的五个总部之一，而其他非洲国家将会根据这些总部的规模为其提供相应的支持，即某国负责提供大部分的军队，而其他国家为这支军队提供其他支持。这些旅级总部的部署工作将会由非洲本土国家的调派与外部合作伙伴（如北约、欧盟与 G8 国家）的帮助来完成。——译者注。

报告》，我们欢迎挪威为这些重要事宜而慷慨提供的北约特别代表。在此背景下，同时也是为了推进该项工作，我们已经要求北约理事会完成下列任务：继续执行《政策和行动计划》；就北约在实施行动和任务时对联合国安理会 1325 号决议的实际落实情况进行评估；在北约各项活动中进一步融入性别视角；在下次峰会呈交一份报告。

我们还将继续致力于落实有关保护受武装冲突影响儿童的联合国安理会 1612 号决议以及相关决议。我们注意到，在武装冲突中，针对儿童的威胁在增加，我们强烈谴责日益增多的征召儿童入伍、性暴力和针对性攻击等行为。北约领导的各项行动，例如在阿富汗的国际安全援助部队，正通过预先部署训练和暴力预警机制等方式，在预防、监督、打击针对儿童的暴力活动中发挥积极作用。这种方式以面向战场的实用措施为基础，展示了北约对于该问题的坚定承诺。最近，北约任命了一名与联合国就儿童与武装冲突事务进行密切对话的联系人，这同样展示了北约的坚定承诺。北约—联合国在这一领域的合作正在创造一套良好的习惯做法，它们将被融入北约的各个训练模块中，未来各项可能的行动也将对此加以考虑。

我们的行动经验已经表明，尽管军事手段是必要的，但它并不足以单独应对诸多复杂安全挑战。我们重申里斯本峰会关于综合路径的决定。为履行这些承诺，我们正在开展重要的工作以使北约对综合路径有所贡献，有关维稳及重建的重要工作也在进行中。根据里斯本峰会制定的各项原则及详细的政治指南，北约总部和盟军作战司令部（Allied Command Operations）① 都建立了适度的民事危机管理能力。

根据 2008 年 9 月的《联合国—北约宣言》，我们将继续加强与

① 2002 年，北约在布拉格峰会上决定建立两个新的战略司令部——盟军作战司令部（Allied Command Operations，ACO）和盟军转型司令部（Allied Command Transformation，ACT）。前者位于比利时，负责所有军事行动，后者位于美国，负责军队现代化。2003 年 9 月 1 日，欧洲盟军司令部（Allied Command Europe，ACE）正式更名为盟军作战司令部。——译者注。

联合国的政治对话和实际合作。自 2010 年 11 月在里斯本举行北约峰会以来，北约与联合国之间的合作与联系都得以加强，我们欢迎这些进展。这些强化的合作与联系也有助于“联合保护者行动”的胜利。

北约与欧盟拥有相同的价值观和战略利益。欧盟是北约独特且不可或缺的伙伴。按照两大组织所达成的一致以及《战略概念》的相关内容，全面强化这种战略伙伴关系在当前的严峻环境下尤为重要。北约和欧盟将继续努力加强在各项行动中的实际合作，扩大政治协商，在能力发展方面进行更全面的合作。在各项危机管理行动中，尤其是在阿富汗、科索沃和反海盗行动中，北约和欧盟本着相互增强的精神，正携手努力工作。北约认可一个更强大、更精干的欧洲防务的重要性。北约也承认非欧盟成员的北约盟国的关切并赞赏他们对增强欧盟应对共同安全挑战能力所作出的重大贡献。对于北约与欧盟的战略伙伴关系而言，非欧盟成员的北约盟国全面参与这些工作至关重要。在此背景下，按照已达成的一致，北约将与欧盟密切合作，确保我们的“灵巧防务”（Smart Defence）和“欧盟的共同分担与分享倡议”（EU's Pooling and Sharing initiatives）相互补充、相互增强。我们欢迎欧盟的各项努力，尤其是在空中加油、医疗支援、海上监视和训练等领域的努力。我们也欢迎北约的欧洲盟国和伙伴国在上述领域及其他领域的努力。我们同时也鼓励北约秘书长继续保持与欧盟高级代表的对话，以使我们的合作更加有效，我们还鼓励秘书长为下次峰会而及时向北约理事会报告。

我们继续与欧洲安全合作组织（Organisation for Security and Co-operation in Europe，OSCE）合作，尤其是在诸如冲突预防与解决、冲突后的复兴以及应对新安全威胁等领域。在拥有共同利益的所有领域，我们将致力于进一步强化政治层面和行动层面的合作。

北约拥有广泛的伙伴关系网络。我们高度重视所有北约伙伴及其对北约工作所作出的贡献，我们正在芝加哥举行的这几次伙伴关系会议就说明了这一点。伙伴关系在促进国际和平与安全方面发挥关键作用。北约的伙伴关系是合作安全的关键构成要素，而合作安全是北约的核心任务之一，北约已制定了有效的政策以增强伙伴关系。通过欧洲—大西洋伙伴关系理事会以及“和平伙伴关系”，我们已经与欧洲—大西洋伙伴国展开合作以建立自由、和平与一体的欧洲。20 年来，我们的伙伴关系推动了政治对话与切实的地区安全和防务合作，并为这些对话与合作提供了框架。我们的伙伴关系还有助于促进我们共同的价值观，使得我们能够分享专业知识与经验，同时也对完成诸多行动与任务做出了重大贡献。2011 年 4 月，在柏林召开的北约外长会议批准了《更加高效灵活的伙伴关系政策》(More Efficient and Flexible Partnership Policy)，以增强北约伙伴关系的效率。为加强北约的伙伴关系，我们将继续积极推进这一政策的落实。我们将强化欧洲—大西洋伙伴关系理事会、“地中海对话”(Mediterranean Dialogue)、“伊斯坦布尔合作倡议”(Istanbul Cooperation Initiative) 以及我们与全球伙伴的关系，同时充分利用各种灵活的合作形式。我们将进一步展开与伙伴国的政治合作与实际合作，包括在行动时的合作。我们也将让伙伴国越来越多的参与训练、教育和演习，其中包括与北约快速反应部队 (NATO Response Force) 一道训练、演习。我们将更加努力，强化与那些对安全做出重大贡献的全球伙伴的合作，与包括最新伙伴蒙古在内的相关伙伴国接触，以便建立信任、增加透明度并展开政治对话和实际合作。在此背景下，我们欢迎《澳大利亚与北约的联合政治宣言》(Joint Political Declaration between Australia and NATO)。

我们赞赏各伙伴国对于各项实际合作活动及各类支持伙伴目标的信托基金所做的贡献。我们欢迎《诚信建设进度报告》(Status Report on Building Integrity) 以及《北约诚信建设计划》(NATO's Building Integrity Programme) 所取得的进展，这一计划对提高有关国家防务部门的透明度、问责制及诚信度做出了重要贡献。

我们欢迎与13个伙伴国[①]在芝加哥召开的会议，这些国家在政治、行动与经济方面对北约最近所领导的各项行动做出了特殊贡献。这是一个典型例子，表明我们更加灵活地运用需求驱动与实际驱动方式来处理伙伴关系。与伙伴国在芝加哥召开的会议为我们提供了一个独特的机会来讨论合作经验教训，并就我们面临的共同安全挑战交换看法。在保持与伙伴国部队的相互协同与相互联系时，包括当我们并非一同参加积极行动时，联合训练和演习都将是不可或缺的。为展开进一步的讨论，我们将在合适的框架内与所有伙伴国分享此次芝加哥会议所产生的观点。

根据《华盛顿条约》第10条款，北约的大门将继续向所有欧洲民主国家开放，这些国家与北约享有共同的价值观，他们有意愿也有能力承担成员国的责任与任务，他们能够深化《华盛顿条约》的各项原则，他们的加入将有助于北大西洋地区的安全。基于这些考虑，我们将通过积极的评估，依照每个国家的长处，保持每个有志于加入北约的伙伴国的入盟进程。对于那些希望依照之前布加勒斯特、斯特拉斯堡—凯尔及里斯本峰会决定而加入北约的伙伴国，我们重申对他们融入欧洲—大西洋的坚定承诺。我们欢迎这4个伙伴国所取得的进展，鼓励他们继续执行那些必要的决定与改革，实现其欧洲—大西洋抱负。就我们自身而言，我们将继续向有志于加入北约的伙伴国提供政治支持和实际支持。北约的扩大对于各盟国的安全做出了实质性贡献。进一步扩大的前景以及合作安全精神将继续在更广泛的欧洲地区促进稳定。

我们重申在2008年布加勒斯特峰会所达成的一致意见，正如我们在随后各峰会上所做的那样，邀请前南斯拉夫的马其顿共和国[②]加入北约——一旦就该国国名问题在联合国框架内达成双边可接受的

① 澳大利亚、奥地利、芬兰、格鲁吉亚、日本、约旦、韩国、摩洛哥、新西兰、卡塔尔、瑞典、瑞士与阿拉伯联合酋长国。——原文注。

② 土耳其按照马其顿宪法称其为马其顿共和国。——原文注。

解决方案。我们强烈敦促为实现此目标而加倍努力。尽早的解决方案以及随后该国的成员资格将有助于地区的安全与稳定。我们鼓励立即展开谈判，并希望问题尽快得以解决。我们欢迎，并继续支持前南斯拉夫的马其顿共和国所进行的改革，鼓励其继续落实各项改革措施。我们还鼓励该国继续努力建立多民族的社会。我们赞赏前南斯拉夫的马其顿共和国对我们各项行动所做出的实质性贡献以及它在地区合作活动中的积极作用。我们重视该国在入盟进程中所付出的持续努力。

我们欢迎黑山共和国为成为北约成员而取得的重要进展，我们也欢迎它对西巴尔干地区以及地区以外安全所做的贡献，其中包括它在地区合作活动中的积极作用及参与国际安全援助部队的举动。我们欢迎黑山共和国国内越来越多的民众支持该国成为北约成员，我们将继续协助这一进程。黑山积极参与“成员国行动计划”（Membership Action Plan，MAP）进程，这展示了它加入北约的坚定承诺。黑山已经成功实施重大的政治、经济和防务改革，我们鼓励它在此道路上继续前进，继续向北约靠近。我们将通过积极评估，保持黑山入盟进程。

我们继续全力支持波斯尼亚与黑塞哥维那入盟愿望。我们欢迎最近几个月所取得的重大进展，其中包括建立波斯尼亚与黑塞哥维那部长委员会、2012年3月9日达成政治协定、同意将固定防务财产登记为国家财产。这些进展表明了波斯尼亚和黑塞哥维那推进改革进程的政治意愿，我们鼓励该国所有政治行为体继续开展建设性工作，为融入欧洲—大西洋而推进必要的改革。2010年4月，北约塔林外长会议为全面参与“成员国行动计划”进程设定了条件，而有关防务和国家财产的政治协定是达成该条件的重要一步。我们欢迎这些初步的落实措施，同时也敦促波斯尼亚与黑塞哥维那的政治领导人继续努力，开展建设性工作，毫不拖延的落实协定，尽快启动第一轮“成员国行动计划”。北约将继续跟进落实进程，同时将协助波斯尼亚与黑塞哥维那改革。我们赞赏波斯尼亚与黑塞哥维那对北约所领导的各项行动所做的贡献，也赞赏其在地区与国际安全中的建设性作用。

在2008年布加勒斯特峰会上，我们同意格鲁吉亚加入北约，现在我们重申那一决定的所有要点以及其后各项相关决定。北约—格鲁吉亚委员会与格鲁吉亚“年度国家计划”（Annual National Programme，ANP）在监督管理布加勒斯特峰会所启动的进程上发挥着关键作用。自布加勒斯特峰会以来，格鲁吉亚一直通过改革、执行“年度国家计划”、在北约—格鲁吉亚委员会中积极与北约进行政治接触等方式以实现其融入欧洲—大西洋的抱负，我们欢迎它所取得的进展。在此背景下，我们已同意通过进一步强化政治对话、实际合作及互通性等方式，加强格鲁吉亚与北约的联系。我们将继续鼓励并积极支持格鲁吉亚正在实施的各项必要改革，其中包括民主、选举、司法、安全及防务改革。我们强调在2012、2013年举行自由、公正与包容性选举的重要性。我们赞赏格鲁吉亚对欧洲—大西洋安全所做出的实质性贡献，特别是它向国际安全援助部队提供的军力在非北约参与国中排名第二。

我们重申将继续支持格鲁吉亚在其国际承认的边界内的主权和领土完整。我们欢迎格鲁吉亚全面遵守经欧盟调停产生的停火协议并采取其它建立信任的单边措施。我们欢迎格鲁吉亚不使用武力的承诺，呼吁俄罗斯做出回应。俄罗斯承认格鲁吉亚的南奥塞梯和阿布哈兹地区为独立国家，我们继续呼吁俄罗斯收回该承认。我们鼓励日内瓦会谈参与各方发挥建设性作用，继续与欧洲安全合作组织、联合国、欧盟密切合作，在国际承认的格鲁吉亚领土内寻求和平解决冲突。

北约各国外长们正在芝加哥与前南斯拉夫的马其顿、黑山、波斯尼亚和黑塞哥维那、格鲁吉亚等国的外长们开会，评估他们各自的进程，规划未来的合作，就包括参与伙伴关系活动及对行动的贡献等事宜与伙伴国交换看法。我们感谢这些有志于入盟的伙伴国，因为他们正在为北约所领导的各项行动做出重要贡献，这些贡献表明他们致力于我们共同的安全目标。

在具有重要战略意义的西巴尔干地区，民主价值观、地区合作和睦邻关系对于持续和平和稳定非常重要。该地区已取得的进展鼓舞了我们，这些进展包括各种地区合作形式。我们将继续积极支持该地区融入欧洲—大西洋的愿望。我们将与该地区伙伴国一道，通过各种地区合作形式，为维持地区和国际和平作出积极贡献。

我们继续支持塞尔维亚融入欧洲—大西洋。我们欢迎塞尔维亚在与北约建立更牢固的伙伴关系方面取得的进展，我们鼓励贝尔格莱德在此道路上继续前进。北约准备继续深化与塞尔维亚的政治对话与实际合作。我们将继续协助塞尔维亚的改革工作并鼓励其深化改革。

我们呼吁塞尔维亚支持在科索沃进一步巩固和平与稳定的各项努力。当科索沃维和部队及欧盟科索沃法治特派团实施各自授权行为时，我们敦促所有相关各方与他们全面合作，对他们的行动而言，无条件的行动自由是必须的。我们敦促贝尔格莱德和普里什蒂纳充分利用获得的机会，尤其是通过欧盟促成的对话，促进地区和平、安全与稳定。我们欢迎在欧盟促成的贝尔格莱德—普里什蒂纳对话中所取得的进展，其中包括《地区合作协定》与IBM技术草案。他们之间的对话以及该地区融入欧洲—大西洋是西巴尔干安全与稳定得以持续改善的关键。我们呼吁双方全面落实既有协议，在所有悬而未决问题上继续探索，其中包括完成电信和电气补充协定。我们欢迎业已取得的进展，鼓励在科索沃为巩固法治继续努力并开展其他改革工作。

一个独立、主权完整、稳定且坚定致力于民主与法治的乌克兰是欧洲—大西洋安全的关键。在纪念《北约—乌克兰特别伙伴关系宪章》（NATO-Ukraine Charter on a Distinctive Partnership）签订15周年之际，我们欢迎乌克兰致力于增强与北约的政治对话和互通性，同时欢迎该国对北约所领导的各项行动所做出的贡献及其新近提出的各项提议。我们注意到2012年3月乌克兰高浓缩铀的减少，这表明其致力于不扩散活动。回顾我们在布加勒斯特和里斯本峰会上就乌克兰和“开放政策”（Open Door policy）所做出的相关决定，北约准备继续发展与乌克兰的合作，并在北约—乌克兰委员会和“年度国家计划”框架下协助该国实施改革。注意到《北约—乌克兰宪章》和“年度国家计划”中所包含的各项原则与承诺，我们关注下列情形：选择性的司法适用、看似政治性因素导致的起诉，包括对那些反对派领导人的起诉以及他们的拘留状况。我们鼓励乌克兰解决司法系统现存的缺陷，确保充分遵循法治及遵守该国参与签署的各项国际协议。我们同时也鼓励乌克兰在今年秋天确保举行自由、公正和包容性的议会选举。

北约—俄罗斯合作具有战略重要意义，因为它有助于创造和平、稳定和安全的公共空间。我们仍然决心与俄罗斯一道，以《北约—俄罗斯基本文件》（NATO-Russia Founding Act）[①] 和《罗马宣言》的各项目标、原则与承诺为基础，在欧洲—大西洋地区建立具有包容性的持久和平。我们希望看到北约与俄罗斯建立真正的战略伙伴关系，我们将作出相应努力并期待来自俄罗斯的回应。

今年，我们纪念北约—俄罗斯理事会成立10周年以及《北约—俄罗斯基本文件》签署15周年。我们欢迎这些年来与俄罗斯合作所取得的重要进展。与此同时，我们在一些特定问题上看法不一，我们有必要增进信任、提高相互透明度与可预测性，以实现北约—俄罗斯理事会的全部潜能。在此背景下，就俄方提出打算在靠近北约边境地区进行军事部署一事，我们计划在理事会里向俄方表达我们

① 签署于1997年5月，全称为《北约—俄罗斯关于相互关系、合作与安全的基本文件》（NATO-Russia Founding Act on Mutual Relations，Cooperation and Security），该文件为北约与俄罗斯之间的关系正式奠定了基础。——译者注。

的关切。我们牢记那些支撑理事会的目标、原则和承诺，在此坚实基础上，我们敦促俄罗斯实现于2008年8月12日和9月8日经欧盟斡旋而做出的有关格鲁吉亚的承诺。① 我们继续关注俄罗斯加强在格鲁吉亚领土上的军事存在，继续呼吁俄罗斯确保人道主义援助与国际观察人士的自由进入。

北约和俄罗斯拥有共同的安全利益、面临共同的挑战，我们实际取得的成绩反映了这一现实。今天，我们继续重视北约—俄罗斯理事会的重要作用，将其视为就包括意见不一问题在内的各项事宜开展坦诚政治对话的论坛，以及促进实际合作的场所。我们与俄罗斯就阿富汗相关问题的合作——特别是俄罗斯为支援国际安全援助部队而提出的双向运输计划、共同训练来自阿富汗、中亚和巴基斯坦的反麻醉剂人员、用以支持阿富汗国家安全部队关键需求的北约—俄罗斯理事会直升机保养维护信托基金——反映了我们在该地区建立和平与稳定的共同决心。北约—俄罗斯已经拓展反恐合作，理事会首次军民反恐演习所得到的经验教训以及正在开展的理事会航空反恐项目所提供的能力将让所有理事会国家获益。我们也满意的注意到，我们在非洲之角海域的反海盗合作日益增多。我们承诺并期望，在防务事务、战略、准则、包括欧洲非战略核武器在内的军事态势、军事演习、军控与裁军等问题上进一步增进信任，提高彼此透明度，我们邀请俄罗斯与北约进行接触，就建立覆盖上述事宜的信任措施展开讨论。

地中海与更广阔的中东地区正经历着前所未有的变化，值此之际，北约致力于加强并发展与地区国家的伙伴关系，我们和这些国家面临同样的安全挑战、拥有同样的和平、安全和稳定目标。北约支持该地区人民对于民主、个人自由和法治的渴望，这些价值观也

① 以法国总统2008年8月16日的信件以及其后就该问题进行的后续通信为补充。——原文注。

构成我们联盟的基础。

利比亚危机展示了与地区伙伴合作的益处。它也展示了北约与诸如海湾合作委员会、阿拉伯国家联盟等地区组织展开经常性磋商的价值。

北约准备通过“地中海对话”、“伊斯坦布尔合作倡议”、双边磋商和“28 + N”等形式，就共同关心的安全事务进行更为经常的磋商。我们重申对“地中海对话”、“伊斯坦布尔合作倡议”及构成它们基础的各项原则的承诺,“地中海对话”和“伊斯坦布尔合作倡议”将继续作为两个相互补充但又截然不同的伙伴关系框架。在诸如安全机制建立、防务现代化、能力发展、军民关系等领域，一旦伙伴国提出要求，我们也准备考虑向它们提供支持。个性化项目将使我们能够有针对性的聚焦于各伙伴国的优先考虑事宜。

“地中海对话”有助于加强相互了解、政治对话、实际合作及互通性。我们欢迎摩洛哥发起的倡议，为“地中海对话”制定一个新的政治框架文件。我们期望与“地中海对话”伙伴一道，迅速开始制定这一文件。我们鼓励“地中海对话”伙伴国主动利用由北约伙伴关系提供的各种机会。“地中海对话”将继续向地区其他国家开放。

利比亚宣称对深化与北约联系感兴趣，我们对此表示欢迎。我们准备迎接利比亚成为伙伴国，如果它希望如此。从这一前景看，“地中海对话”自然成为这一伙伴关系的框架。一旦利比亚提出要求，我们准备视具体问题而定，在北约能发挥作用的领域考虑向利比亚提供援助。北约的活动将主要聚焦于安全与防务部门改革，同时也重视其他国际努力。

我们将加强在“伊斯坦布尔合作倡议”内的政治对话和实际合作。科威特提出将“伊斯坦布尔合作倡议”地区中心设在该国，我们热烈欢迎科威特的慷慨举动。“伊斯坦布尔合作倡议”地区中心将有助于我们更好的理解共同安全挑战并讨论如何并肩应对。我们鼓励“伊斯坦布尔合作倡议”伙伴国主动利用北约伙伴关系所带来的各种机会。我们将保持开放，继续接收新的成员国。

我们对叙利亚问题的关注日益增长，正密切跟踪危机的演变发展状况。我们强烈支持联合国与阿拉伯国家联盟的各种努力，其中包括全面落实“安南六点计划”，以寻求找到危机的和平解决方案。

我们欢迎在伊拉克取得的进展。现在在伊拉克建立的北约过渡小组（NATO Transition Cell）正帮助发展我们的伙伴关系。

我们构想了一个和平的欧洲—大西洋地区，而发生在南高加索和摩尔多瓦共和国的地区冲突持续不断，继续成为北约严重关注的事宜。就德涅斯特河东岸问题以“5+2”形式重新展开的对话提出了建设性途径，我们对此表示欢迎，我们鼓励有关各方的进一步努力。对于所有这些冲突，我们敦促有关各方增强和平解决冲突的政治意愿，进行建设性接触，尊重现在谈判形式。我们呼吁各方避免采取破坏地区安全与稳定的措施。我们仍致力于支持亚美尼亚、阿塞拜疆、格鲁吉亚及摩尔多瓦共和国的领土完整、独立和主权，我们还将以国际法、《联合国宪章》及《赫尔辛基最后文件》（Helsinki Final Act）[①] 各项原则、规范为基础，继续支持和平解决这些地区冲突的各项努力。

对欧洲—大西洋安全而言，黑海地区仍然十分重要。我们欢迎本着透明、互补和包容精神，通过有效利用现有各项倡议和机制，在巩固地区合作和所有权方面所取得的进展。我们将酌情继续支持基于地区优先考虑事宜的各项努力，支持黑海国家之间以及他们与北约之间的对话和合作。

网络攻击数量继续显著增长并演化得日益复杂。我们重申里斯

---

① 该文件全称为《欧洲安全与合作会议赫尔辛基最后文件》（Helsinki Final Act of the Conference on Security and Co-operation in Europe），包括美国、苏联和欧洲国家在内的35个国家于1975年8月1日签署。——译者注。

本峰会上做出的网络防御承诺。继里斯本峰会后，去年我们通过了《网络防御概念、政策和行动计划》（Cyber Defence Concept，Policy，and Action Plan），现在这一政策计划正得以落实。以北约现有能力为基础，“北约计算机事故反应能力”（NATO Computer Incident Response Capability，NCIRC）具备“完全作战能力”（Full Operational Capability，FOC）所需的关键要素——其中包括对大多数网址和用户的保护——将于2012年年底部署到位。我们已承诺提供资源并完成必要的改革以使所有北约机构在集中的网络保护之下，从而确保强化后的网络防御能力能保护我们在北约的集体投资。我们将继续促进网络防御措施融入北约的体系结构与各程序之中。就单个国家而言，我们将继续通过北约防务规划流程等方式确认并提供国家网络防御能力，这些能力将增强北约的合作与互通性。我们将进一步增强能力，以便预防、侦测、抵御网络攻击并从攻击中恢复。为应对网络安全威胁并增强我们的共同安全，我们将视具体情况与相关伙伴国及国际组织，特别是与欧盟、欧洲委员会（Council of Europe）①、联合国以及欧洲安全合作组织进行接触，加强实际合作。我们也将充分利用爱沙尼亚的卓越网络防御合作中心（Cooperative Cyber Defence Centre of Excellence）所提供的专门知识技能。

我们将继续密切关注核武器、其他大规模杀伤性武器及其运载工具的扩散。按照《核不扩散条约》目标，我们希望为无核世界创造必要的条件，而扩散威胁我们这一共同愿望。我们与联合国安理会一道，严重关注伊朗的核项目，我们呼吁伊朗全面履行所有国际

① 欧洲委员会（Council of Europe）是维护欧洲民主、人权和法治的区域性国际组织，总部在斯特拉斯堡，于1949年5月5日在伦敦成立，原为西欧10个国家组成的政治性组织，现已扩大到整个欧洲范围。其宗旨是保护欧洲人权、议会民主和权利的优先性；在欧洲范围内达成协议以协调各国社会和法律行为；促进实现欧洲文化的统一性。

欧洲理事会（European Council）是欧盟首脑级的议事、决策机构，负责确定欧盟总体的政治方向和优先领域，由各成员国和政府的首脑，欧洲理事会的主席以及欧盟委员会的主席组成，一般实行协商一致原则。《里斯本条约》将欧洲理事会确定为欧盟的正式机构。——译者注。

义务，其中包括联合国安理会及国际原子能机构理事会的所有相关决议。我们进一步呼吁伊朗与国际社会合作，让国际社会相信其核项目的和平性质，相信其遵循《核不扩散条约》义务。我们支持当前通过外交手段解决伊朗核问题的方案，同时鼓励以“P5 +1”以及“伊朗对话”形式展开的持续接触进程。我们密切关注朝鲜民主人民共和国的扩散活动，呼吁该国以彻底、可核查、不可逆的方式，停止所有与其现有核武器和弹道导弹项目相关的活动，全面履行联合国安理会的所有相关决议以及国际义务。我们强烈谴责朝鲜人民民主共和国于2012 年4 月13 日使用弹道导弹技术进行的发射行为。我们要求朝鲜全面遵守并履行《核不扩散条约》以及《国际原子能机构保障协议》（International Atomic Energy Agency Safeguard Agreement）补充议定书，我们要求朝鲜全面落实联合国安理会 1540 号决议并欢迎在 1977 号决议下展开进一步工作。我们还呼吁所有国家加强本国国境内核材料的安全性，正如我们在 2012 首尔核安全峰会上所呼吁的那样。我们将继续落实《北约防止大规模杀伤性武器扩散并抵御化学、生物、放射性及核威胁的战略级政策》（NATO's Strategic-Level Policy for Preventing the Proliferation of WMD and Defending Against Chemical，Biological，Radiological and Nuclear Threats）。我们将确保北约具备适度的能力，包括规划、训练和演习能力，以应对化学、生物、放射性及核攻击。

任何形式的恐怖主义行为都是不能容忍的，也无法被证明是正当的。我们对所有因恐怖主义行为而丧失的生命深表悲痛，并向受害者致以深切的同情。我们重申，将以毫不动摇的决心，遵循国际法与《联合国宪章》各项原则，坚决打击恐怖主义。今天，我们已经批准《北约反恐政策指南》（NATO's Policy Guidelines on Counter-Terrorism），并且要求北约理事会准备制定行动计划，通过各种倡议以增强我们对威胁的感知、提升我们的能力、加强相互接触，进一步强化北约预防、威慑恐怖主义并对其作出反应的能力。

稳定可靠的能源供应，多样化的运输线、供应者和能源资源，以及能源网络间的互联性，这些仍然十分关键。尽管这些问题主要是各国政府的职责所在，也是其他国际组织所关注的事宜，但北约也密切跟踪能源安全领域的相关发展状态。今天我们已经提及，有一份进度报告概述了自上次峰会以来我们所采取的实质性措施并描绘了如何进一步将能源安全考虑酌情融入北约各项政策与活动之中。我们将继续就能源安全展开磋商，聚焦于北约能发挥作用的领域，进一步开发能力以有助于能源安全。为此，我们将致力于大幅度提高部队的能效；增强我们对于关键能源基础设施防护的支援能力；与伙伴国协商时视具体情况扩大合作范围。我们欢迎在立陶宛建立由北约授权的“卓越能源安全中心”（Energy Security Centre of Excellence）这一提议，它促进了北约在该领域的工作。我们要求北约理事会，根据在布加勒斯特峰会上达成一致的原则与指南、新战略概念提供的指导以及里斯本各项决定，更加准确地界定北约在能源安全领域的作用。我们责成北约理事会为下次峰会提供进一步的进度报告。

关键的环境与资源限制条件包括了健康风险、气候变化、水资源缺乏以及增长的能源需求，这些将进一步塑造北约所关注地区的未来安全环境，它们也将有可能极大地影响北约的计划与行动。

在里斯本峰会上，我们要求对北约在威慑与防御所有威胁方面的整体态势进行评估，评估时要考虑演变的国际安全环境中所发生的种种变化。我们今天已经批准并公布了威慑与防御态势评估的结果。北约致力于维持核能力、常规能力与导弹防御能力的适当比例以实施威慑和防御，从而落实《战略概念》所作出的承诺。北约各盟国将遵循《战略概念》及现有军控条约和框架，继续支持军控、裁军与不扩散努力。

我们将确保北约继续具备必要的能力以执行《战略概念》中所

承诺的基本任务。为此，我们已就单独的《芝加哥防务宣言》（Chicago Defence Declaration）达成一致，签署批准了《芝加哥峰会防务建议》（Defence Package for the Chicago Summit），勾勒了迈向北约2020 部队这一目标的愿景与路径。

我们欢迎北约理事会最近做出的关于继续在波罗的海各国实施"北约空中管制任务"（NATO Air Policing Mission）的决定，我们赞赏波罗的海各国政府最近就强化东道国对任务参与国支持所做出的承诺。各盟国将继续致力于执行这一任务，它也是实践"灵巧防务"的实例。这一和平时期的任务以及其他的北约空中管制安排清晰表明，北约一直致力于集体防御和联盟团结。

北约近期的行动经验还表明，北约部队快速、无缝的一致行动能力是胜利的关键所在。因此，我们将通过扩展的教育、训练和演习以确保北约部队保持良好的联系。遵循北约对透明度的承诺，同时也期望得到相应的回应，这些活动将视具体情况允许伙伴国的参与和观察。在此背景下，我们特别重视明年北约快速反应部队"不变的爵士乐"（Steadfast Jazz）演习，该演习将与其他演习一道，有助于提高北约部队在联盟领土范围内以及更大范围的危机管理行动中协同行动的能力。

弹道导弹扩散对北约形成的威胁日益增大，我们将继续关注这一问题。在里斯本峰会上，我们决定发展北约弹道导弹防御能力以执行集体防御的核心任务。这一能力旨在以盟国安全不可分割性、北约团结一致、平等分担风险与负担及合理挑战等原则为基础，将威胁程度、支付能力及技术可行性等因素考虑在内，依照北约已认可的最新共同威胁评估，为北约的所有欧洲盟国民众、领土与部队提供全面的覆盖与保护，抵御因弹道导弹扩散所造成的日益增大的威胁。一旦国际努力减少了弹道导弹扩散所造成的威胁，北约导弹防御能够并愿意做出相应调整。

导弹防御能够补充核武器的威慑作用，但它不能替代核武器。

这一能力是纯防御性的。

今天我们高兴地宣布，我们已具备“临时性北约弹道导弹防御能力”（Interim NATO BMD Capability）。依据里斯本决定，它将迈出具有作战意义的第一步，利用已有手段提供最大限度的覆盖，迅速有效保护包括北约的南欧盟国在内的各盟国民众、领土和部队，抵御弹道导弹攻击。我们的目标仍然是，以各国志愿加入——包括各国自行投资拦截器和感应器、北约在有关国家的部署安排——以及“主动分层式战区弹道导弹防御”（Active Layered Theatre Ballistic Missile Defence，ALTBMD）能力扩展为基础，为北约提供有效的弹道导弹防御能力，全面覆盖、保护北约所有欧洲盟国的民众、领土和部队。只有“主动分层式战区弹道导弹防御”的指挥控制系统及其扩展到领土防御的部分才能使用共同基金。在此背景下，北约在土耳其部署了早期预警雷达。我们注意到导弹防御合作的潜在机会，鼓励各盟国通过多国合作等方式提供相关能力，同时利用在计划、开发、采购和部署方面可能产生的增效作用。

对于北约所有行动而言，我们将确保各盟国对依照“临时性能力”所采取的军事行动实行全面政治控制。考虑到弹道导弹飞行时间短暂，北约理事会同意预先安排设定好指挥控制规则和程序，这些规则程序将考虑到实施与覆盖和保护需求相匹配的拦截行动的各项后果。我们已责成北约理事会定期评估北约弹道导弹防御能力的落实情况，要求理事会在外长和防长会议之前完成评估，并在下次峰会前就能力发展进度及未来发展要应对的问题准备一份综合报告。

北约仍然准备视具体情形与第三国展开接触，以此提高透明度和相互信任，增加弹道导弹防御的有效性。考虑到我们与俄罗斯拥有共同的安全利益，我们将继续致力于本着互信、互惠的精神开展导弹防御合作，如最近的北约—俄罗斯理事会战区导弹防御演习（NRC Theatre Missile Defence Exercise）。通过北约—俄罗斯理事会正在进行的各项努力，我们寻求决定如何将北约与俄罗斯彼此独立的导弹防御系统相协调，以增强欧洲安全。我们期待联合建立拟议中的北约—俄罗斯导弹数据融合中心（NATO-Russia Missile Data Fusion Centre）及计划作战中心（Planning Operations Centre），以实现导弹防御合作。我们提议制定透明度机制，该机制的基础是就当前北约和俄罗斯各自的导弹防御能力进行经常性信息交换。此类实质性导弹防御合作是最佳方式，能为俄罗斯提供它所需要的有关北约导弹防御计划和能力的保证。在这一点上，我们今天重申，北约在欧洲的导弹防御不会破坏战略稳定性。北约导弹防御不针对俄罗斯，不会破坏俄罗斯的战略威慑能力。北约的导弹防御意在防范那些源自欧洲—大西洋地区以外的潜在威胁。针对北约导弹防御系统，俄罗斯就可能采取的措施不断发表申明，尽管我们对此表示遗憾，但我们仍然欢迎俄罗斯继续对话的意愿，希望就未来导弹防御合作框架达成协议。

我们仍然致力于常规武器控制。签署批准《欧洲常规武装力量条约》（Conventional Forces in Europe，CFE）① 的北约盟国重申，一旦俄罗斯联邦重新全面履行条约义务，北约相关国家将取消 2011 年 11 月做出的停止对俄履行特定条约义务的决定。北约各盟国将继续全面履行对其他所有条约国的义务。各盟国决定，以关键原则和承诺为基础，保留、加强欧洲常规武器控制机制并使其现代化，并且

① 《欧洲常规武装力量条约》（Conventional Forces in Europe Treaty，CFE）又称《欧洲常规裁军条约》，1990 年 11 月 19 日由北约 16 个成员国和华约 6 个成员国首脑签署，是二战后两大军事集团签署的第一个常规裁军条约。1999 年 11 月，第六次欧安组织首脑会议通过了《欧洲常规武装力量条约修改协议》。2007 年 7 月 14 日，俄罗斯总统普京签署命令，决定暂停执行《欧洲常规武装力量条约》以及与其相关的国际协议。11 月 30 日，普京签署了暂停执行《欧洲常规武装力量条约》的联邦法案。俄罗斯有关暂停执行《欧洲常规武装力量条约》的法案于 12 月 12 日正式生效。根据法案，自 12 日起，俄罗斯将暂停提供常规武器相关信息，并拒绝接受核查；在此期间，俄罗斯在发展常规武器方面将不受限制，何时恢复执行这一条约将由总统决定。2011 年 11 月 22 日美国国务院发表声明，宣布美国停止对俄罗斯履行《欧洲常规武装力量条约》规定的某些义务。——译者注。

继续为此研究探索各种概念计划。

在里斯本峰会上，我们已就一份雄心勃勃的改革计划达成一致。对于确保北约迅速有效执行《战略概念》、《里斯本宣言》及我们今天批准的《防务能力宣言》（Declaration on Defence Capabilities）中提及的各项极具挑战性任务而言，这一改革计划至关重要。为此，我们将在以下几方面努力：

北约指挥结构。我们正在落实一个更精简、更有效、更经济的北约指挥结构，第一阶段工作在2012年初见成效。我们正大幅削减下属司令部的数量以及和平时期的人员和机构数量，2015年将全面完成这项工作。

北约总部。我们已将国际职员（International Staff，IS）与国际军事参谋（International Military Staff，IMS）之间的一些业务进行了合理的调整。2016年我们将建成新的总部，这为我们更高效、更有效地支持北约工作提供了独特机会。我们欢迎正在对国际职员进行的评估以及即将到来的对国际军事参谋的评估。我们期待这些改革与各国正在实施的此类改革相一致。这一全面改革的重要组成部分将是评估我们的工作重点及国际职员与国际军事参谋开支情况，确认哪些活动不再需要，以便提高效率、节约开支。北约军事委员会将以合适方式介入评估。

北约机构。现有北约机构功能与业务的合并与精简正在进行之中，新的负责支援、通信与信息、采购的北约机构将于2012年7月1日成立。在未来两年中，随着机构逐渐成熟，这些新机构的主管将厉行节约，最大限度地提高效率。

资源管理。在对北约资源管理进行的改革中，我们在项目制定、透明度、问责及信息管理等领域已取得实际进展。这些改革正使北约的资源和财政管理变得更加高效，有助于我们将资源与需求相匹配。在此背景下，我们将继续改革我们的结构和程序，包括更好地使用预算，以便进一步提高效率。

我们期待在下次峰会前就这些改革的进展给出更深入的报告。

我们感谢东道主美国政府以及芝加哥人民的慷慨大方。在芝加哥峰会上做出的决定将强化我们的共同承诺，加强我们的能力与合作，同时也将为未来而巩固联盟。

（译者：解放军外国语学院副教授　唐笑虹）

关于《防务能力的峰会宣言：迈向2020年的北约部队》*

2012年5月20日发布

1. 我们作为联盟的领袖，决心保证北约继续拥有并且开发必要的能力，以执行其基础的核心任务——集体防务、危机管理和合作安全，并因此在全世界促进安全方面扮演重要角色。我们必须要承担起这项责任，同时还要应对尖锐的财政危机，并且对不断演进的地缘战略挑战作出反应。北约使我们获得了极大的安全，这种安全比任何一个国家单独行动所能获得的都要大。我们重申，强有力的跨大西洋联系和联盟团结具有持续的重要性；并且还重申，分担责任、角色和风险，以迎接北美和欧洲盟友共同面对的挑战，同样具有重要意义。我们认识到了更为强健、能力更强的欧洲防务的重要性，并且欢迎欧盟采取努力来加强其应对共同安全挑战的能力。这些努力本身就是对跨大西洋联系的重要贡献。

2. 北约的力量来源于盟友们的部队——来源于他们的训练、装备、互通性和经验，这些部队由我们一体化的指挥结构聚集在一起并且受到指挥。我们的部队在利比亚、阿富汗和巴尔干，以及在与海盗作斗争中取得了成功。这鲜活地说明，北约部署并维持军事力量来保卫我们的人民的安全，并且为国际和平与安全作贡献的能力，

---

* 原文出自 http：//www. nato. int/cps/en/natolive/official_ texts_ 87594. htm？ mode = pressrelease。

仍然是举世无双的。

3. 这种成功源自防务领域内的紧密合作，这种合作已有60多年的历史。通过在北约架构下的紧密合作，我们更有能力、更加有效和高效地保证我们的公民的安全，远好于任何一国单独采取行动。

4. 在上次里斯本峰会上，我们通过了新的《战略概念》，以确保北约具有保卫我们的公民、进行危机管理行动和促进合作安全所需要的能力。自那次峰会以来，我们已经取得了坚实的进展，其中主要成就有：

（1）今天，我们根据联盟安全和北约团结的不可分割性，以及风险和负担的公正分担的原则，充分考虑威胁水平、负担能力和技术可行性，宣布了一项过渡性弹道导弹防御能力，以作为建立北约的导弹防御系统的初始步骤。该系统能够保卫北约的欧洲领土、人口和部队，使其免受弹道导弹扩散所带来的威胁。

（2）我们正在部署一种非常尖端的联盟地面监视系统（Alliance Ground Surveillance system），以便我们的部队能够更好、更安全地执行我们向其赋予的使命。在这方面，许多盟友已经启动了一项重要的倡议，以更加广泛地促进联合情报、监视和侦察体系（Joint Intelligence，Surveillance and Reconnaissance）。

（3）我们扩大了在巴尔干国家的空中警察使命。这项使命和在欧洲的其它联盟空中警察安排一道，是联盟团结的可视标识。在那些安排中，盟友们合作提供安全和保证。

（4）我们正在打造一个新的、更加精干和有效的指挥结构。

（5）我们在发展在里斯本峰会上所认定的许多能力方面取得了持续的进展，这些对成功执行我们的行动至为关键，包括：改善我们对网络攻击的防范；扩展北约的空中指挥和控制系统；提升我们在阿富汗的能力，以交换情报、监视和侦察数据，并且反击简易爆炸装置（improvised explosive devices，IEDs）。

5. 依据我们所取得的这些进展，我们无比自信地为自己设定了2020年北约部队的目标：现代、联系紧密的部队，其装备、训练、演习和指挥都能使其在任何环境中紧密合作，并与伙伴一道合作。

6. 要达到这个目标，最根本的是要在我们发展并且投送我们的使命所需求的能力方面取得进展。除了基本的各国努力，以及诸如战略空运和空中预警与控制（airborne warning and control）领域内现有的、已证明行之有效的多国合作形式外，我们还必须找一些新的途径，以更加紧密地合作获得并保持关键的能力，优化我们最急需的东西，并且就我们的防务计划变化进行磋商。我们还必须依据相互的利益，深化盟友之间以及盟友与伙伴之间的联系。在欧洲保持强大的国防工业，以及最大可能地利用跨大西洋的国防工业合作潜能，仍然是开发到2020年及以后所需要的能力的根本条件。

7. 此项途径的中心就是灵巧防务。防务能力的开发和部署首先、也主要是一项国家应该承担的责任。但随着技术变得越来越昂贵，以及国防预算逐渐吃紧，某些关键能力只能通过多个盟友的共同开发和获取才能获得。因此，我们欢迎盟友们推进某些特定多国项目的决定，包括用于更好地保护我们的部队、更好地进行监视和训练的项目。这些项目将产生出更好的行动有效性，产生出规模上的经济性，以及我们的部队间更加紧密的联系。它们还将为未来更多的灵巧防务项目提供经验。

8. 但灵巧防务的内涵远不止于此。它代表着一种变革了的看法，代表着建设全新合作文化的机遇。在这种合作文化中，多国协作被赋予了新的突出地位，在开发关键能力时成为了一种有效和高效的选择。

9. 发展更强大的欧洲军事能力将增强跨大西洋联系，提升所有盟友的安全，并且在联盟成员中培育一种公正的负担、利益和责任分担与分享。有鉴于此，北约将在达成一致的情况下，与欧盟密切合作，来确保我们的灵巧防务和欧盟的“汇聚与分享倡议”（Pooling and Sharing Initiative）能够相辅相成，互相增强；我们欢迎欧盟的努力，尤其是在空中加油、医疗支持、海上监视和训练领域内的努力。我们还欢迎各个欧洲盟友和伙伴国家在这些及其他领域内所各自做出的努力。我们的努力成功仍将有赖于这两个组织之间的相互透明和开放。

10. 我们还在采取措施来提升我们的部队之间以及我们的部队与伙伴国家之间的联系。我们在利比亚的合作再次证明了这种联系的重要性；启动北约任务的政治决策一经作出，联盟飞行员们就彼此之间，以及与来自非北约的欧洲和阿拉伯伙伴国家的飞行员们一道，并肩飞行在一起。这对于该使命的军事和政治成功至为根本。

11. 我们将通过“联合部队倡议”（Connected Forces Initiative）来进一步利用这种成功。我们将扩大对人员的教育和训练，以这种方式来补充根本的国家努力。我们将提升自己的演习。我们还将进一步将自己的网络联结起来。我们将加强北约指挥结构、北约部队结构和各国司令部之间的联系。我们还将提升我们的特种作战部队之间的合作，包括通过北约特种作战部队司令部（NATO's Special Operations Forces Headquarters）来进行提升。我们将加强对北约反应部队（NATO Response Force）的使用，以使其能够发挥更大的作用，提升联盟部队共同作战，并且为我们的威慑和防务态势作出贡献的能力。只要有可能，我们还将逐步加强与伙伴国的联系，以便我们在愿意共同行动时，就能做到这一点。

12. 虽然自上次峰会以来，我们取得了许多成就来加强联盟，并且认识到我们对许多盟友在多国合作和能力的作用的日益依赖，我们还有许多工作要做。为此，我们通过了一项“防务一揽子计划”（Defence Package），能够使我们开发并投送我们的使命和作战需要的能力。我们将继续改革自己的结构和程序，以寻求更大的高效性，包括从更好地使用预算中来得这种高效性。

13. 北约最大的力量在于其团结。到2020年及其以后，我们在以最高效的方式使用防务资源的要求的激发下，将深化这种团结以保持并升级北约的军事力量。

（译者：解放军外国语学院副教授　李洪波）

北约《威慑与防御态势评估》*

2012年5月20日发布

一、引言/背景

1. 在里斯本峰会上，国家和政府首脑们考虑到不断演进的国际安全环境中出现的变化，授权发布了关于北约总体态势的评估，要求对联盟面临的所有威胁的威慑和防御进行一项评估。过去一年中，北约仔细分析了其威慑和防御态势。该评估的结果刊列如下。

2. 正如《华盛顿条约》第5条款所载明，联盟最大的责任是保护和保卫我们的领土和人民免受攻击。联盟不与任何国家为敌。然而，如果联盟任何成员国的安全受到威胁时，任何人都不应怀疑北约的决心。北约将确保自己拥有全部所有的能力，来威慑并防御针对我们的人民的平安和安全的威胁，不管这种威胁出现在何处。盟友们的目标是支持将威慑作为我们集体防卫的核心组成部分，并为联盟不可分割的安全作出贡献。

3. 评估强化了联盟的凝聚力和联盟态势的持续可靠性。评估再次证明了联盟努力通过合作安全，以积极方式影响国际安全的价值，证明了军备控制、裁军和不扩散在达到联盟的安全目标时

* 原文出自 http://www.nato.int/cps/en/natolive/official_texts_87597.htm?mode=pressrelease。

所能作出的贡献。这些目标与《联合国宪章》和《北大西洋公约》的原则和目的完全一致。北约将继续在最可能低的部队水平上寻求安全。

4. 北约《战略概念》描述了一种安全环境，在此环境中存在着一系列广泛的、不断变化的对北约领土和人民安全的机遇和挑战。对北约发起常规攻击的威胁虽然较小，但也不容忽视。地区冲突的持续存在仍然是联盟重点关切的问题，世界上其他地区不断增加的防务开支，以及某些新兴大国获得了日益先进的能力，同样也引起了联盟的关注。全球化、诸如网络威胁等新兴的安全挑战、包括能源供应切断风险在内的重要环境和资源局限，以及新技术的出现等，仍将在北约关注的领域内塑造未来的安全环境。许多脆弱、虚弱和失败（或正在失败）国家，与非国家行为体不断增长的能力一起，将成为不稳定和潜在冲突的根源。这些因素再加上诸如弹道导弹和大规模杀伤性武器的扩散、海盗和恐怖主义等现有的威胁和挑战，将继续制造一种不可预测的安全环境。

5. 当前的经济环境充斥着挑战，许多盟友近来防务预算的削减，以及可能还会进一步削减，就充分说明了这一点。尤其是盟友们认识到，在一个预算受限的年代，保持现代化、有效的常规部队所承受的挑战特别严重。尽管有这些财政困难，盟友们仍致力于保持满足联盟的雄心水平所需的全部所有力量，并且正在开发创新性的途径，来合作发展有助于实现这个目标的能力。

6. 自里斯本峰会以来战略环境的发展，以及评估本身，都证实了《战略概念》所载明的三项基本核心任务的有效性。我们重申自己对仍是联盟基石的集体防务的承诺、对危机管理的承诺，以及对合作安全的承诺。

7. 通过公正和可持续的作用、责任和负担分配，强健的威慑和防御态势能够增强联盟的凝聚力，包括增强跨大西洋联系。

二、核力量的作用

8. 核武器与常规和导弹防御力量一道，是北约威慑和防御总体能力的核心组成部分。评估证明，联盟当前的核力量态势能够满足有效威慑和防御态势的标准。

9. 出现可能需要考虑使用核武器的情况已变得尤其遥远。只要核武器存在一日，北约就将保持成为一个核联盟。联盟的战略核力量，尤其是美国的战略核力量，为盟友们的安全提供了最高保障；英国和法国独立的战略核力量，一方面具有自身的威慑功能，另一方面也为盟友们的总体威慑和安全作出了贡献。

10. 盟友们承认美国、英国和法国提供的独立和单边的消极安全保证具有特别重要性。每个国家都为这些保障分别附加了一些条件，包括《联合国宪章》第 51 条所承认的天然自卫权。在不损害这些条件的情况下，这些保障保证不对属于《不扩散条约》成员国、且遵守了其不扩散义务的无核武器国家使用或威胁使用核武器。盟友们进一步认识到这些声明在寻求阻止核扩散方面的价值。盟友们注意到，将核武器交给了北约的国家，也按照各自国家的做法将这些保证适用于这些核武器，包括每个国家为这些保证分别所提的条件。

11. 在寻求创造这些条件，并且考虑进一步削减北约拥有的非战略核武器选项过程中，相关的盟友们[①]将确保，只要北约仍然是一个核联盟，北约核威慑的所有成分就将保持安全、可靠和有效。这就要求依据 21 世纪的要求，对核威慑使命和规划指导保持领导力重心和制度性卓越。

---

① 例如，核规划小组（Nuclear Planning Group）的成员国。——原文注。

12. 与我们只要核武器存在就继续作为一个核联盟的承诺相一致，盟友同意北大西洋委员会指定适当的委员会就如何确保相关盟友[①]在其核共享协定中最大可能地广泛参与，包括北约决定减小其对部署在欧洲的非战略核武器的依赖。

三、常规力量的作用

13. 联盟结构和程序将盟友们的常规力量联合在一起，并使其有效性得到了增强。常规力量对威慑广泛的威胁，和对防御都作出了不可或缺的贡献。由于其性质使然，常规力量可以得到更加灵活的运用，并能为联盟提供一系列的选择，对不可预见的紧急状况作出反应。它们还有助于提供可视保障，既彰显北约的凝聚力，又体现联盟对每个盟友的安全关注作出反应的能力和承诺。

14. 就其特性而言，盟友们的力量必须是现代、灵活和互通的，能够应对一系列复杂的环境，包括在必要时进行高强度战斗行动。这样的部队必须能够成功地进行并维持一系列用于集体防务和危机反应目的的行动，包括从战略远距外发起的行动。它们必须是能够迅速部署并可持续，能够与其他国家和组织并肩行动，适应性足够强来对不可预测的事态发展作出反应。它们还必须有助于迎接未来的安全挑战，例如网络攻击、恐怖主义、重要的能源供应被切断，以及大规模杀伤性武器的扩散等。盟友致力于为其常规力量——尤其是处于北约反应部队中的力量——提供更多的机会让他们共同训练和演习，并且除其他方式外，通过这种方式来加强他们在任何地点协同作战的能力，不管是在联盟领土内，还是在联盟领土外。

① 例如，核规划小组的成员国。——原文注。

15. 联盟行动当前及未来可得的常规能力的主体部分由单个的盟友来提供。因此，他们必须为其军事力量提供足够的资源，以便使他们尽管面临着当前及可能仍将持续的财政困难，仍能拥有所需的战斗性。

16. 然而，在一个面临着严峻预算限制的时代，要部署并维持全部联盟使命所需的能力，要求一种新的概念途径。该途径将首要目标放在适当地识别和追求优先事项、多国合作和专业化之上，放在加强努力来确保北约部队的互通性上，在适当时候也包括我们伙伴力量的互通性。就此而言，目前勾勒说明联盟意图如何满足其未来能力要求的工作，正如《2020年的北约力量》指出的那样，将至为关键。联盟结构和程序的转型和改革当前已经启动。本一揽子计划将继续推进这项重要工作，以作为能力开发的有效和财政上负责任的途径。这应该包括进一步开发网络防御能力，并将其融入到盟友的结构和程序之中。正如同样在《战略概念》中所说明的那样，非常重要的一点就是，北约和欧盟要按照所达成的共识，在能力开发中实现更加全面的合作，避免不必要的重复，并且最大化性价比。

17. 盟友们的常规力量在培育合作安全方面，具有十分重要的作用，包括通过与伙伴国家的武装部队的合作和联系。类似的活动能够帮助塑造和改善联盟的安全环境，投射稳定和防止冲突，从而具有更大的稳定效应。

四、导弹防御的作用

18. 弹道导弹的扩散是联盟日益增长的关切，并且对联盟安全构成了日渐严峻的威胁。北约的弹道导弹防御能力将是对联盟的威慑和防御能力的重要补充。它将加强我们针对21世纪威胁的防御承诺。在里斯本，盟友们根据联盟安全和北约团结的不可分割性，以及风险和负担的公正分担和合理挑战的原则，充分考虑了威胁水平、负担能力和技术可行性，并依据联盟达成的共同威胁评估，一致同意打造一种导弹防御能力，涵盖并保护北约的所有欧洲领土、人口和部队免受弹道导弹扩散所带来的威胁。导弹防御将成为联盟总体防御态势的有机组成部分，将进一步增强跨大西洋联系，并将有助于联盟不可分割的安全。

19. 在芝加哥，国家和政府首脑们宣布，北约已就导弹防御的过渡性能力建设达成一致。美国将帮助建设北约导弹防御的欧洲阶段适应性途径。联盟领袖们还欢迎每个盟友向北约的导弹防御使命作贡献，鼓励并呼吁盟友包括通过多国合作途径，尽可能地作出志愿性贡献来提供相关能力。联盟将继续执行其在里斯本一揽子计划中所作出的承诺，该一揽子计划讨论了联盟最急迫的能力需求，提出要建设一种能够真正互联互通的北约导弹防御能力，该能力将建立在分层战弹道导弹防御指挥和控制网络的基础上，并将其作为赋能骨干。

20. 在进行威慑时，导弹防御能够为核武器的作用提供补充，但却不能对其进行替代。这种能力是纯防御性的，并且也是依据来自欧洲—大西洋地区以外的威胁而建立。我们期望，北约的导弹防御能力将复杂化敌手的计划，并且减轻损害。有效的导弹防御同样可以在发生危机时提供宝贵的决策空间。导弹防御能力与其他武器系统一样，并不能保证拥有全面、持久的有效性。北约导弹防御能力将与有效的核和常规力量一道，传达出一种信号，表明我们阻止和防御任何来自欧洲—大西洋地区以外的、对我们人民的安全和平安的威胁。

21. 北约的导弹防御并不针对俄罗斯，也不具备损害俄罗斯的战略威慑的能力。联盟将本着互惠、最大透明和互信的精神，寻求与俄罗斯就导弹防御进行合作，并将依据北约与第三国就弹道导弹防御进行接触的政策，在个案处理的基础上，与其他相关国家保持接触。

五、军备控制、裁军和不扩散的作用

22. 军备控制、裁军和不扩散在达成联盟的安全目标方面扮演着重要角色。这些努力的成或败都将对北约的威胁环境产生直接影响，因此也将影响到北约的威慑和防御态势。这些措施一旦取得成功，就将通过签订有效和可核查的军备控制协定（就裁军而言，是通过全面清除或禁止某些军火类别），在更低的军事力量和军备水平上，为创建更加安全、稳定和可预测的国际关系作贡献。现有的协定涵盖了联盟工作的几乎所有方面。然而，这些协定并没有完全实现其目标，世界仍然面临着扩散危机、力量集结问题和透明度的缺失。

23. 北约在许多方面都投入到这项工作之中，比如就某些常规军备控制问题协调立场，以及作为一个就裁军和不扩散进行磋商和交换信息的论坛，包括与伙伴国的磋商和交换。在常规军备控制中，联盟在谈判和执行方面都发挥了直接的协调作用。在其他关于裁军和不扩散的情况中，北约为提高国际社会的关注程度作出了贡献。

24. 联盟决心以能够促进国际稳定的方式，并且基于所有人都能安享不打折扣的安全的原则，寻求建设一个更加安全的世界，并且为建设一个与《核不扩散条约》的目标相一致的、没有核武器的世界创造条件。

25. 盟友们期盼在北约—俄罗斯委员会中，与俄罗斯发展并交流透明度和互信建立思想，目标是就北约和俄罗斯在欧洲的非战略核力量态势提出详细的建议，并且增加相互理解。

26. 冷战结束以来，北约极大地减小了其部署在欧洲的核武器的数量、类型和战备程度，减小了北约战略中对核武器的依赖。在此背景下，并且考虑到更加广泛的安全环境，北约准备考虑进一步削减其对联盟拥有的非战略核武器的需求，但前提是俄罗斯必须要采取互惠的措施，因为俄罗斯部署在欧洲—大西洋地区的核武库更为庞大。

27. 盟友们一致同意，由北大西洋委员会指定适当的委员会来进一步考虑，在更加广泛的安全环境中，北约期望看到俄罗斯采取哪些互惠行动，来使我们能够对北约拥有的前沿部署的非战略核武器作出重大削减。

28. 此外，盟友们支持并鼓励美国和俄罗斯联邦继续采取相互努力来促进战略稳定，提升透明度，并且进一步削减其核武器。

29. 盟友们重申《欧洲常规武器条约》（Conventional Forces in Europe Treaty）的重要性，仍将根据一些关键的原则和承诺致力于常规军备控制，致力于保持、加强和现代化欧洲的常规军备控制机制。

30. 盟友们认为，大规模杀伤性武器控制和裁军委员会在本评估中发挥了有用的影响，一致同意建立一个委员会作为磋商和顾问论坛，其授权将在峰会后由大西洋委员会来确认。

六、结语——维持各种能力的“适当组合”

31. 对北约威慑和防御态势的评估再次证实，北约必须拥有全部所有的必要能力，来威慑和防御对其人民的平安和领土的安全的威胁，而这正是联盟的最大职责所在。正如上文所述，北约已经认定，在当前环境之下，现有的能力组合和其开发计划都处于非常良好的状态。

32. 北约致力于维持一种适当的用于威慑和防御的核常规和导弹防御能力组合，以践行其在《战略概念》中作出的承诺。这些能力由于北约的一体化指挥结构而得到了加强，能够为联盟的安全提供最强大的保证，并将确保北约能够在高度复杂、不断发展的安全环境中，对诸多挑战和不可预测的紧急状况作出反应。盟友们已经下定决心，要通过在彼此之间，以及在必要时与伙伴国一道创造性和适应性地共同努力最大化其价值和增强互联互通，来开发使其部队更加有效的方式，以便能够更好地对 21 世纪的广泛安全威胁作出反应，获得比任何盟友单独行事所能得到的更大的安全。

33. 盟友们致力于提供所要的资源，确保北约的总体威慑和防御态势保持处于可靠、灵活、可恢复和适应性状态，并且致力于执行即将在芝加哥达成的、前瞻性的防御能力一揽子计划。在正常的联盟进程之中，我们将对联盟的政策和战略作出修订，以便将本态势评估中的原则和判断纳入其中。

34. 北约将继续根据安全环境的趋势调整其战略，包括威慑和防御所需的能力和其他措施方面的战略。因此，北约将不断评估北约边界以外的地区和国家由于获得现代军事能力，而给国际稳定和欧洲—大西洋安全带来的后果。本态势评估确认，联盟致力于维持在一个不可预测的世界中确保自身安全所需的威慑和防御能力。

（译者：解放军外国语学院副教授　李洪波）

《北约反恐政策指南——为更加美好的未来而保持警觉、建设能力和进行接触》*

一、引言

1. 恐怖主义对北约国家公民的安全，对更加广泛的国际稳定和繁荣，都构成了直接威胁，并且在可预见的将来仍将是一种威胁。恐怖分子显示了其跨越国际边界，建立分支机构，侦察目标和执行攻击的能力。由于恐怖组织和个人扩散到并且存在于对联盟具有战略重要性的地区，包括盟友自己的领土，所以这种威胁恶化了。现代技术也加重了使用常规和非常规方式进行恐怖袭击的潜在后果，尤其当恐怖分子寻求获取化学、生物、放射或核能力及网络能力时，更是如此。不稳定或冲突能够创造有利于恐怖主义传播的环境，包括培育出极端主义的理念、不宽容和基本教义派。

2. 北约对恐怖主义的反应主要是由2001年9月11日的袭击塑造的，这次袭击促进盟友们启动了“积极努力行动”（Operation Active Endeavour），采纳了《防御恐怖主义军事概念》(Military Concept for Defence against Terrorism)，并且启动了多种能力和制度性变革。在过去10年中，北约在诸如作战等对联盟意义重大的领域内取得了

* 原文出自http://www.nato.int/cps/en/natolive/official_texts_87905.htm?selectedLocale=en。

巨大的进展，通过《防御恐怖主义工作计划》和《科学为和平与安全项目》（Science for Peace and Security Programme）改进了情报交换和技术解决方案开发。

3. 盟友们通过《联盟战略概念》（Alliance Strategic Concept），重申联盟必须"威慑并防止新兴的安全挑战，这些挑战威胁到了单个盟友或联盟整体的基本安全"。因此，盟友们已经决定要重新检视北约的反恐途径，并且提升北约对国家和国际努力的政治和军事贡献。

4. 盟友们将通过利用北约明显的横向力量，通过识别联盟对更大范围内的、联合国领导的国际反恐努力所作的增值贡献，来做到这一点。在确定北约应对恐怖主义的首要途径时，盟友们认识到大多数反恐工具应主要掌握在各国的民事和司法领导人手中。盟友们承认，其他的国际组织拥有能够提升盟友们的反恐努力的权力和能力。北约将尤其重视通过向各国和国际努力作出贡献来防止恐怖袭击和提升恢复能力，同时也要避免不必要的重复，并且尊重互补的原则。清晰的方向、提升的协调和更大的努力与活动连贯性，将使北约得以更加有效地利用其资源。

二、目标

5. 本《政策指南》的目标是：

（1）向联盟范围内正在进行的反恐活动提供战略和风险信息指示，以作为北约集体防卫、危机管理和合作安全核心任务的一部分。

（2）确定联盟所要遵循的原则。

（3）识别一些关键领域，在这些领域内联盟要采取一些倡议来提升对恐怖主义的防止和恢复，重心在于提高对此种威胁的戒备，提高对其进行处理的足够的能力和提高与伙伴国家和其他国际行为体的接触。①

本《政策指南》得以采纳后，我们将提出一份《执行行动计划》（Action Plan for Implementation）。

三、原则

6. 遵守国际法。北约将继续遵照国际法及《联合国宪章》和《世界人权宣言》（Universal Declaration of Human Rights）所确立的原则行事。《联合国全球反恐战略》（UN Global Counter-Terrorism Strategy）、反恐《国际公约与协定》（International Conventions and Protocols against terrorism）以及相关的联合国决议，都为所有国家和多边的反恐努力提供了框架，包括由联盟进行的努力。

7. 北约对盟友的支持。单个的北约成员国承担着首要的责任，要保护其人民和领土免受恐怖主义袭击。通过北约进行的合作能够提升盟友们的努力，以防止恐怖行为，减轻其危害，对其作出反应，并从中恢复过来。北约在得到请求时，或许能够支持这些努力。

8. 避免重复性及互补性。北约将促进与单个国家或其他国际组织所作的现有努力的互补性，并且避免不必要的重复。北约寻求协调并利用其专业知识和资源，并将关注重心聚焦于一些目标计划，这些计划能够在适当的时候对盟友国家和其他国际行为体的行动作出贡献，并且/或加强其行动。

① 北约在采取所有与伙伴国和其他国际组织有关的活动时，将依据《全面途径行动计划》（Comprehensive Approach Action Plan）和相关决议行事，包括里斯本峰会上达成的决议。——原文注。

四、关键领域

9. 北约作为一个国际组织拥有一些独有的资产和能力，能够在反恐斗争中向盟友的努力提供支持。正如本《政策指南》的目标部分所述，北约将更有效地帮助防止恐怖主义，并且加强从恐怖袭击中恢复过来的能力。为此，联盟将协调并巩固其反恐努力，并且聚焦于三个主要的领域：戒备、能力和接触。

10. 戒备。北约将通过在支持各国领袖时进行磋商、改进的情报共享、持续的战略分析和评估，来确保共同对恐怖威胁和盟友中存在的脆弱性保持戒备。这将使盟友和联盟能够有效地作好准备，并在防止恐怖攻击和作出反应时采取可能的危害减轻行动。北约还将通过接触和战略联络，促进对其作为更加广泛的国际努力的一部分的反恐角色的共同理解。

11. 能力。在反击非对称威胁和对恐怖主义作出反应方面，北约已经获得了许多弥足珍贵的专业知识。在空中安全、防空、海上安全、对化生放核作出反应、大规模杀伤性武器的不扩散和保卫重要基础设施方面，北约的工作已经卓有成效。依据《政治指南》中所确立的雄心水平，联盟还将奋力确保拥有足够的能力，来防止和避免恐怖威胁，并对其作出反应。[①] 联盟还将通过考虑能力开展和创新性技术与方式，要达到这个目标。这些东西能够以更加全面综合和消息灵通的方式来应对非对称威胁的，包括通过《防御恐怖主义工作计划》。北约还将奋力保持其作战能力，利用其在作战中学习到的经验教训，包括通过特种作战部队所获得的经验。依据不同的威胁想定所设计的训练、教育和演习，将继续通过汲取所学到的教训

① 任何可能出现的对北约的共同资助的要求将被视与标准程序相一致。——原文注。

和最佳做法，来提供互操作性。这些能力也可以在必要时提供给盟友，以支持民事应急规划和保护重要基础设施，尤其是它们还可能在需要时能够与反恐密切相关。

12. 接触。恐怖主义的挑战要求国际社会采取一种全盘路径，包括一系列范围广泛的手段。为提高盟友的安全，北约在反恐时将继续与伙伴国家和其它国际行为体进行接触。联盟将依据《全面途径行动计划》（Comprehensive Approach Action Plan），加强其与伙伴国家和国际和地区性组织——尤其是联合国、欧盟和欧洲安全合作组织——合作的范围和力度，以促进对恐怖主义威胁的共同理解，并全面充分地利用全球反恐努力的每一个利益攸关方的潜能。北约将利用现有的机制，包括旨在促进安全的技术创新科学合作①，提升磋商水平，并确保与伙伴国之间采取更加系统的的实际合作途径②。我们将特别重视提升戒备意识、能力打造、民事应急规划和危机管理，以便对伙伴国家和盟友的特定利益需求作出反应。这将推进伙伴国的准备程度和保卫能力，以及推进其对脆弱点和差距的识别，并将帮助伙伴国靠自己的能力更加有效地与恐怖主义作斗争。旨在能力建设的反恐训练、教育和支持，将与北约关于伙伴关系的政策所确立的目标和优先点保持一致。

五、北约的反应

13. 北大西洋委员会将指导北约的反恐努力和对这些政策指南的执行。恐怖主义特别小组（The Terrorism Task Force）将每年报告一次对这些政策指南的执行情况。

① 这种合作的例证之一就是“科学为和平与安全”的关于“非接触式爆炸物探测项目”的为时多年的 NRC 工程。——原文注。

② 一个很好的例证是 NRC 框架内的“合作性空间倡议”。——原文注。

14. 在如何反击恐怖主义的问题上，北约将保持灵活性，按照需求扮演领导或支持性角色。各盟友的能力代表着对恐怖主义作出的潜在反应的基础成份。集体防御仍将受制于北大西洋委员会作出的决策。

（译者：解放军外国语学院副教授　李洪波）

附录：专业术语对译表

一、英语部分

A Review of NATO's Overall Posture	北约总体态势评估
Action Plan for Implementation	《执行行动计划》
Active Layered Theatre Ballistic Missile Defence，ALTBMD	主动分层式战区弹道导弹防御
Advanced Extremely High Frequency (AEHF)	先进极高频
Afghan National Security Forces，ANSF	阿富汗国家安全部队
African Stand-by Force	非洲待命部队
Air Headquarters Communication Squadron	（印度）空军司令部交通中队
airborne warning and control	空中预警与控制
Air-Sea Battle	空海一体战
Alliance Ground Surveillance system	（北约）联盟地面监视系统
Alliance Ground Surveillance（AGS）	（北约）联盟地面监视
Alliance Strategic Concept	《联盟战略概念》
Allied Command Operations	盟军作战司令部
Amarnath Yatra	阿马尔纳特朝圣

Andaman and Nicobar Command, ANC	安达曼和尼科巴司令部
Annual National Programme, ANP	"年度国家计划"
antiaccess	反介入
APEC Expert Group on Energy Efficiency and Conservation	亚太经合组织能效与节能专家组
area-denial	区域拒止
Armed Forces Tribunal, AFT	武装部队法庭
Arms Trade Treaty	《武器贸易条约》
ASEAN Defence Ministers Meeting-Plus, ADMM +	东盟防长扩大会议
ASEAN Intergovernmental Commission on Human Rights	东盟政府间人权委员会
Asia-Pacific Forum of National Human Rights Institutions	亚太各国国家人权机构论坛
Asia-Pacific Safeguards Network	亚太安全防护网络
assured access	确保介入
Australia Group	澳大利亚集团
Australia-Indonesia Facility for Disaster Reduction	澳大利亚—印度尼西亚减灾研究所
Australian Centre for International Agricultural Research, ACIAR	澳大利亚国际农业研究中心
Bali Process on People Smuggling, Trafficking in Persons and Related Transnational Crime	《有关人口走私、贩卖及相关跨国犯罪的巴厘进程》
Base Realignment and Closure (BRAC)	基地重组与关闭
BEML Limited, BEML	巴拉特推土设备有限公司
Best Management Practices	《最佳实务操作》
Bharat Dynamics Limited, BDL	巴拉特动力有限公司

Bharat Electronics Limited, BEL	巴拉特电子有限公司
Broad Area Maritime Surveillance (BAMS)	广域海上监视
Brown Field Venture	再开发项目投资
Cabinet Minister	（印度）内阁部长
Canberra Commission	堪培拉委员会
Capacity of Higher Defence Management Course, HDMC	高层次国防管理课程
Capstone Concept for Joint Operations (CCJO)	联合作战拱顶石概念
Ceasefire Ground Rules	《停火基本规则》
Central Assistant Public Information Officers, CAPIOs	（印度）中央助理公共信息官
Central Vigilance Commission, CVC	（印度）中央监察委员会
Centre For United Nations Peacekeeping, CUNPK	（印度）联合国维和行动中心
Chicago Defence Declaration	《芝加哥防务宣言》
Chief of the Army Staff	（印度）陆军总参谋长
Chief of the Naval Staff	（印度）海军总参谋长
Chiefs of Staff Committee	（印度）三军参谋长委员会
Coast Guard Act	《海岸警卫法》
COCOM	作战司令部
College of Defence Management, CDM	（印度）国防管理学院
Combat air patrol (CAP)	战斗空中巡逻
Combined Task Force 151	第151联合特遣部队
Command Information Decision Support System, CIDSS	指挥信息决策支持系统
Commander-in-Chief	（印度）军种总司令

Comprehensive Approach Action Plan	《全面途径行动计划》
Comptroller & Auditor General of India, C&AG	印度审计署
Connected Forces Initiative	“联合部队倡议”
Contact Group on Piracy off the Coast of Somalia	索马里海盗问题国际联络小组
Conventional Forces in Europe Treaty	《欧洲常规武器条约》
Conventional Forces in Europe, CFE	《欧洲常规武装力量条约》
Cooperative Cyber Defence Centre of Excellence	卓越网络防御合作中心
Cooperative Threat Reduction (Nunn-Lugar)	《合作威胁减少项目》(纳恩—卢加计划)
Council for Security Cooperation in the Asia-Pacific	亚太安全合作理事会
Council of Europe	欧洲委员会
Cross-Domain Synergy	跨域协同
Cyber Defence Concept, Policy, and Action Plan	《网络防御概念、政策和行动计划》
Declaration on Defence Capabilities	《防务能力宣言》
Defence against Terrorism Programme of Work	《防御恐怖主义工作计划》
Defence Exhibition Organisation, DEO	(印度)防务展览局
Defence Package	防务一揽子计划
Defence Package for the Chicago Summit	(北约)《芝加哥峰会防务建议》
Defence Procurement Procedure and Defence Procurement Manual	《国防采购程序和国防采购手册》
Defence Secretary	(印度)防务部长

Defence Services Staff College，DSSC	（印度）国防军种参谋学院
Defense Weather Satellite System （DWSS）	国防气象卫星系统
Department of Industrial Policy and Promotion，DIPP	（印度）工业政策和促进部
Department of Defence	（印度）防务部
Department of Defence Production	（印度）国防生产部
Department of Defence Production and Supplies	（印度）国防生产和供给部
Department of Defence Research and Development	（印度）国防研究与开发部
Department of Defence Supplies	（印度）国防供给部
Department of Ex-Servicemen Welfare	（印度）退伍军人福利部
Development Partnership Administration	发展伙伴计划管理局
Dimasa Halam Doagah，DHD	（印度）迪马哈拉姆族支队
Directorate General of Aeronautical Quality Assurance，DGAQA	（印度）航空质量保证总局
Directorate of Planning & Coordination，Dte. 的 P&C	（印度）规划与协调局
Directorate General of Quality Assurance，DGQA	（印度）质量保证总局
Directorate of Aerospace Safety	（印度）航空安全局
Directorate of Standardisation，DOS	（印度）标准化局
doctrine，organization，training，materiel，leadership and education，personnel，and facilities（DOTMLPF）	条令、体制、训练、物资、领导、教育、人员和设施
Eastern Naga Peoples Organisation	东部那加人民组织
Educational Consultants India Limited，	

Ed. CIL	印度教育顾问有限公司
electromagnetic deception	电磁欺骗
electromagnetic spectrum	电磁波谱
en. lighten initiative	“启明倡议”
Enduring Partnership with Afghanistan	“与阿富汗的持久伙伴关系”
Energy Security Centre of Excellence	卓越能源安全中心
Environment Management of Airfield Area，EMAA	机场区域环境管理
EU Operation Atalanta	“欧盟亚特兰大行动”
EU Special Representative	欧盟特别代表
EU's Pooling and Sharing initiatives	“欧盟的共同分担与分享倡议”
European Union Rule of Law Mission in Kosovo，EULEX	欧盟科索沃法治特派团
Expeditionary Table Top Exercise，EOTTX	远征军桌面推演
Finance Division of the Ministry of Defence	（印度）国防部财务司
Five Power Defence Arrangements	《五国防务安排》
force projection	兵力投送
forcible entry	强制进入
Forum for Naga Reconciliation	（印度）那加和解论坛
Forward Alerting Radar，FAR	前沿警戒雷达
Full Operational Capability，FOC	“完全作战能力”
FYDP	未来年度国防计划
G8 Global Partnership	八国集团全球伙伴关系
Garden Reach Shipbuilders & Engineers Limited，GRSE	加登里奇造船工程有限公司
Garo National Liberation Army	加罗民族解放军

Global Security Contingency Fund	全球安全应急基金
Goa Shipyard Limited, GSL	果阿造船有限公司
Green Field Venture	全新项目投资
Heads of Asian Coast Guard Agencies Meeting, HACGAM	亚洲海岸警备机构高官会议
Helsinki Final Act	《赫尔辛基最后文件》
Hindustan Aeronautics Limited, HAL	印度斯坦航空有限公司
Hindustan Shipyard Limited, HSL	印度斯坦船厂有限公司
Hoa Lac hi-tech zone	（越南）和乐高技术园区
Humanitarian Assistance and Disaster Relief, HADR	人道主义援助和救灾
improvised explosive devices	简易爆炸装置
India-Africa Forum Summits	印度—非洲论坛首脑会议
Indian Coast Guard Academy	印度海岸警卫队学院
Indian Ocean Region, IOR	印度洋地区
Indian Institute of Managements, IIM	印度理工学院
Indian National Defence University, INDU	印度国防大学
Indian National Satellite, INSAT	印度国家卫星系统
Indian Ocean Naval Symposium	印度洋海军研讨会
Indian Ocean Rim Association for Regional Cooperation	环印度洋地区合作联盟
Indonesia-Australia Defence Alumni Association, IKAHAN	印尼—澳大利亚防务男校友协会
Integrated Defence Staff, IDS	（印度）综合防务参谋部
Integrated Disability Evaluation System	伤残评估一体化系统
intercontinental ballistic missile (ICBM)	洲际弹道导弹
Interim NATO BMD Capability	“临时性北约弹道导弹防御能力”

International Association of Peacekeeping Training Centres，IAPTC	（印度）国际维和培训中心协会
International Atomic Energy Agency Safeguard Agreement	《国际原子能机构保障协议》
International Commission on Nuclear Non-Proliferation and Disarmament	国际核不扩散与裁军委员会
International Conventions and Protocols against terrorism	反恐《国际公约与协议》
International Energy Agency	国际能源署
International Maritime Boundary Line，IMBL	国际海事边界线
International Military Staff，IMS	国际军事参谋
International Security Assistance Force，ISAF	国际安全援助部队
International Staff，IS	国际职员
Inter-Service Organisations，ISOs	（印度）跨军种机构
Istanbul Cooperation Initiative	“伊斯坦布尔合作倡议”
Jakarta Centre for Law Enforcement Cooperation，JCLEC	雅加达执法合作中心
Joint Air-to-Ground Munition（JAGM）	联合空对地弹药
Joint Combat Concept（JCC）	联合战斗概念
joint functions	联合职能
Joint Intelligence，Surveillance and Reconnaissance	联合情报、监视和侦察体系
Joint Land Attack Cruise Missile Defense Elevated Netted Sensor System（JLENS）	联合对敌攻击巡航导弹防御升级网络传感器系统
Joint Operation Centres	（印度）联合作战中心

Joint Operational Access Concept (JOAC)	联合作战介入概念
Joint Political Declaration between Australia and NATO	《澳大利亚与北约的联合政治宣言》
Joint Strike Fighter (JSF)	联合攻击战斗机
joint synergy	联合协同
Kosovo Security Force	科索沃安全部队
Large deck amphibious ship (LHA)	大型两栖登陆舰
Libya Contact Group	“利比亚联络小组”
Line of Actual Control, LAC	实际控制线
line-of-communications	交通线
Long Term Integrated Perspective Plan, LTIPP	《长期综合远景规划》
Long Range Surface to Air Missile, LR-SAM	远程面空导弹
Malaysian Maritime Enforcement Agency, MMEA	马来西亚海事执法局
Malaysian Maritime Police, MP	马来西亚海事警察局
Maldives National Defence Force, MNDF	马尔代夫国防军
Mazagon Dock Limited, MDL	马扎冈船坞有限公司
Medical Branch	医疗处
Mediterranean Dialogue	“地中海对话”
Medium Range Surface to Air Missile, MR-SAM	中程面空导弹
Mekong River Commission	湄公河委员会
Membership Action Plan, MAP	“成员国行动计划”

Military Concept for Defence against Terrorism	《防御恐怖主义军事概念》
Military Cooperation Sub Groups，MSGs	军事合作分组
Ministry of Defence	（印度）国防部
Mishra Dhatu Nigam，MIDHANI	印度钢铁有限公司
mission command	任务指挥
Mobile Training Team，MTT	流动培训队
More Efficient and Flexible Partnership Policy	《更加高效灵活的伙伴关系政策》
multinational operation	多国行动
National Institute for Research & Development in Defence Shipbuilding，NIRDESH	（印度）国立国防船舶建造研究与发展研究所
National Adaptation Action Programmes	国家适应行动计划
National Democratic Front of Bodoland，NDFB	（印度）波多民族民主进步阵线
NATO Air Policing Mission	“北约空中管制任务”
NATO Computer Incident Response Capability，NCIRC	“北约计算机事故反应能力”
NATO Response Force	北约反应部队
NATO Response Force	北约快速反应部队
NATO Transition Cell	北约过渡小组
NATO/Euro-Atlantic Partnership Council，EAPC	北约/欧洲—大西洋伙伴关系理事会
NATO's Building Integrity Programme	《北约诚信建设计划》
NATO's Policy Guidelines on Counter-Terrorism	《北约反恐政策指南》
NATO's Special Operations Forces	

Headquarters	北约特种作战部队司令部
NATO's Strategic-Level Policy for Preventing the Proliferation of WMD and Defending Against Chemical, Biological, Radiological and Nuclear Threats	《北约防止大规模杀伤性武器扩散并抵御化学、生物、放射性及核威胁的战略级政策》
NATO-Russia Founding Act	《北约—俄罗斯基本文件》
NATO-Russia Missile Data Fusion Centre	北约—俄罗斯导弹数据融合中心
NATO-Ukraine Charter on a Distinctive Partnership	《北约—乌克兰特别伙伴关系宪章》
Naval Science and Technological Laboratory, NSTL	海军科技实验室
Neutral Nations Repatriation Commission, NNRC	中立国遣返委员会
Non-Proliferation and Disarmament Initiative	不扩散与裁军倡议
North Indian Ocean Hydrographic Commission, NIOHC	印度洋水文地理委员会
North Kivu Brigade	北基伍旅
NRC Theatre Missile Defence Exercise	北约—俄罗斯理事会战区导弹防御演习
Nuclear Planning Group	核规划小组
Open Door policy	"开放政策"
Operation Active Endeavour	积极努力行动
Operation Jua Mupia	"新太阳行动"
Operation Unified Protector, OUP	"联合保护者行动"
operational access	作战介入

Ordnance Factory Board, OFB	（印度）兵工厂委员会
Organisation for Security and Cooperation in Europe, OSCE	欧洲安全合作组织
Ornithology Cell	鸟类处
Other Rank, OR	普通士兵
Other Backward Castes, OBCs	其他落后阶层
Overseas Contingency Operations (OCO)	海外突发军事行动
Pak occupied Kashmir, POK	巴控克什米尔地区
Panchayat Elections	（印度）村务委员会选举
Partnership for Market Readiness	市场准备伙伴关系
Planning Operations Centre	计划作战中心
Pooling and Sharing Initiative	汇聚与分享倡议
power projection	力量投送
precision-guided rockets, artillery, missiles, and mortars (G-RAMM)	制导火箭、大炮、导弹和迫击炮
Principal Staff Officers, PSOs	首席参谋军官
Raksha Mantri	（印度）国防部长
Regional Centres of Military Airworthiness, RCsMA	军用适航性区域中心
Regional Cooperation Agreement for Combating Piracy and Armed Robbery against Ship in Asia, ReCAAP	亚洲地区打击海盗和武装劫船的区域合作协定组织
Research & Development Organisations	（印度）生产部门和研发机构
Right to Information Act	《信息权利法》
risk-based approach	基于风险的方法
Scheduled Castes, SCs	不可接触者
Scheduled Tribes, STs	下等种姓族群

Science for Peace and Security Programme	《科学为和平与安全项目》
seabasing	海上基地
seed corn	种子基金
Services Capital Acquisition Plan Categorization Higher Committee, SCAPCHC	（印度）三军重要采购计划分类高级委员会
Services Headquarters	（印度）各军种司令部
small arms and light weapons, SALW	小型武器和轻武器
Smart Defence	灵巧防务
Space Based Infrared System（SBIRS）	天基红外系统
space situational awareness	太空态势感知
Staff Equipment Modification Committee, SEMC	员工设备改造委员会
Status Report on Building Integrity	《诚信建设进度报告》
Steadfast Jazz	“不变的爵士乐”（演习）
Strategic Defence and Security Review	《战略防御和安全评估》
Surface-to-Surface Tactical Missile	面对面战术导弹
Tactical Battle Area, TBA	战术作战地区
The President's Fleet Review, PFR	总统检阅舰队
the Chief of the Air Staff	（印度）空军总参谋长
The Istanbul Process	“伊斯坦布尔进程”
The National Counter Proliferation Strategy	《国家反扩散战略》
The National Critical Care and Trauma Response Centre	国家重病监护与外伤治疗响应中心
The Terrorism Task Force	恐怖主义特别小组
Theatre Level Operational Readiness	

Exercise, TROPEX	战区级战备演习
Track 2 diplomacy	第二轨道外交
Trilateral Strategic Dialogue	三边战略对话
Tri-Services Joint Special Forces Training Camp	三军联合特种部队训练营
UN Global Counter-Terrorism Strategy	《联合国全球反恐战略》
United Peoples Democratic Solidarity, UPDS	（印度）人民民主团结党
United Liberation Front of Assam, ULFA	（印度）阿萨姆邦联合解放阵线
United Nations Security Council Resolution 1325 on Women, Peace and Security	《关于妇女、和平与安全的联合国安理会 1325 号决议》
United States Army Peacekeeping and Stability Operations Institute, PKSOI	美国陆军维持和平与稳定行动协会
Universal Declaration of Human Rights	《世界人权宣言》
Xavier Institute of Management Education, XIME	泽维尔管理教育学院

二、日语部分

ASEAN 地域フォーラム（ARF）	东盟地区论坛
アルカイダ	“基地”组织
アル・シャバーブ	青年党（组织名）
アブ・サヤフ・グループ（ASG）	阿布・萨耶夫（组织名）
イスラム過激派	伊斯兰激进派
医療用アイソトープ	医疗用同位素

インフルエンザ	流感
ウィルス	病毒
ウェブサイト	网站
ウサマ・ビン・ラーディン	奥萨马·本·拉登
エアクッション揚陸艇	气垫登陆艇
SACO	日美关于冲绳的特别行动委员会
オピニオンリーダー	意见领袖
オブザーバー	观察员
海兵隊	海军陆战队
開発途上国	发展中国家
ガウリ	高里（导弹名）
核拡散防止条約（NPT）	核不扩散条约
拡大 ASEAN 国防相会議（ADMMプラス）	东盟防长扩大会议
核抑止	核威慑
樫ガス田	樫（油气田名，中国称“天外天”）
可搬記憶媒体	移动存储介质
機甲戦力	装甲部队
基盤的防衛力構想	基础防卫力量构想
キロ級	“基洛”级（潜艇级别名）
空挺部隊	空降部队
クズネツォフ級	“库兹涅佐夫”级（航母级别名）
クラスター弾	子母弹
クルド人	库尔德人（民族名）
軍縮	裁军

経済協力枠組取決め（ECFA）	经济合作框架协议
ゲリラ	游击队
国際原子力機関（IAEA）	国际原子能机构
国際公共財（グローバル・コモンズ）	全球公共领域
原子力潜水艦	核潜艇
国防費	军费
国連休戦監視機構	联合国停战监督组织
国連 PKO 局・フィールド支援局	联合国维和部和外勤支助部
国連兵力引き離し監視隊	联合国脱离接触观察员部队
国家サイバーセキュリティ部	国家网络安全局
サイバーコマンド	网络司令部
サイバー戦	网络战
サリン	沙林（毒气名）
自走砲	自行火炮
シビリアン・コントロール	文官统治
シャハーブ3	“流星 3”（导弹名）
上海協力機構（SCO）	上海合作组织
情報化条件下の局地戦	信息化条件下的局部战争
シーレーン	海上交通线
ジン級	“晋”级（潜艇级别名）
スカッド	“飞毛腿”（导弹名）
スクランブル	紧急战斗起飞
スタックスネット	震网（计算机病毒名）
接続水域	毗连区
即応予備自衛官	快速反应预备自卫官
ソフトウェア	软件
ソブレメンヌイ級	“现代”级（驱逐舰级别名）
第 1 次戦略兵器削減条約（START I）	第一阶段削减战略武器条约

対衛星兵器	反卫星武器
対人地雷	杀伤人员地雷
対中武器禁輸	对华武器禁运
大陸間弾道ミサイル（ICBM）	洲际弹道导弹
大量破壊兵器	大规模杀伤性武器
ダーティボム	脏弹
タブン	塔崩（毒气名）
多連装ロケット	多管火箭炮
タリバーン	塔利班
中期防衛力整備計画	中期防卫力量整备计划
通常兵器	常规武器
月周回衛星	绕月卫星
ディフェンスフォーラム	防卫论坛
デノミネーション	币值单位缩小
テポドン	“大浦洞”（导弹名）
テロリスト	恐怖分子
テロリズム	恐怖主义
統合運用体制	联合作战体制
動的防衛力	动态防卫力量
特殊部隊	特种部队
独立国家共同体	独联体
ナクサライト	纳萨尔派（组织名）
ノドン	“芦洞”（导弹名）
排他的経済水域	专属经济区
バイナリー弾	二元弹
爆撃機	轰炸机
パシフィック・パートナーシップ	太平洋伙伴关系
発射台付き車両（TEL）	移动发射车

ハードウェア	硬件
反体制組織	反对派
BMD	弹道导弹防御
非核化	无核化
非核三原則	无核三原则
非国家主体	非国家行为体
非武装地帯（DMZ）	非军事区
フォローアップ会議	后续会议
武装工作船	武装间谍船
武装工作員	武装间谍人员
物品役務相互提供協定	物资劳务相互提供协定
平和維持活動	维和行动
防衛白書	防卫白皮书
包括的核実験禁止条約（CTBT）	全面禁止核试验条约
法執行機関	执法机构
ホームグローン・テロリスト	本土恐怖分子
マスタード	芥子气（毒气名）
ミッドコース段階	中段
ムスダン	舞水端（导弹名）
有人宇宙飛行	载人航天飞行
4 年ごとの国防計画の見直し（QDR）	四年防务评估报告
ライセンス生産	许可生产
ライフサイクルコスト	生命周期成本
六者会合	六方会谈
ロードアップ	路线图
ロメオ級	“罗密欧”级（潜艇级别名）
ワリャーグ	“瓦良格”号（航母名）